中公文庫

戦後日本の宰相たち

渡邉昭夫編

中央公論新社

目次

戦後日本の宰相たち

はしがき

「戦後」というのは「明治」とか「昭和」とかとは違って、年号ではない。しかし、現代に生きるわれわれにとっては、一九四五年八月を起点ないし基点として、ものを考えるのが自然であろう。つまり、「戦後」とはひとつの時代意識の表現なのである。

「戦後」をひとつの時代として理解するのは、ある利点がある。それは、この「戦後」をもたらした第二次世界大戦という巨大な事象が、文字どおり、世界大のものであり、したがって、国を問わず、地域を問わず、世界中の人々に同時的に共通の時代を生きることを強いたからである。それ以後の人類は、言うならば、日本人も中国人も米国人も、その生活の実感において、大きな世界史という共通の枠のなかに自分を位置づけるようになったのである。もとより、今日といえども、世界はまだ真の意味でひとつではない。ヒロシマが、世界中で同じメッセージとして受け取られてはいないことを、われわれは改めて知った。ひとつの世界史をわれわれはまだ持ってはいないが、それでも、世界史という枠のなかでの自国史を、日々に強く実感できるようになりつつあるのは否定し難いであろう。

いま、その「戦後」という時代の終わりが始まっている。それも、世界的に。いつの場合でもそうだが、新しい時代がどのようなものであり、何によって特徴づけられるものとなるのかは、あらかじめ知ることはできない。戦争というある種の狂気によってその扉を開かれた「戦後」とは違って、新しい時代の扉は、静かに開かれた。ベルリンの壁の崩壊が、また、ソ連邦の瓦解が、広く興奮を呼び起こしたにもかかわらず、かつての大戦争に比して多くの血を流すことなく、歴史の幕が閉じられたことは間違いない。とすれば、このような冷めた理性のもとで新しい時代をデザインできるか、その試練にわれわれ人類は、立たされているのかもしれない。

世界史のなかで生きる日本にとって、国際的に通用する政治家をもつことが、次の時代には決定的に重要であろう。戦後五〇年を回顧し、その時代の日本という「国のかたち」を、総理大臣の人物像を通して浮き上がらせようと、われわれがこの書で試みた所以である。時代を創るのは、所詮、人物である。良き伝記の伝統を持たないのが、日本文化の大きな欠点である。良質の政治評論が育たないのも、その結果である。

執筆陣の大多数は、文部省科学研究助成重点領域研究『戦後日本形成の基礎的研究』(平成四年度から六年度)の参加者であるが、それ以外の筆者にも協力を得ることができたのは幸いである。最後に、まだ存命中のかたがたをも含めて、このような列伝風な取り上げかたをすることには、いささかためらいがないではなかった。ご関係の向きには、われわれの趣旨のあるところを汲んでいただいて、ご寛恕をお願いしたい。

編者　渡邉昭夫

東久邇稔彦――皇族のなかのリベラリスト

Higashikuni Naruhiko

（1887～1990）

在職期間

S20. 8 .17～10. 9

波多野澄雄

（国立公文書館アジア歴史資料センター長）

一九四三（昭和一八）年五月のある日、木戸幸一内大臣が高松宮に、終戦和平となった場合、第一次大戦末期のドイツのように和平条件をめぐって政府と軍とが対立し、調整が至難となることが予測され、皇族の手を煩わすことになろうと漏らしたことがある。幸い終戦の決断に皇族を煩わすことはなかったが、問題はなお旺盛な士気を保ち、無条件降伏を潔しとしない内外地の陸軍をいかに武装解除に導き、連合軍の本土進駐を粛々と迎え得るかにあった。天皇の憂慮もこの点にあり、朝香宮鳩彦《やすひこ》王（東久邇宮の兄）ら三皇族を外地軍の説得のために現地に赴かせたのであった。こうした重責を担い得る後継首班は陸軍大将としての東久邇宮のみであり、木戸は終戦の日の夜、天皇の賛同を得て公式に使者を遣わした。宮は、皇族の政治不関与という信念を披瀝して固辞したが、すでに決意は固めていた。

一八八七（明治二〇）年一二月三日、久邇宮朝彦王の第九王子として生まれた東久邇宮稔彦《なるひこ》親王は、皇族子弟の通例に従って、陸軍幼年学校、士官学校（二〇期）と進む。陸軍大学校卒業後、妃に明治天皇の第九皇女聡子《とし こ》内親王を迎え、一九二〇（大正九）年から足掛け七年間、フランスに留学する。留学中の宮は、軍事学はそっちのけで趣味の絵画を習い、印象派の巨匠クロード・モネと親しく交わり、モネを介してクレマンソーを知り、社会思想や政治学を学び社会主義者や自由主義者とも広く交際した。それは閉鎖的環境のなかで失われた「人間としての個性」を取り戻し、「人間としての自由」の意味を学ぶためであった。

帰朝後の宮は、第二師団長、第二軍司令官などを経て、四一（昭和一六）年から防衛総司令官として帝都防衛の責任者となる。帝都空襲が激しくなるまでさしたる仕事もなく、午後の数時間を新宿御苑でのゴルフ練習に充て、読書にふけるのが日課であった。しかし、実に様々な来訪者の政治談義に十分に耳を傾けることを怠らなかった。たとえば終戦の年の二月に宮を訪問した平野力三が、今日のように「官吏と軍人が政治を行ふ変体なる過渡時代」には天皇の親政を仰ぎ、諸政の整理がつけば「憲政の常道にもどり、政治家が政治をなす如くせざる可らず」と述べたのに、「大いに参考になりたり」と記している。[*1] 宮がしばしば「大いに参考になりたり」と書き留めているのは、戦争遂行に邁進する官吏や軍人の議論ではなく、決まって権力の外側にある有識者の意見であるが、自ら好んで和平運動や政治活動に深入りすることはなかった。戦争末期にかかわった中国との和平工作―繆斌《みょうひん》工作も、太田照彦（朝日新聞記者）や田村真作が上海からもたらす情報を旧知の緒方竹虎情報局総裁を介して小磯総理に伝えることにその役割を限定していた。

さて宮自身が述べるように、閣僚人事は新しい政治を切り拓く「新進気鋭」ではなく「無難で保守的な人々」に落ち着いたが、それは組閣参謀の近衛文麿（副総理）や緒方竹虎（内閣書記官長）の意見に従ったというより、軍の統制と秩序維持、占領軍の受け入れを優先した結果でもあった。しかし、繆斌問題をめぐって緒方と対立し、その記憶も冷めやらぬ重光葵《まもる》を外相に据えたことは占領軍との折衝を重視したとはいえ禍根を残すことになった。

八月一七日に発足した宮内閣は、内外地軍の武装解除、連合国軍の進駐受け入れ、降伏文書調印と一連の重大案件を無事に終えることができた。緒方はとくに東京無血進駐を果たしたのは、鈴木内閣のポツダム宣言受諾に匹敵する大事業であり「これだけでも東久邇宮内閣出現の意義は十分あった」と自負している。しかし、宮は非常時を乗り切ると、単に終戦処理の枠内にとどまらない事績を残そうとする。八月一八日の閣議で宮は、すべての政治犯の釈放、言論、集会、結社の自由容認の方針を明らかにし即時実行を要請した。翌々日、衆議院議長と会見した宮は、以上の趣旨を述べ、選挙法の改正と総選挙の断行、結社の自由という政治展望を示している。つまり、議会政治の再生という方向に歩み出そうとするのである。その前提は言論の自由の保障であり、まず、着手したのが戦時言論統制の根拠法の空文化であった。さらに初の内閣記者団との会見で「言論の自由」確立への決意を語り、また八月末には各新聞を通じて「一般国民の皆さんからも直接意見を聞いて政治をやって行く上の参考としたい」ので「皆さんから直接手紙を頂きたい」と呼びかける。頻繁に外人記者と会見して意見を交換する自称「新聞外交」もこうした世論政治の一環であった。こうした清新で、開放的な政治スタイルは宮ならではのものであり、閣内からは「素人考」（重光外相）との批判を浴びつつも、宮内閣の人気を高める。

しかしこうした政治スタイルも、まもなく「官僚政治の弊害」に阻まれることになる。とくに宮は政治犯の即時釈放を重要な任務としていたが、司法省部内の「レッドテープ」のために総司令部に先を越され、選挙法改正や総選挙も有権者数の把握などがネックとなり、宮内閣において実現できなかった。終戦連絡中央事務局を首相直属の機関とする構想も、「外交一元化」を主張し、占領軍との折衝は「一途に外務当局の手を通して統制して行う」ことを条件として入閣していた重光の壁を崩すのは容易ではなかった。

ところで宮の開放的な政治運営は、占領軍との関係では間接統治を暗黙の前提としていたが、この大前提を揺るがす事件が降伏文書調印直後に発生する。軍票の使用、占領軍による裁判など、直接軍政を意味する「三布告」が日本政府に手交されるのである。宮内閣は重光をマッカーサーのもとに急派し布告の中止を約束させるが、九月一一日の東条英機ら戦犯容疑者の逮捕も、日本の司法権を無視するものであった。宮内閣は、日本政府を通じて逮捕令を執行すること、容疑者の処罰を日本側の手によって行うことを申し入れる。総司令部は前者には同意したが、後者には応じなかった。第二次容疑者リストには緒方も含まれ（執行は見送り）、戦犯問題を含む戦争責任の問題は避けがたい争点となる。

宮は、中国に「謝罪使節」として近衛を派遣する構想を打ち上げるなど、戦争責任問題を重視していたが、戦争責任は国民全体が負うべきものという考え方を基本としていた。賀川豊彦を内閣参与に起用して「道義の再建」をキリスト教徒に託したのも、戦前・戦中の日本の非行・蛮行の源泉は、国民全体の旧敵国人に対する「憎しみ」や偏見にあったとする発想からであり、それは「国民道義の低下」を敗因に挙げ、「この際私は軍、官、民の国民全体が徹底的に反省し、懺悔しなければならぬと思ふ」と述べた「全国民総ざんげ論」（八月二八日記者会見）の基底をなしていた。こうした発想で戦争責任問題を乗り切ろうとする宮内閣の姿勢に内外の批判は強まっていくが、閣内での批判の急先鋒は重光であった。重光にとって、過去の政治指導者は程度の差こそあれすべて戦争責任を負うべきであり、擁護すべきは皇室と国民であった。従って、宮の「総ざんげ」論にも与《くみ》することはできなかった。こうして重光は、「此際政府に於て進んで旧時代の人物を一掃し……過去の責任を負担せずしてすむ者を登用し、以て範を政界及財界に示す」必要を宮に進言するのである。[*2] すなわち事実上の総辞職の要求であった。しかし、宮や近衛はこれを受け入れず、九月一七日、重光は単独辞職するにいたる。

この間、宮はマッカーサーとの会見の必要を感じていた。直接軍政の姿勢も見え隠れする占領軍の基本政策を確かめること、さらに戦犯問題の広がりと現政権の正当性との関係を確認しておくことは政治的進退を決する重大要素と考えられた。最初の会見は九月一五日であるが、九月二九日の二度目の会見がとくに重要であった。宮は「封建的遺物である皇族」が政権を担当することの是非、宮内閣の施政や閣僚配置の適切性について率直に質問した。マッカーサーは宮内閣に不満はなく、むしろ政権維持を支持するという言質《げんち》を与えた。二度の会見を経て、宮内閣はマッカーサーの信任を得た形となったが、宮自身よりも、政権維持に意欲的となっていた緒方にとって自信となったようである。緒方は、憲法改正による政党政治の復活という展望のもとに、少なくとも改正選挙法のもとでの総選挙実施までは政権を維持する意欲をみせ、九月下旬からは議院制度の改革を含む憲法改正問題にも着手する。緒方は総選挙を翌年春と想定し、総選挙をにらんだ内閣改造と「政党議会工作」に乗り出そうとし、旧政党人の中島知久平らを排除した新内閣を構想していた。[*3]

しかし、緒方や宮を取り巻く国内情勢は、こうした政権維持構想の実現にとって有利な方向には動かなかった。まず、宮の秘書官・太田照彦、緒方の秘書官・中村正吾、内閣参与の田村真作（緒方を含めいわば「繆斌工作グループ」）ら側近に対する批判が強まってくる。宮からすれば彼らの登用は「官僚政治の弊」を乗り越えるためであった。例えば、近衛を中国に謝罪使として派遣する構想は田村の進言によるといわれる。しかし、宮が政権維持の意欲を示すほどに、「定見なき無経験の謀略政客が取り巻きをなして居る」という批判が募ってくるのであった。[*4]

さらに、戦犯問題の波紋は、政党再生の胎動ともからまって大きなうねりとなって戦前閣僚を含む宮内閣にも及び、閣内でも米内海相、近衛、小畑国務相らが退陣論に傾いていた。うねりの中心は総司令部と独自に接触し、宮政権からの離脱に傾いていた近衛であった。近衛の周辺には四五年二月の「近衛上奏文」に結集したグループがあり、閣内にも小畑や吉田茂外相を含み、彼らは緒方をも取り込んで近衛「新党」のもとに結集する動きを見せていた。[*5]

宮内閣の総辞職（一〇月五日）の直接的理由は、一〇月四日の政治的、宗教的自由に対する制限撤廃に関する指令に、山崎内相の罷免が含まれていたことにあったとされる。しかし、わずか一週間前にマッカーサーの支援を約束されたばかりの宮は、この指令を総辞職を余儀なくされるほど重大なものとは受け止めなかった。「気に入らぬことがあつたら言つて呉れと頼んでおいたから、向うが言つて来るのは差支へあるまい」というのが宮の反応であった。[*6]他方、宮内閣に見切りをつけようとしていた緒方は、一〇月四日の指令のなかに天皇制に関する思想言論を統制する法令の撤廃が含まれるのは皇族内閣の忌避を意味しているとして、その日の夜に総辞職を勧めると、宮は即座に「そうだ、茲《ここ》らで辞めやうか」と答えた。宮自身は以前から「社会党を入れた改造」を考えていたが、ここに総司令部と緒方の信頼を失ったことを悟り、近衛に相談することもなく総辞職を決意するのである。この経緯には緒方が一〇月四日の指令を楯として宮を退陣に追い込もうという意図が見え隠れしている。後継首班を近衛から問われた宮は、「後は吉田か幣原か、米国に都合の良いものがやれば良い」[*7]と答えた。それは近衛や緒方の後継を忌避する意思表示でもあった。

注

＊1　「東久邇宮日誌」（二月二四日）。
＊2　伊藤隆ほか編『続重光葵手記』（中央公論社、一九八八年）、二六〇頁。
＊3　「高木惣吉資料」（「協議事項」九月二九日）。
＊4　『続重光葵手記』二六四頁。
＊5　天川晃「東久邇宮内閣」（辻清明ほか『日本内閣史録』第四巻　第一法規、一九八一年）、「高木惣吉日記」（九月二九日）。
＊6　「高木惣吉資料」（「緒方前国務大臣直話」一〇月一二日）。
＊7　同右。

幣原喜重郎——「最後の御奉公」と新憲法草案

Shidehara Kijuro

（1872～1951）

在職期間

S 20.10. 9 ～ S 21. 5 .22

天川　晃

（横浜国立大学名誉教授）

1

一九四五（昭和二〇）年一〇月九日に成立した幣原喜重郎を総理とする内閣は、突然の予期せぬ状況の中で誕生した。幣原を首相の座に呼び出したのは、一〇月四日にマッカーサー司令部が出した「人権指令」であった。この指令で内務大臣の罷免を求められた東久邇首相は内閣総辞職を行い、これに代わって幣原内閣が登場したのであった。

七三歳の幣原自身にとっても大命降下は予期せぬことであった。一〇月六日、天皇から大命降下を告げられた幣原は、老齢と内政に興味がないことを理由に一旦は辞退をしたが、天皇からの強い督励を受けてこれを受諾したのである。幣原が就任談話で「最後の御奉公」を行うとしたのは、彼の率直な気持ちを表現したものであろう。

幣原喜重郎は、一八七二（明治五）年八月一一日、大阪府門真村の豪農の家系の幣原新治郎の次男として生まれた。八歳年上の兄の幣原担《ひろし》は、国史学専攻の文学博士で台北帝国大学総長等を歴任した学者である。喜重郎は一八九五年東京帝国大学を卒業、翌年外務省に入り朝鮮、イギリスなどの領事館勤務を経て、一九〇四年から本省で電信課長、取調局長等を務めた。一九一二年から二年間英・米大使館勤務の後に二年間外務次官を務め、一九年から二二年までは駐米大使としてワシントン会議にも参加した。二四年に加藤高明内閣で外務大臣に迎えられ、その後の四代の民政党内閣で五年余に亙って外相を経験した。

英米と協調する幣原の外交は軍部からは「軟弱外交」と批判され、三二年以後は貴族院議員を務めていたが表立った活動をすることもない存在であった。幣原への大命降下を聞いてある新聞記者が「幣原さんはまだ生きていたのか」といったというエピソードは、幣原が過去の人となっていたことを示している。

四六年五月二二日に吉田内閣に引き継ぐまでの約七カ月の間に、幣原内閣が行った最大の仕事は、四六年三月に象徴天皇制と戦争放棄の条項を含む日本国憲法の草案を発表したことである。幣原の「最後の御奉公」は新憲法草案に結実したのである。しかし、幣原だけでなく閣僚の多くはこのような新憲法草案の発表が内閣の最大の仕事となることを予期してはいなかったのである。

幣原内閣は登場からその退陣まで予期せぬ事態への対応に追われ続けた。予期せぬ事態を生み出したのは敗戦と占領という未曾有の状況であった。それだけでなくこの状況に直面した日本側の対応が予期せぬ事態を作り出すこともあったのである。

東久邇内閣が総辞職を決めると、木戸幸一内大臣と平沼騏一郎枢密院議長は「米国側から反感なき者、戦争責任者たるの疑いなき者、外交に通暁せる者」を基準として後継候補を選考し、第一候補に幣原、第二候補に吉田茂外相をあげていた。占領下の首相として占領軍司令部との関係を重視したからである。吉田は幣原との折衝役をかって出て、幣原本人との交渉に先立って司令部でマッカーサーに幣原首相の打診を行っている。これを見れば吉田が自らの外相留任を前提として幣原の登場を求めたと考えることもできる。

幣原は旧知で内務官僚出身の次田大三郎に書記官長就任を求め、次田と吉田が組閣参謀役を務めて閣僚の選考を行った。人選の基本方針はここでも戦争責任者の排除であった。占領軍による戦犯容疑者の逮捕が始まり、国内でも戦時指導者に対する批判が始まっていたからである。東久邇内閣から吉田のほかにも五名の閣僚が留任し、新たに衆議院議員から四名が入閣した。その顔触れを見ると政党の基盤というよりは個人的関係で入閣したものであった。

世論は新内閣の発足を歓迎したが、実際には前内閣が公約した総選挙を実施するまでの過渡期の内閣と考えられていた。マッカーサーの政治顧問としてアメリカ国務省から派遣されたジョージ・アチソンも幣原内閣は保守的で総選挙までの暫定内閣に過ぎないと報告している。世論が新内閣に期待したのは、占領軍からの指令に先んじて内閣が様々な政策を実行してゆくことであった。司令部は九月半ば頃から次々と指令を出して日本に対する民主化政策の展開を本格化させていた。人権指令は天皇制の批判を含む言論の自由化を求めており、新聞やラジオの論調も急激に変化し始めていた。新内閣は厳しい環境の中で発足したのである。

ところで、幣原は敗戦直後に新日本の建設のためには「内に整然たる秩序治安を維持し、外に我信義公道を重んずるの方針を実証し、以て外国側の我が国に対する信頼の念を深からしむるの外無之」と友人に書き送っている。その後、これを基本とする「終戦善後策」を書き吉田外相をはじめ要路に献策したが、ここでも冒頭に「連合国の我が国に対する信頼の念を深からしむること」をあげていた。

幣原は一〇月一一日にマッカーサーと初めて会見した。会談冒頭でマッカーサーは日本の憲法の自由主義化が必要であると述べ、これを実現するために婦人参政権の賦与、労働組合の組織化奨励、自由主義的教育、秘密審問組織の廃止、経済制度の民主主義化の五項目の改革を速やかに行うことを求めた。これに対して幣原は五項目の要求は困難ではあるが不可能ではないと回答し、政府は一旦引き受けたことは誤魔化すことなく速やかに実行する決意であると約束した。戦争で失われた日本の国際的信用の回復には要求の誠実な実行が必要であると考えていたのである。

幣原は、マッカーサーの要求は日本の諸制度の民主主義化・自由主義化を求めるものであるが、日本で民主主義が成功するためには日本の環境に適合した日本的デモクラシーが必要であるとの考えを披瀝していた。幣原のいう「日本的民主主義」とは、天皇を中心としつつ民意を尊重する政治を行うことで、これは明治初年の五箇条の御誓文で据えられた国民の総意を尊重する政治を復活させることにほかならなかった。

この会談で、幣原がマッカーサーの求めた「憲法の自由主義化」に言及しなかったのは彼の「日本的民主主義」に対する理解と関連があった。マッカーサーは既に一〇月四日に近衛文麿との会談で憲法改正を示唆しており、近衛だけでなく天皇も木戸内大臣もこの憲法改正要求には強い関心を示していた。首相就任直後、木戸からこの情報を耳にした幣原は、憲法改正問題には「極めて消極的」で憲法を強要されれば「之を記録に留めて屈伏するの外なし」という態度をとっていた。

幣原は憲法改正を行わなくともその運用次第で民主化の目的を達することができると考えていたのである。過去十数年の軍閥の横暴が民主主義の発達を阻害したというのが、彼と同世代の多くの閣僚の歴史認識であった。憲法でなく関連法令の改正を行えば日本的民主主義の発達は可能であると考える幣原は、マッカーサーに対してもこの立場を貫き五大改革の実行のみを誓ったのであろう。

幣原の意図に反して、憲法改正問題は発足直後から新内閣の課題の一つになった。内閣と天皇周辺の占領政策への対応の齟齬が憲法問題の政治問題化を招いたからである。近衛が内大臣府御用掛に任命され憲法改正問題の調査に当たることが公表されたことを契機として憲法改正問題に関する内大臣府と内閣の責任分担論議が始まり、内閣でも法律学者の松本烝治国務相を委員長とする憲法問題調査委員会を発足させることとなった。松本も幣原と同様に憲法改正問題を慎重に検討するという姿勢をとっていたが、内外の憲法改正問題への論議は高まっていった。

幣原内閣が直面する課題は主として戦後復興に関わる内政問題であった。「内政に関心の無い」幣原に代わって内政の采配を揮ったのは次田書記官長であった。次田は官僚を督促して公約の実現に努めたが、戦後の新事態への迅速な対応は容易ではなかった。それでも四五年の一二月の帝国議会で婦人参政権を含む選挙法改正、労働組合法の制定、農地改革のための農地調整法の改正という三つの大きな法案を成立させた。選挙法の改正によって総選挙の準備は整えられたのである。

幣原内閣に期待された司令部との折衝は吉田外相が担当した。吉田が主として接触したのは参謀部の軍人で彼らは日本の急激な変革には消極的であった。吉田とアチソン政治顧問との接触は少なかった。アチソンは憲法問題に関して近衛との連絡役を務めていたが、マッカーサーが近衛と憲法問題との関与を否定した後にはこの関係を停止していた。とはいえアチソンは松本委員会の憲法改正方針が慎重過ぎてアメリカの政策と大きなギャップがあることに危機感を抱き、総司令部の部局が松本委員会と接触を持ちアメリカの改正方針を周知させることを提案していた。しかし、このような接触は双方から持たれることはなかったのである。

内政と渉外関係を関連閣僚に委ねていた幣原は、国民に敗戦の事態を認識させることに力を傾けた。幣原は八月一五日の玉音放送後にたまたま電車内で遭遇した光景を回想している。それは若い男が、戦争に勝った勝ったと言い続けてきた政府が突然に無条件降伏を発表したため「おれたちは知らん間に戦争に引き入れられて、知らん間に降参する。けしからんのはわれわれを騙し討ちにした当局の連中だ」と泣き叫び、車内の乗客もこれに呼応する光景であった。幣原はこの光景に深く感激し、首相就任後この「野に叫ぶ国民の意思」の実現を堅く決心したというのである。内閣に大東亜戦争調査会を発足させ、戦争で「犯した大いなる過ちを、将来に於いて繰り返すことのない為に必要」としたのは、この光景に応える意味もあったのであろう。

首相としての幣原が自ら最も力を注いだのは天皇や皇室に関する問題への対応で、これこそが幣原の「最後の御奉公」の中心課題であった。国内外で天皇の戦犯問題の論議が始まり、一二月に入ると近衛や木戸さらに皇族の梨本宮までが逮捕され、共産党は天皇の戦犯問題を公然と取り上げ始めていた。これに加えて司令部から皇室財産の厳しい調査要求が始まっていた。皇室問題では幣原は自らマッカーサーとの会談に乗り出していた。

一方、天皇周辺では政府とは別の非公式チャネルを通じて司令部と接触を持っていた。天皇にまつわる神話的性格を否定し平和主義を表明するいわゆる「人間宣言」の詔書の検討はこうしたチャネルで始まったのである。幣原は、憲法問題と同様に、この勅語を内閣の責任で行うことを求め、自らもその文案の作成に力を注いだ。しかし、この疲労があったのか急性肺炎にかかり年末を病床で過ごすこととなった。

四六年の新年早々、病床の幣原を襲ったのは公職追放の指令であった。人権指令の時と同様に政府には事前の連絡がなく、人権指令の時よりも多くの閣僚がこの指令に該当することが予想され、内閣は危機に陥った。病床の幣原を囲んで閣僚の意見は内閣改造論と総辞職論に分かれたが、天皇が幣原留任を希望している旨が伝えられ、結局は内閣改造で対処することと決し追放指令に該当する五閣僚が退陣した。

2

幣原内閣は改造によってその性格を変化させたといえる。病床で思索の時間を持ち天皇から再度の信任を受けた幣原が、あらためて「最後の御奉公」の決意を強めたことが考えられるからである。さらに、退陣した次田に代わって書記官長に就任した楢橋前法制局長官が、自ら積極的に司令部関係者との接触を図り、次第に内政と渉外関係で中枢的役割を演じ始めたからである。一方、憲法問題担当の松本国務相は留任して引き続き憲法草案の準備にあたっていた。

内閣改造後、司令部は三月一五日以後の総選挙を許可したため内閣は本格的に選挙準備に入ることになった。追放指令は保守派の政党にも大きな打撃を与えていた。折から共産党指導者の野坂参三が帰国して民主戦線の結成を呼び掛け、改造内閣への批判の勢いはさらに強まるばかりであった。

この頃、極東諮問委員会の一員として来日したイギリスの歴史家のジョージ・サンソムは当時の日本の指導者と会談した印象を日記に記している。「幣原との会話にはがっかりした。彼は長々と面白くもない話をしたが、将来よりも過去に関心を持っていた。日本の政党の現状の質問をしたがその回答は的外れのものだった。幣原は憂鬱そうで、この絶望的な危機を指導するには不適な人物だ」。サンソムは吉田についても「怠惰でだらしない」との印象を記している。国内では最善の親英派と目されていたこの二人の指導者もこの程度の印象しか与えていなかったのである。

これに比べて、その二日後に幣原がマッカーサーに与えた印象は劇的なものであり、その後の憲法問題の展開に大きな影響を与えることになった。一月二四日、病気治療のペニシリンの謝礼に訪れた幣原が世界平和のためには戦争を放棄すること以外にないと発言したことがマッカーサーを深く感銘させたのである。マッカーサーは、この日の幣原の発言をその後の憲法の戦争放棄条項の幣原発案説に結びつけている。しかし、多くの研究者が指摘するように、幣原は戦争放棄の宣言を行うことまでは語ったであろうが、それを憲法の規定に盛り込むことにしたのはマッカーサーやホイットニーのアイディアと考えるほうが妥当であろう。

この日の会談記録は存在しないが、幣原のこの日の訪問の趣旨は天皇制の維持をマッカーサーに訴えることであり、平和主義者としての天皇を説明することにあったことは間違いないだろう。高齢で病気にも倒れた幣原がこれらをマッカーサーに渾身の力で訴えたことは十分に推察できる。マッカーサーがこれに協力を約すると、幣原は日本の国際的信頼の回復のためには不戦の誓いを世界に声明すること以外にないとの持論を展開したのであろう。

問題は、幣原とマッカーサーの会話がなぜ憲法改正草案の戦争放棄条項という形になったのか、なぜ総司令部民政局が戦争放棄条項を含む憲法草案を起草し日本側に提出する事態に至ったのかということである。民政局の憲法草案は、一言でいえば、幣原内閣に対する民政局側の不信感の産物であった。親日家のサンソムにさえ不信感を抱かせていた幣原内閣は、積極的な国内の民主化改革を求める民政局の担当者にはほとんど信用されていなかったのである。しかも、一二月中旬にマッカーサー腹心のホイットニーが民政局長に就任して以来、総司令部の力関係は吉田が折衝をしていた参謀部から積極的な改革を求める民政局に傾きつつあった。

ホイットニーは憲法改正案を総選挙の争点にするべく非公式に内閣と接触を始めようとしていた。幣原が内閣改造の機会を活用しなかったと考えるホイットニーは、一月二八日には幣原と会談して天皇が戦争放棄の宣言を行うことを示唆していた。『毎日新聞』で松本の憲法改正案のスクープが行われたのはこうした矢先のことであった。ホイットニーはこのスクープを改革に消極的な吉田、松本ら保守派閣僚の策謀と考えたのである。提出された松本案もアメリカが求める憲法改正原則とは遠いものであった。保守派閣僚に必要な憲法改正原則を理解させるために民政局はモデル憲法案の起草を行ったのである。

二月一三日にホイットニーから松本案を拒否され新しい憲法案を提示された松本と吉田は、予期せぬ事態の進展に仰天した。松本が松本案の再考を求めれば求めるほど、それは保守派の頑迷な抵抗と見做された。ホイットニーは民政局草案を基礎とする憲法改正案を起草する用意があるか否かの決断を内閣に迫ったのである。

閣議ではそれまで憲法改正問題は十分に論議されていなかった。松本からの事態の急転の報告を受けた閣僚の意見は分かれたが、松本らが重要問題を閣議に報告しないまま折衝をしていることに対する不満も出された。結局、幣原首相がマッカーサーと会談して真意を確認して内閣の態度を決定することになった。

二月二一日の幣原とマッカーサーの三時間に及ぶ会談はその後の日本のあり方を決定する重要な会談となった。この会談でマッカーサーはこの憲法草案が天皇の地位を安泰にするためのものであることを説明し、草案の眼目が主権在民に基づく天皇の地位と戦争放棄にあることを明らかにした。厳しい国際情勢の中で天皇制を維持するためにはこのような憲法改正が必要であると説いたのである。

幣原はマッカーサーの説明に完全には納得できなかったかもしれない。しかしその説明を理解したのであろう。天皇制を残すことは幣原の念願であった。戦争放棄を憲法に規定することは彼の本意でなかったかもしれないが、何らかの平和への決意を世界に宣言することは対外的信頼を回復するためには必要と考えていた。それは戦争で苦しんだ「野に叫ぶ」民意を反映することでもあった。

この日の会談を境として憲法問題に関する幣原の態度は大きく転換した。幣原は何も「記録に留めて」いないが、民政局草案を基礎とした憲法の成立に協力するとの言質をマッカーサーに与えたのかもしれない。この草案は、大局的に見れば、彼の重視する天皇制と国際信義と民意の尊重とを結びつけるものであったからである。

これ以後、新しい憲法の成立を確実に見届けることが幣原の「最後の御奉公」の具体的課題となった。翌日の閣議は幣原の報告を受けて新しい憲法改正案を準備することに決定した。憲法改正問題に対する日本政府の態度は、幣原の決意とともに、大きく転換したのである。

このように理解せずには幣原のその後の行動を理解することは困難である。三月初旬に憲法草案の発表を急に迫られた時、幣原は「大局の上からこの外に行くべき途はない」としてこれを推し進めた。さらに四月一〇日の総選挙の結果、自由党、進歩党、社会党が鼎立して政権工作が難航したが、幣原は世論の顰蹙《ひんしゅく》を買いながらもこれに耐えて後継内閣の組閣に尽力し、自らも進歩党の総裁に就任して吉田内閣の一閣僚として入閣した。「老齢で内政に興味のない」はずの幣原をここまで駆り立てたのは自らが発表した憲法草案の確実な成立を見届けることを「最後の御奉公」と考えていたからであろう。

幣原内閣は総選挙までの過渡期の内閣として発足した。総選挙が終わり、退陣する時には大日本帝国憲法から日本国憲法への大転換の過渡期の内閣としての役割を果たしていた。幣原内閣が大日本帝国憲法からの大転換の役割を担ったのは、この内閣に期待された対外関係の処理に成功したからではなく、それに失敗したからであった。しかし、幣原内閣が日本国憲法への転換の役割を担いえたのは、国際的信頼を重視し国民の民意の反映を念願とする幣原首相の決断によってであった。幣原がこの憲法の大転換によって選択したのは天皇制の維持であった。戦後の天皇制は、国民の平和への強い決意と国際的信義を重んずる指導者の道徳的勇気によってのみ維持し得るものであることを、幣原喜重郎は身を以て示したのである。

参考文献

幣原喜重郎『外交五十年』（読売新聞社、一九五一）

宇治田直義『幣原喜重郎』（時事通信社、一九五三）

幣原平和財団『幣原喜重郎』（幣原平和財団、一九五五）

田中英夫『憲法制定過程覚え書』（有斐閣、一九七九）

木下道雄『側近日誌』（文藝春秋、一九九〇）

太田健一ほか『次田大三郎日記』（山陽新聞社、一九九一）

塩田潮『最後の御奉公　宰相幣原喜重郎』（文藝春秋、一九九二）

吉田裕ほか『敗戦直後　昭和天皇と五人の指導者』（青木書店、一九九五）

吉田　茂——状況思考の達人

Yoshida Shigeru

(1878〜1967)

在職期間

S21. 5 .22〜S22. 5 .24
S23.10.19〜S24. 2 .16
S24. 2 .16〜S27.10.30
S27.10.30〜S28. 5 .21
S28. 5 .21〜S29.12.10

渡邉昭夫
(東京大学名誉教授)

1

吉田茂は、すぐれた手紙の書き手であった。吉田が書き残した一三〇〇通を超える手紙の存在がこれまでに知られていて、そのうち一一六四通が『吉田茂書翰』（中央公論社、一九九四）に収められている。吉田茂という人物にじかに接する機会に恵まれなかったものにとって、彼の肉声というか体温のようなものを感じとることができるもっとも確かな手がかりは、これらの手紙である。ほとんどの手紙は毛筆で書かれているが、見事な達筆のその筆跡は、力強さを感じさせる。とくに名のある書家について手習いをしたのではないというが、書が好きで得意であったことは、間違いがない。手紙の書き手としては筆まめな吉田であったが、長い論文風の文章や克明な記録のようなものは好きではなかったようである。たとえば、彼の尊敬する明治の政治家のなかには原敬が入っていたが、原と違って吉田は日記を書かなかった。単に趣味の問題なのか、それとも何かの考えがあってのことかは分からない。会合などで几帳面にメモをとる芦田均の姿を軽蔑の眼で眺めていたという話が残っているから、細々としたことを記録するのが趣味でなかったことは確かなようである。

手紙は日記や記録と違って、具体的な相手があって、一対一の関係でその相手に意思を伝えるコミュニケーションの手段である。同じコミュニケーションといっても、吉田の場合、不特定多数を相手にした「放送型」のそれは性に合わなかった。彼の演説嫌いは有名であり、また実際あまりうまいとは言えなかった。ラジオやニュース映画で国会演説などを聞くかぎり、緊張のせいか、甲高い声で話すのが彼の癖であった。吉田の新聞嫌いはこれまた周知のことであるが、テレビについても次のようなエピソードがある。テレビの放送開局の認可問題が起こったのは第三次吉田内閣から第四次吉田内閣にかけての時期のことであった。ときの保利茂内閣官房長官に宛てた吉田の書翰（昭和二七・五・一七）が残っているが、それによれば「ドッグレース、テレビジョン問題、総選挙にからみ面白からぬ風聞」があり、それは「やがて議会政治、政党政治の不信の原因に」もなりかねないので、党幹部と古垣鉄郎（NHK会長）に注意するようにと官房長官に命じている。少し後（昭和二七・一一・五）に所管の高瀬荘太郎郵政相に宛てた手紙のなかでも、正力松太郎がテレビジョン問題で訪ねてきたときの様子を述べて、正力が数社に放送を許可しないようにと頼んだのに対し、自分はそもそも「正力君に許すにもチュウチョ」したくらいだからと、結果的には正力の肩を持つような意見を郵政相に伝えている（昭和二七年七月、NTVに初のテレビ放送予備免許、翌年八月、同局開業）。これは単なる趣味の問題を超えていて、いささか生臭い利権がらみの匂いもする話だが、それはともかく、吉田のマスメディア嫌いという体質が、ここにも顔をのぞかせているように思える。

座談の名人と言われながら大勢の人間の前で話すのが苦手であった吉田、手紙という最も私的なコミュニケーション手段を好んだ吉田は、ロナルド・レーガンのような「偉大なるコミュニケーター」とは正反対の人物であった。日本で言えば、たぶん、大隈重信（一八三八～一九二二）がマスメディアを意識した政治家のハシリであったろうが、吉田はそうしたタイプの「大衆」政治家とは肌が合わなかった。同時代の政治家では河野一郎を吉田が極端に嫌ったのも、一因はその辺りにあったのかもしれない。大きく網を広げて不特定多数に訴えかけようとする放送型（broadcaster）との対比という意味で言えば、吉田は、もしそういう表現が許されるならば narrow－caster、すなわち、これと狙いを定めた特定の対象に語りかけるのを得意とするタイプのコミュニケーターであった。このことは、吉田政治における世論という問題を考えるときに、記憶しておく必要があるだろう。だが、見知らぬ人を前にしたときにある種の含羞《はにかみ》を示し、ことさら無愛想になったり言葉を省略してしまうといったような吉田の対人関係におけるスタイルは、政治以前に、人間吉田の体質のようなものであり、それは多分、彼の生い立ちとも関係しているのであろう。

吉田は、その幼少時代について書いたり語ったりしたことが少なかった。そもそも自分について語ることは自己宣伝になると言ってあまりしたがらなかったが、理由はそれだけではないようである。世間的な尺度で言えば、彼の生い立ちは不幸であった。少なくとも普通の家庭で両親に温かく育まれるといった経験をもっていない。その吉田が珍しく自分の幼時について書いた文章がある（たぶん談話筆記であろうが）。「父と母―生い立ちのことなど」と題したその文章（『改造』昭和二五年一月号）で吉田は、自分が明治一一（一八七八）年九月二二日に横浜で生まれたことを述べ、土佐出身の竹内綱（一八三九～一九二二）の五男である自分が横浜で生まれたのにはわけがあるといって、要旨つぎのような話をしている。そのころ、伊藤博文内閣が保安条例を発布して反政府分子を皇城三里の外に追放するということがあったが、吉田の父も追放組のひとりであって、東京を去らねばならなかった。ところで、伊藤内閣が三島通庸警視総監の反対を押し切ってまでなぜ敢えてこのような措置をとる必要があったのかよくわからないところがあるが、たぶん何か重大な事件が起こるという予想があったためだろうと言ったあと、幸いにして事なきを得たのは結構だったが、その予想された「重大事件というのが、私が生まれることではなかったことだけは間違いがない」と呵々大笑といった感じで語っており、御丁寧にも「兎に角、憎まれたのは三島で、私の母などはその時、一生三島さんを恨むと言ったそうである」と話を結んでいる。

ところが、これがまったくの勘違いなのである。保安条例が出されたのは明治二〇（一八八七）年の末のことであって、茂はすでに九歳になっていたはずである。実際には、茂が生まれたとき父の綱は新潟の監獄にいた。前年の西南戦争に呼応して土佐立志社の面々が反政府の兵を挙げようとしたが、当時長崎で貿易に従事していた綱は、彼らに乞われてジャーディン・マジソン商会を通じてシュナイダー銃八百挺を購入する手助けをした。そのことが罪に問われて、東京に護送されたうえで取り調べの末、新潟監獄に収容された。それが茂の生まれる直前のことであった。茂を懐妊していた母の滝子が夫を警察に捕らわれて困っていたときに、その面倒を見たのが綱の友人であり、ジャーディン・マジソン商会を振り出しに貿易商人として腕をあげつつあった吉田健三であった。子のない健三に乞われて綱が五男の茂を吉田家の養子に差し出したのは、それほど不自然ではない。

吉田のこの勘違いには無理もない点があって、問題の保安条例が出されたとき、竹内が他の政客の連中とともに皇城三里の外へと追放されたのは、事実である。そのころまでに茂は吉田家の養子になり切っていた。ところで、この誤りには彼自身もあとで気付いたのであろう。後に『中央公論』(昭和四〇年一二月号)に寄せた「大磯の松籟」という文章の冒頭では、ふたつの時期の「事件」の間の混同は正している。しかし、特徴的なのは、どちらの文章でも、自分の生まれ育った場所とか幼時のできごとの時間的前後関係や細部になると茂の記述があいまいになることである。幼時についての記憶というものは、実は父母などの身近の年長者が語り聞かせるうちにあたかも自分自身の記憶であるかのようになってしまうものである。そう考えるならば、茂の幼少時にはそのような近親者がいなかったことが、そういうかたちで現れていると解してもよい。

養母の士子《ことこ》は江戸の儒者として名高い佐藤一斎の孫娘であった。茂にどのような接しかたをしたのか詳しいことは分からないが、情の人というよりは知や意の方が勝っていた人のようである。別段、養子だからことさら茂に冷たく当たったとかという話ではなく、ベタベタ人に接するというタイプではなかったのであろう。最晩年になって吉田は、病身の母は夏には伊香保や箱根の温泉地に避暑に行くのを常としたが、そのときはいつも自分を伴ったと懐かしげに回想し、母の「恩愛」に感謝している。しかし、彼のイメージのなかにある母の姿は、よく政治家の自伝に出てくる「美しく優しく甲斐がいしい」母親像とは、いささか趣を異にしている。何よりも強く少年茂の眼に映った母の姿は「気位の高い」女性としてのそれであった。一方、養父の健三は彼なりに茂を可愛がったようだが、何せ東奔西走の忙しさであったし、多忙が祟ったのか、茂が一一歳のときに病死し、相当の資産（当時の金で五〇万円を下らなかったという）を後に残した。海外の動きに通じている貿易商たる養父から茂が内面的に引き継いだものが何であったとしても、それよりも大きかったのは、この年齢で恒産ある一家の主人となったという事実そのものであったであろう。自分の自由になる財産を与えられ、いやでも茂は独り立ちをした男としての自己を意識せざるを得なかった（なおこの財産は、のちに外交官として海外勤務中に、ほとんど使い果たしたという）。政治家という人種は「健全な家庭」に育つのが相場で、他方、不規則な家庭で幼時を過ごした人間は文学なり芸能・芸術の世界に進むことが多いという説がある。それが正しいとすれば、吉田の場合は、珍しい例と言わねばならない（松本健一『戦後政治家の文章』第三文明社、一九八八、一五頁）。そのこわもての表面とは別に意外に繊細な神経を吉田がもっており、文人墨客ともかなりひろい交遊があったのは、そのためかもしれない。それはともかく、こうした育ちが、周りの空気に流されず、ある距離を置いて人と接する姿勢を吉田が身につけるのを助けたことは間違いがなさそうである。彼自身「他人の威圧に屈しない、瘦我慢の強い、威圧に対してはむしろ反抗的な人間になった」のは、いごっそうの実父から受けた遺伝もあるかもしれないが、養母の影響力に負うところが大きいと、自らを分析している（「育ての親・私の養母」、『世界と日本』番町書房、一九六三、二五九頁、中公文庫版、二四八頁）。付和雷同とか迎合とは最も遠い吉田の性格は、こうして生まれた。

2

学歴のうえでも、吉田は規定のコースを順調に通り抜けたいわゆる秀才型ではなかった。当時はいまほど、型にはまった学歴社会ではなかったが、それにしても、吉田の場合は、かなり異例である。一一歳で藤沢の耕余義塾に入学し、そこで五年間、漢学を学んだ。「人間と人間との交渉の上のことならば、何でも漢籍に求められる」と往時を回想して語るように、吉田の人間理解の基礎はこの時期に学んだ漢籍にあった。そのこと自体は、当時においてはさほど珍しくはない。ただし、耕余義塾は、漢学を主とするとは言え、数学、英語、理科、地理、歴史などの教科も教える学校であり、これまた明治初期の教育のあり方から見て、標準的なカリキュラムと言ってよい。時代とともに漢学的要素が日本の学校教育で薄れていったので、吉田の同世代の人達の教養で占めるその部分が、われわれには際立って見えるだけかもしれない。いずれにせよ、吉田がこの時期に身につけた人間理解の表現形式としての漢学的な教養が、彼のものの考え方のスタイルに顕著な影響を及ぼしていることは間違いない（栗原健「吉田茂の漢学」、『人間吉田茂』中央公論社、一九九一）。

明治二七年三月、日清戦争が始まる少し前に、耕余義塾を終えた吉田少年は日本中学、東京高等商業学校（一橋大学の前身）と転々とし、次に入った正則尋常中学を卒業する。その後、ごく短期間東京物理学校（現東京理科大学）に籍を置いたあと、明治三〇年一〇月学習院に入学し、ようやく落ち着きを見せる。学習院では順調に中等学科、高等学科を経て大学科に進学するが、外交官養成を目的として設置された大学科が近衛篤麿院長の死去とともに廃止されたため、東京帝国大学法科大学政治学科に進み、そこを明治三九年七月に卒業する。同年九月外交官領事官試験に合格、一一月一五日領事官補に任ぜられ、外交官としての第一歩を踏み始めた。時に吉田茂二八歳、国家も日露戦争が終わって間もないころの高揚期であった。

吉田の人格形成の上で学習院での七年間は決定的な意味をもったが、吉田がこのとき学習院を選んだのは、さして深い考えがあってのことではなかったらしい。しかし、たまたまその校風は、気位が高く俗に流れることを嫌う彼の気性にはよく合っていた。「着実

「怜悧」「老成」などが、当時の吉田を評することばとして学籍簿に残っているという。ここで彼は、皇室や華族に対する親近感と尊敬心を自然に身につけた。当時の学習院は近衛院長のもとで、天皇と国家に奉仕すべき特別の使命感をもったエリートの養成をめざしており、外交官養成のコースもそのような意図から新設されたものであった。そのコースに乗った吉田は、ようやく自分の進むべき軌道を見出した。

だが、外務省が吉田の器量を真に伸ばすのに最適の場であったかどうかは、また別の問題である。他の官庁機構に比べると、外務省、とくに在外公館は、組織の力というよりも個人の力量や判断力がものをいう職場である。今日でもそうだが、時々刻々に本省と連絡をとるなどということができなかった当時においては、なおさらである。その点では、吉田のような個性には向いていたと言えよう。それでも、組織は組織であり、とくに若い間は、自分の裁量を働かせるよりも、周囲に合わせたり、規則どおりにことを運ぶことを覚えなければならない。駆け出しのころから吉田はすでに、上司から見れば、鼻柱ばかり強くて扱い難い存在であった。はじめ領事官補として天津在勤の辞令が出されたが、急遽、その任地が奉天に振り替えられたのは、温和な加藤本四郎天津総領事では手に負えまい、剛直をもって知られた萩原守一奉天総領事くらいでないとこのじゃじゃ馬を飼い慣らせまい、という上の判断のせいであったという。

萩原総領事は確かに、吉田が目標としたいと思うようなタイプの太っ腹の人物であった。

萩原に手ほどきを受けて中国外交を覚えた吉田は、数年後にみずから総領事として奉天に戻ってくる。奉天と北京をつなぐ京奉線を遮断して張作霖に圧力をかけよという吉田総領事の強硬論は、現地の関東軍にも反対され、政府の容れるところとはならなかった。吉田が関東軍に比べてさえタカ派だったというよりも、根回しなどという面倒なことの嫌いな吉田流儀が祟ったというのが真相であろう。これというときには思いきった手を打つことを辞さないという、吉田流儀の片鱗がすでに現れていた（衛藤瀋吉「京奉線遮断問題の外交過程」、篠原一・三谷太一郎編『近代日本の政治指導』東京大学出版会、一九六五）。

明治の元勲大久保利通の次男にして外交界の大立て者である牧野伸顕《のぶあき》（一八六一～一九四九）の長女雪子と結婚し（明治四二年）、閨閥の点ではだれにもヒケをとらない吉田が、自嘲をこめて裏街道と呼んだチャイナ・サービス（中国大陸勤務）の道を通らざるを得なかったのは、周囲との折り合いの悪さという吉田の人格が一因であったと見る人が多い。

と言っても、田中義一政友会、浜口雄幸《おさち》民政党の両内閣で外務次官を務め（昭和二～五年）、そのあと昭和五年から駐イタリア大使、昭和一一年からは駐英国大使を、それぞれ勤めあげた吉田が、戦前の政界・外交界で隠れた存在であったとは言い難い。外務省同期で出世頭であった広田弘毅（一八七八～一九四八）が印綬を帯びて内閣を組織したとき、組閣参謀としてこれを助け、みずからも外務大臣として入閣を噂されたが、リベラル派として軍部に忌避されたという事実は、それだけ彼が注目されていたことを、逆に証明している。政友会と民政党とに二分された戦前の政界とのつながりで言えば、田中内閣時代の外務政務次官を務めた森恪（一八八二〜一九三二）や、同じく書記官長であった鳩山一郎など、政友会の人間と近かった。吉田が、民政党系統の幣原外交とは一定の距離をおいていたのも、そのせいであった。

だが、そのころの吉田が、先輩の幣原喜重郎（一八七二〜一九五一）や同期入省の広田と比べれば、影が薄い存在であったことは事実である。すでに述べたように、英国大使の時期を含め、ロンドンには前後三回、通算七年勤務した経験をもち、政治・外交・文化など万事について英国を模範としていた吉田であるが、イギリス外務省筋では、それほど吉田の人物を買ってはいなかったようである。吉田が大使として赴任するころ、ロンドンの外務省が日本の指導者を月旦した文書が残っているが、そこでは「吉田氏は強固な個性の持主という印象は与えないが、話し相手としては気持よく好感が持てる。英仏両国語を話すが、どちらも余り流暢とは言えない。もっとも子供たちは自国語と同じ程度に自由に英語をあやつる」となっていて、幣原や広田に費やしている言葉と比べて、一段軽い扱いを受けている（英国外交文書、F.O.371/20288/899 Leading Personalities）。長男の健一（後に文学者となる）や愛娘の和子（後に麻生太賀吉と結婚）と比べて外国語が下手だと言われても、吉田は（どこの親とも変わらず）別段気分を害しはしなかっただろうが、強固な個性云々のくだりは、われわれ第三者に意外であるだけでなく、本人が聞いたとしたら、さぞかし心外であったに違いない。

このような英国外務省の吉田評は、彼が本来相手とすべき正規のチャンネル（極東局）を通さずに、旧知の仲であるアメリカ局長のクレーギー（Robert L. Craigie, 1883-1959）や、さらには外務省そのものをも飛び超えてチェンバレン蔵相（のち首相、Arthur Neville Chamberlain, 1869-1940）などの実力者と接触し、そうした筋を通じて政治工作を進めるといった吉田の流儀に対する極東局の役人の反発が、その裏にあったのかもしれない。役人が正規の手続きを無視されることを嫌うのは、どこの国でも同じである。制度とか標準的な作業手続き（SOP）などよりも人脈を重んじる吉田のやりかたは、役人の仁義に反すると思われても仕方がない。そういう意味では、吉田は決して「官僚タイプ」の人間ではなかった。ある人のことばを借りれば、吉田外交の独特の手法は、「広い戦線に歩兵を散開させて、敵陣にジリジリと肉薄するのではなく、密集隊形の騎兵集団をもって一気に敵の要害を抜くのである。だから吉田大使は外務省の攻略よりも首相官邸の奇襲を得意とした」（加瀬俊一『吉田茂の遺言』〔新版〕、日本文芸社、一九九三、三二一～三二三頁）。この吉田の手法が、戦後になってマッカーサーとGHQを相手とするときに最大の効果を発揮することになるのが、面白い（なお駐英大使時代の吉田茂については、細谷千博「外交官・吉田茂の夢と挫折」、『中央公論』昭和五二年八月号、二四四～二六三頁参照）。

そのころ日本外交は、ドイツと防共協定を結び、英米両国との関係は目に見えて悪化しつつあった。日独防共協定締結問題に関して主な在外大使の意見を本省が求めてきたとき、ひとり吉田大使だけは、はっきりとこれに反対の意見を述べ、その軟化を図る本国政府のさまざまな説得にも屈しなかった。一方、英国との協調による中国問題の解決という構想を掲げて知友チェンバレンが主となったダウニング10の「首相官邸の奇襲」を図った吉田外交も、ロンドンと東京の両首都の政策決定機構の固い壁に阻止されて、遂にその「要害を抜く」ことはできなかった。失意のなかで、駐英国大使の職を解かれた吉田は、昭和一三年一一月末、帰朝、翌年三月二〇日をもって外務省を引退する。ときに満六〇歳を過ぎること半年であった。

戦後政治に再登場するまでの約七年間、吉田茂はいわば正規の政策決定機構からは排除された人物であった。しかし、生来の政治的動物である吉田が、この間、おとなしく冬眠していたわけではない。もともと制度や機構の外で人脈本位で動くことが好きな吉田にとっては、たどるべき人脈さえあれば、動きようはあった。岳父（妻雪子の父）である牧野伸顕を通じて天皇側近のいわゆる「穏健派」に接近する経路が、中でも有力なものであった。近衛文麿、木戸幸一、原田熊雄（西園寺公望の私設秘書）などがそのなかに入ってくる。また、親しい知己であるクレーギーとグルー（Joseph C. Grew, 1880–1965）がそれぞれ英米両国の大使として東京に駐在していたことが、もうひとつの貴重な人脈であった。

こうした人脈を通じて、吉田は日独伊三国同盟路線の阻止ならびに日米開戦の回避をめざして奔走する。数度にわたる宇垣一成擁立工作は、そのような吉田の執念を表している。吉田は、目的のためには、たとえば皇道派の真崎甚三郎などの反東条派の軍人とも、敢えて手を結ぶことを辞さなかった。そうした吉田の努力の甲斐なく日本は日米戦争への道を突き進むが、開戦後も吉田は、東条内閣の退陣、戦争の早期終結をめざす努力をやめようとはしなかった。常人には望み得ない情報経路に恵まれていたことがこうした彼の動きを可能にしたことはもちろんである。それとともに、日本外交の進むべき道についての確固たる信念と、逆境にあってますます闘志を燃やす強靭で粘り強い意志、そして必要とあればあえて非常手段をとることを辞さない果敢な決断力が、吉田を動かす原動力であった。

親友の野村吉三郎（一八七七～一九六四）、来栖三郎（一八八六～一九五四）両大使のワシントン交渉が難航し、日米間の破局間近と思われていた数週間、吉田はグルー大使を通じて米国政府を動かし、なんとか交渉を妥結させようと最後の必死の努力をする。その際、彼は日本政府の最上層の動きに関する機密情報をグルー大使に伝えるという、考えようによっては利敵行為になりかねない危ない橋を渡ることもあえて辞さなかった（五百旗頭真「吉田茂とジョセフ・グルー」、『人間吉田茂』所収）。昭和二〇年二月、吉田は同じような危ない橋をもう一度、渡ろうとする。天皇の御下問に答えるという機会に恵まれた近衛文麿（一八九一～一九四五）に頼まれ、早期和平を推進すべしとする上奏文を起草した。今度は憲兵隊に逮捕され、数週間を獄中に過ごすことになった。六〇数年前、彼の生誕時に新潟の獄中にあった父竹内綱のことを、そのときの吉田は身近に感じたことであろう。公人としての吉田茂の生涯がここで終わっても不思議ではなかった。しかし、彼の釈放後間もなく訪れた敗戦が、吉田にとって本領発揮の舞台を用意することになろうとは、神ならぬ身には知る由もなかった。

3

昭和二一（一九四六）年五月二二日、吉田茂は総理大臣に就任する。このとき彼は、やがて四カ月後には満六八歳の誕生日を迎えようとする老人であった。約一年で第一次吉田内閣は退陣し、それに続く片山、芦田の両内閣のおよそ一年五カ月間、吉田は在野時代を経験するが、昭和二三年一〇月一五日、政権に返り咲く。以後昭和二九年一二月七日に第五次吉田内閣が総辞職するまで、通算約七年間、戦後政治の中心に坐り続けた。この七年間にわたる吉田政治は、のちに弟子の佐藤栄作によって破られるまで、同一人物による政権担当の最長記録であったというだけでなく、その間に戦後政治の原型が形成されたという意味で、戦後政治史において持つその重みが特別のものであることは、だれにも否定できない。

吉田と対比されるアデナウアー（Konrad Adenauer, 1876-1967）がドイツ連邦共和国の初代首相に就任したのは、吉田に遅れること三年の一九四九年であった。ときに、アデナウアー七三歳。二歳年長のアデナウアーは、吉田と同じ一九六七年に吉田よりわずか半年さき立って死去する。東西二つの敗戦国の戦後を作った二人の指導者は、ほぼ完全に同時代を生きたことになる。それにしても、このふたりの老政治家が、両国の新生を指導する地位を占めたというのは驚きである。敗戦とそれを受けた戦後の変革は開国・明治維新と並ぶ第二の開国と言われることがあるが、明治維新を指導したのはせいぜいが三〇代の若者たちであった。三〇代も半ばを過ぎると天保銭（一八三五年以降鋳造）と呼ばれて、使いものにならぬ時代遅れの人物とされた。老人指導の戦後とは何たる違い！

このことは、戦後日本の変革が「革命」というよりは「再建」であったということを暗示している。六七歳で敗戦を迎えた吉田茂は、当然、あらゆる意味で「戦前」の人であり、もっと端的に言えば明治の人間であった。その吉田が「戦後」を作ったというのは、単なる偶然以上の理由がありそうである。激しいインフレとともに、戦前の紙幣・貨幣は瞬く間に使用価値を失っていった。だが、人物の通用価値は不変だったかのように見える。いずれにせよ、戦後政治における吉田茂を理解するうえで、完璧なまでに戦前の人間であった吉田について知らずしては、済ますことはできない。ここまでやや長きにわたって吉田の人となりと経歴について筆を費やした理由である。

戦後政治の表舞台に引っ張り出された吉田茂が直面した問題の本質は何であったのか。敗戦直前の憲兵隊による勾引の原因となった近衛上奏文に明らかなように、近衛や吉田が最も恐れていたのは、敗戦の混乱が革命に発展することであった。「戦争を通じて革命へ」とレーニンが叫んだように、敗戦はそれをもたらした政治指導層の責任という問題を浮上させ、既成の政治的権威の失墜をもたらすことは不可避であるから、革命家にとっては絶好のチャンスとなる。日露戦争と第一次大戦の二度の敗戦の衝撃のなかから発生したロシア革命が、その良い例である。第一次大戦後のドイツのワイマール革命も、同類と見て良いであろう。その国の歴史と伝統に突然にもたらされた断絶のなかから生まれ出たこのような革命国家が如何にもろいものであるかは、短命に終わったワイマール共和国を見れば明らかであるし、最近ではソヴィエト社会主義共和国連邦の解体が、改めてそのことを思い知らせた。

近衛や吉田がどのような歴史の事例を念頭においていたのかはともかく、彼らが最も警戒していたのは獄中ないし海外に亡命中のひとにぎりの共産主義者たちであった。後者もまた、革命運動の前に立ちはだかる勢力は、もはや舞台から去ることを運命づけられている札つきの「軍国主義者」などではなく、近衛、宇垣その他の「穏健派」とか「リベラル派」と呼ばれる政治家たちであると認識していた。このふたつの勢力は互いに相手がだれであるか正確に分かっていたのである。革命派が勝利するか、それとも穏健派が勝利するのか、その争いのシンボルとなったのが「国体の護持」であった。ポツダム宣言受諾の決定に際して、この点を譲れない最後の「条件」として米国からの保証を取り付けるべきだとする議論が有力であった所以である。一九四五年の夏、モスクワから切々たる一連の電報を東郷茂徳外相宛に送り続けた佐藤尚武大使のように、この問題がやがて憲法論議に発展するであろうこと、そして、米国以下の戦勝国側がどのような態度をとるかがこの問題の行方に決定的な影響をもつであろうことを、すでに見抜いている人もいた。ポツダム宣言受諾は敗者の日本と勝者の代表たる米国との間の駆け引きであるだけではなく、戦後構想をめぐる国内諸勢力の間の隠れたる駆け引きでもあった（渡邉昭夫「戦後日本の出発点」、渡邉昭夫編『戦後日本の対外政策』有斐閣、一九八五、四～一〇頁）。

吉田茂にとって、しかし、敗戦は危機だけではなく、好機をも意味していた。八月一五日、大磯の自宅で天皇の放送を聞いた吉田は、数日は動かず、外務省を通じて首都の情勢を窺っていた。翌週早々に行動を開始した吉田は、まず足柄上郡酒田村（小田原近郊）に原田熊雄を訪ねている。大磯の吉田邸は「来客喰倒客頻々、米喰い潰され候」というわけで、米だの酒だの足柄梨だのの調達を原田に依頼している。もちろん酒宴に明け暮れしていたわけではなく、これも情報収集の手段であった。ところが、「東京来客道路の風説区区」という状態で、さすがに心配になった吉田は、八月二六日に三井の池田成彬（一八六七～一九五〇）を訪ね、その意見を叩いた。その結果、ものごとは「まずまず順調に進行、前途差したる心配もあるまじく、風雨一過後の天気同様、積年の弊風一掃、国家再建の業成るも久しきに及ぶまじく」という楽観論を吹き込まれて、大いに元気づけられて帰ってくる。七八歳の池田に六七歳の吉田が勇気づけられている情景とはいったいどんなものであったのだろうか。池田の楽観論がどのような根拠に基づくものであったのか分からないが、この訪問を原田に葉書で報じたのと同じ日に、吉田がもう一人の友人来栖三郎に四枚の絵葉書を使って書き送った長い手紙を見れば、この二人の老人の間で取り交わされた会話の内容と雰囲気が彷彿とする（吉田は原田にもこの来栖宛書翰の写しを送っている）。

吉田曰く、「遂に来るものが来候。[悪魔に息子があるならば、東条がそれに違いない（渡邉――この個所はなぜか英語で書かれている）]。今までのところ我が負け振りも古今東西未曾有の出来栄えと申すべく、皇国再建の気運も自らここに蔵すべく、軍なる政治の癌切開除去、政界明朗国民道義昂揚、外交自ら一新いたすべく、しかのみならず、科学振興、米資招致によりて財界立直り、遂に帝国の真髄一段と発揮するに至らば、此敗戦必ずしも悪からず、雨後の天地また更に佳し、兎に角事態存外順調、ここに至れるは一に聖断による戦局終結、よくこその此御勇断と唯々感激のほかなく云々」（昭和二〇年八月二七日付、『吉田茂書翰』五五三～四頁）。まさに意気軒昂というべきである（なお、同じ手紙のすぐあとの部分で、吉田は「老兄の世界的名声も、ウソツキの真相判明せば自然雲消霧散いたすべく、あまり気に病」むこともないと、真珠湾攻撃の「最後通牒」伝達の遅れの汚名を着た友人を慰め、元気づけている。これとは別だが、ミュンヘンの宥和政策ゆえに非難ごうごうのネヴィル・チェンバレンをも、吉田は終生かばいつづけた。世評に与せず、友人を徹底的にかばうのが吉田の一面であった）。

東条と軍に簒奪された国家を本来の正統な政治勢力の手に取り戻す好機が今訪れたのだというのが、吉田の見方であった。問題は、統治の正統性を主張できるのはだれであるかだった。左からの革命勢力は、吉田を含めた戦前一切の「既成勢力」にその資格なしとした。吉田からすれば、自分たちこそ明治国家の正統性を継ぐものであって、軍によって権力を簒奪されていた時期の日本は、異端の支配した逸脱の歴史でしかなかった。だが、戦争責任からの潔白を主張できる「既成勢力」が果たしてどこにどれだけいるのか。当面、皇族のなかの「リベラル派」とされる東久邇宮稔彦が政権を担当し、その内閣には、近衛が入り、重光葵（一八八七〜一九五七）が入っているが、彼らとて如何なる運命がこのさき待っているか分からない。明治国家の伝統を守りながら占領政策に立ち向かおうとする「穏健派」の前途は、このとき、きわめて不確かなものでしかなかった。吉田のいた大磯から程遠くない厚木の海軍飛行場にマッカーサー最高司令官が降り立った八月三〇日の翌日、吉田は軽井沢に閑居中の鳩山一郎に書を送って「あまり山中閑居はよろしからず」と、上京を勧めている。この時点で、吉田と鳩山は、戦時下において軍部との戦いを生き抜いた数少ない「政友」として、相互に協力すべき立場にあった。

敗戦を「皇国再建」の好機として受け止めた吉田ではあるが、自分がその中心となる積もりはなかった。先の来栖三郎宛書翰の意気軒昂ぶりも、多分に自らへの励ましの意味があった。九月四日に荻外荘に近衛を訪ねた吉田は、そこで東久邇がGHQ筋の受けが悪く、その反対に近衛の株が上がっていること、重光外相が不評であることなどを近衛の周辺に集まっている人々から聞いて、それらの情報を原田に伝えている（九月七日書翰）が、それから旬日ならずして、まさか重光外相辞任のあと、自分にお鉢が回ってくるとは予想もしていない書きぶりである。一九四五年九月一七日、吉田茂、東久邇内閣の外相に就任。戦後政治の表舞台への吉田の登場である。

九月二日の米戦艦ミズーリ号上での降伏式で行ったマッカーサー演説を読んで吉田は、「かなり円満平静の間に任務を果たして引上」げることを占領軍は望んでいるようだ、という感想を持った（原田宛同上書翰）。しかし、追放にせよ、憲法にせよ、その後のGHQの指令は彼の予想をはるかに超える峻厳さであった。「戦勝連合国の日本処分方針、意図など何ら知るところなく、厳格な指令が次から次に出された。しかもそうした方面との大きな摩擦を避けつつ、敗戦後当面する種々な応急措置を講ぜざるを得ないといった按配で、その日その日の措置に気をとられ、夢中で過ごしたというのが、第一次内閣時代の偽らざる実情であった」（『回想十年』新潮社、一九五七〜五八、第一巻、一四二頁）と後に吉田は自分の内閣時代を回想しているが、これは彼が外相を務めた東久邇、幣原両内閣の姿そのものでもあった。

麻布市兵衛町にあった外相官邸で、亡くなった妻の代わりに吉田の身辺の世話をしたのは娘の麻生和子であったが、早朝から起き出して庭とも言えない狭い邸内の空地を檻のなかの虎のように行ったり来たりしながら険しい表情で歩いている父や、夜中に眠れないままに起き出して焼け跡だらけの近所を散歩して帰ってくる父の姿を、和子は目撃している（『回想十年』第四巻、二六六頁）。そのころ、前任者の重光に宛てて「忙々の間に東西を弁ぜず、恰かも大海の孤舟波の間に間に漂流の感」ありと、珍しく弱音を吐いている（一〇月二日）。さすがの吉田も、この時期、不安と懊悩の極にあったのである。外相就任後間もなく、天皇の処遇についての権力者の意向を探るべく、第一生命ビルにあった総司令部にマッカーサーを訪ねるが、大股で室内を行ったり来たりしながら滔々と弁ずるマッカーサーの姿を見て思わず笑いが顔に出た。それを見とがめられた吉田が、あなたを見ていると檻の中のライオンをつい思いだしたのだと言って釈明したところ、謹厳なマッカーサーも笑いだし、二人の間の緊張が一挙にほぐれたというのは有名なエピソードだが、あるいは娘に「お父様はまるで檻の中の虎みたい」とでも言われたことがあって、それをこのとき吉田は思い出していたのかもしれない。だが、このエピソードから、絶対的権威をもって臨む占領軍に立ち向かう吉田の緊張感がこれで一気に解消したなどと、われわれは勘違いしてはならない。

4

その頃の吉田の心に懸かっていた最大の問題は、憲法と天皇の処遇であった。外相となってすぐ、吉田はみずから発案して天皇のマッカーサー訪問を実現させ、その折にマッカーサーが天皇個人に対して良い印象をもったという感触を得て、ひとまず胸をなでおろした。実際のところ、すでに、マッカーサーの方では、天皇と天皇制の温存が占領政策の円滑な実施に不可欠だという考えを持つようになっていた。だが、ソ連はもちろん、多くの連合国の間での反天皇感情は強く、米国の世論も決して天皇に同情的ではなかった。したがって、天皇個人と天皇制の未来という問題は、このとき、まだまだ極めて微妙な位置にあったのである。憲法改正問題は、このような国際政治の脈絡のなかに置かれていたのであるが、幣原内閣の憲法改正作業は、こうした国際的な動向には盲目の、鎖国的心理状態のなかで進められていた。

昭和二一年二月一三日、ホイットニー（Courtney Whitney）民政局長、ケーディス（Charles L. Kades）同次長らが、マッカーサーの指示に基づいて作成した憲法草案を持って、麻布の外相官邸を訪れたとき、このような精神的鎖国状態は、一挙に打ち砕かれた。鋭敏な「外交感覚」をもって鳴る吉田でさえも、同席した松本烝治（憲法問題担当国務大臣）、白洲次郎（終戦連絡事務局次長）とともにこの「飛んでもないもの」を見せられて、驚愕を隠すことができなかった（『回想十年』第二巻、一二五頁）。戦争放棄の規定よりも、「国体の護持」つまり天皇の問題が、吉田を含めた当時の日本政府の第一の関心事であった。このような国際的な世論の流れのなかでは、主権在民を明確にし、天皇を国民統合の「象徴」として位置づけ、さらに戦争放棄をはっきりと打ち出すことが、天皇を救う唯一の方法であるというのが、ＧＨＱ案の背後にある論理であった。天皇と国民を対置させ、主権はそのいずれにあるかなどという思考方法そのものを否定し、「君民共治」「君臣一如」を理想とするのが明治以来の日本的な政治思想であり、「臣茂」の信念でもあった。そうした吉田にとって、この憲法草案を呑み込むのは堪え難い苦痛であった。しかし、マッカーサーという絶対者を前にして、そうする以外に敗戦国日本の生きる道はないと臍《ほぞ》を固めることにおいて、さすが、吉田の思い切りは良かった。こうした意味で、一九四七年憲法が全体として、国際政治力学のなかから生まれ出た国際条約的文書であることは、否定できない。吉田自身「改正草案が出来上るまでの過程をみると、わが方にとっては、実際上、外国との条約締結の交渉と相似たものがあった。というよりもむしろ、条約交渉の場合よりも一層〝渉外的〟ですらあったともいえよう」と述懐している（『回想十年』第二巻、一三〇頁。なお、大塚高正『外交と日本国憲法』文真堂、一九九二をも参照）。

　日本国憲法が実質上、条約的文書であったとすれば、その批准過程はどんなものであり、そこで吉田茂はどのような役割を果たしたのであろうか。東久邇・幣原両内閣の外相として対GHQ「交渉」に一部関わった吉田は（この交渉の最高当事者は幣原首相その人である）、その「批准」（議会での憲法審議）の過程では、みずから総理大臣として、最終的責任者の役割を担う運命に遭遇した。第一次吉田内閣（昭和二一年五月二二日成立、二二年五月二〇日総辞職）の最大課題は、食糧危機への対処を別とすれば、憲法問題であった。実際、この内閣の寿命は、第九〇帝国議会での憲法審議（二一年六月二〇日憲法草案衆議院提出、一〇月七日衆議院可決）を経て、その公布（二一年一一月三日）から施行（二二年五月三日）までの過程とほぼ重なっている。

憲法をめぐる「外交交渉」の過程は、初めから勝負にならない力関係のもとで進められた。いさぎよく負ける他に、ほとんど手はなかった。しかし、たとえ如何なる経緯があったにせよ、一旦「締結」した「条約」は、国の最高責任者としては、その「批准」のために、断固として弁護するしかない。議会での「百日審議」での吉田の答弁は、苦渋に満ちたものとならざるを得なかった。主権の所在と国体、および天皇の象徴性の問題をめぐって、吉田は「国体は新憲法によって毫も変更せられないのであります」（二一年六月二五日、衆議院本会議での北昤吉質問への回答）と強弁した。また、戦争放棄と自衛権の問題については、第九条は「自衛権の発動としての戦争も、交戦権も否定したもの」との見解を示し、独立国が自衛権をもつのは当然だから戦争一般ではなく「侵略戦争」の放棄とするのが的確ではないかという野坂参三共産党議員の質問に答えて、「国家正当防衛権を認めること自体が戦争を誘発する原因となり有害無益である」と言い切った（六月二八日、衆議院本会議）。さらに、第九条の規定は国連の集団安全保障活動への参加に障害になるのではないかという趣旨の南原繁貴族院議員の質問には、そのような迂遠な話は今考えるべき問題ではないと一蹴した（八月二四日、貴族院本会議）。このように一見、強引とも言える答弁をしながら、吉田は、いま何をしなければならないのか、自分に与えられた役割を十分わきまえていたのである。その証拠に、「百日審議」も終わりに近づいたころ、吉田は岳父に宛てて、「固より新憲法につき種々難点これあり候えども、現状一応右にて満足致し候ほかこれなく、又右にて一応ケリを付け置き候方、内外の状勢宜敷と存じ候」と書き送っている（一〇月二日牧野伸顕宛書翰）。

5

第一次吉田内閣にとっての最重要課題が憲法であったとすれば、第二次内閣以後のそれは講和・安保条約であった。戦後日本を規定するこの三つの基本文書――憲法、講和条約、安全保障条約――のすべてに吉田が深くかかわることになったのは、偶然と言えば偶然であるが、この事実があるからこそ、戦後日本にとっての吉田茂の特別の意味があると言える。しかし、第一ラウンド（憲法）と第二ラウンド（講和・安全保障条約）とでは、吉田を取り巻く政治的環境は大きく変わっていた。

新憲法公布後初の総選挙（これは吉田にとっても初の立候補であった）で第一党の地位を小差とは言え社会党に譲った吉田は、負け振りの良いところを見せるが大切とばかりに、下野し、連立に加わるようにという呼び掛けにも応じなかった。第一次内閣時代末期に社会党を内閣に呼び入れて政権を強化しようと真剣に考えたこともある吉田は、必ずしも連立に反対であったわけでもなく、社会党を毛嫌いしていたわけでもない。その吉田が、「憲政の常道」などという戦前の政党政治家のようなせりふを使って思いきり良く下野したのは、どうせ社会党首班の連立内閣は長続きしないという読みがあったためであろう。「政権の推移は自然に委ねたい」と岳父に宛てて書いているし、片山内閣発足間もない時期にある人に宛てて「現内閣は悶死のほかこれなかるべく（中略）内閣は手を下さずして自殺せしむるに限る」とも書き送っている。吉田がこの重要な決断をしたときの政治状況は、ある意味で、戦後日本政治の力学が最も純粋なかたちで露呈していたと言える。すなわち、戦前の政友、民政の流れをくむ二つの「保守」（という命名法はまだなかったが）と戦後を象徴する「革新」（社会党）という三つのグループがほぼ拮抗し合って、政界を三分していた。そのどれが主導権を握ってどれと組むかが権力移動の基本的形式となる。ここで、吉田が敢えて野に下ったということは、自分が主導権を握る機会が再びめぐってくるのを待つことを意味した。

しかし、その機会は、吉田が思ったほど、容易には彼の許にころがりこんではこなかった。GHQの民政局が、何とかして吉田の自由党に主導権を引き渡すまいとして、露骨に介入したからである。片山の後を芦田に回し、その芦田が倒れると自由党は自由党でも総裁の吉田ではなく、幹事長の山崎猛を首班とする内閣を作らせようと彼らは画策した。難航の末に成立した第二次吉田内閣（一九四八年一〇月一九日）も、少数与党であるうえにGHQ民政局の邪魔立てもまだ続いていて、政権の基盤は脆弱であった。吉田は次の選挙にすべてを賭け、野党とそれを推す民政局の反論を押し切って、憲法第七条を根拠に議会を解散する。一九四九年一月二三日に実施された第二四回総選挙で民主自由党（少し前に幣原ら民主党の一部を吸収して改名）は圧勝、こうして吉田は遂に念願の主導権を奪回した。吉田が、ニューディール派の盤踞する民政局の妨害を回避するために、GHQ内の対立を利用したり、マッカーサーと直接接触する道を選んだことは事実であるが、やはりこの選挙での勝利なくしては、GHQ内部のニューディーラーに対する勝利もなかったのである。このような試練の末に成立した第三次吉田内閣（一九四九年二月一六日〜一九五二年一〇月三〇日）こそが、全身大の吉田政治であった。

芦田内閣が崩壊し、第二次吉田内閣が成立するのとほぼ時期を同じくして、ワシントンではジョージ・ケナン（George Kennan）の献策に基づいて用意された対日新政策の方向を示す文書が、国家安全保障会議で採択されていた（一九四八年一〇月七日、NSC13-2、米国の対日政策に関する勧告）。対日講和問題も、連合国の間の一致を前提とする戦後初期の構想とは全く異なる視点に立って、再検討されることになった。きびしい東西冷戦の寒風のなかにいきなり放り出すには、日本はあまりにも無防備であると思われた。ケナンが恐れたのは軍事的な意味での無防備もさることながら、日本社会の思想的、政治的、経済的な脆弱性であった。

その点では、かなりのところまで、従来の占領政策に責任があった。国際共産主義に対する抵抗力をつけさせ、米国や西側諸国にとって信頼できる同盟国に仕上げるには、なお時間が必要であり、講和条約を結んで日本に独立を回復させるのは、その先のことだと思われた。このような観点から、以後、米国はあたかも日本を「見習中の同盟国」のように扱い始める。「事実上の講和」とか「なしくずしの講和」と呼ばれる政策が、それである。研修コースが終わった暁に、卒業式としての講和会議が開かれるであろう。というわけで、吉田茂と講和との関係について語る場合、正式の講和条約だけでなく「事実上の講和」を含めた全過程を視野に収める必要がある。言いかえれば、第三次吉田内閣の業績のすべてが、その意味で、講和への道そのものであったのである。

中央、地方を含めて計四一万人に及ぶ公務員の人員整理、財政赤字とインフレの収束を狙った超均衡予算を骨子とする経済安定九原則（ドッジ・ライン）、直接税とくに個人所得税に重点をおいた新税制（シャウプ勧告）、日本経済を国際市場の競争にさらすために設定された一ドル三六〇円の単一為替レートなど、慈母というよりは厳父といった感じの政策が次々に打ち出されていった。こうした厳格な政策の実施は、いきおい、それによって生活を脅かされることを恐れる階層からの強い抵抗を惹き起こした。国鉄職員の大量首切りを背景に下山、松川、三鷹などの一連の凄惨な事件が生じ、労働運動は過激な政治主義に走った。さきに過激な労働運動の指導者を「不逞の輩」と呼んで憚らなかった吉田は、このような社会状況にあっても、闘志を失わなかった。吉田にとって最も切実に感じとられた脅威は、外からのものというよりも、「法と秩序」が内から崩れることへの懸念であった。警察力の弱体化を彼が心配した所以である。また、吉田は、社会の道徳的・知的指導者、とくに若い世代に影響力のある大学人に、期待するところが大きかった。南原繁東京大学総長が、中ソを含む連合国全体との講和こそ望ましいという「全面講和」論を唱えたとき、「曲学阿世」と呼んで批判したのは、そうした期待が裏切られたことへの吉田の失望感と苛立ちの現れでもあったろう。

筆者自身が学生であったころ、渋谷の恋文横丁に「全面講和」と称する一杯飲み屋があって、若者たちがたむろして安酒の力を借りては気炎をあげていた。講和問題は、吉田「反動」内閣の打倒を叫ぶ「進歩」勢力の恰好の題材であった。その実、講和条約そのものは、その生みの親とも言うべきダレス（John Foster Dulles, 1888–1959）が自慢して言う通り、「復讐の講和」ではなく「和解と信頼の講和」であった。沖縄・小笠原ならびに千島の領土問題を除けば、敗者たる日本が不平を言い募るべき筋合いのものではなかった。

サンフランシスコ講和会議が、日本を同盟国として招き入れるためのものであってみれば、それは当然であったと言えるかもしれない。日本の世論が割れた原因は、講和条約そのものというよりも、それと不可分一体のものとして考えられた日米安全保障条約であった。社会党が、講和賛成・安保反対の右派と両条約ともに反対の左派とに分裂したことが、そのことを象徴的に示していた。

ダレスは講和に関して日本は「交渉」する立場にはないと言ったが、それは表向きのことであり、その実は吉田とのやりとりは「交渉」に他ならなかった。憲法をめぐる第一ラウンドと、講和をめぐる第二ラウンドとが、その点で決定的に違っていた。今回は、マッカーサーも、ある面では、吉田に手を貸す役割を演じた。講和後も日本に基地を維持し、それを占領期とあまり変わらないかたちで（つまり、掣肘《せいちゅう》なしに）使用したいという希望が米国の側にあることが、吉田に交渉の梃子《てこ》を与えた。米軍が留まる以上、ソ連といえども日本を軍事的に攻撃することはできない。吉田がソ連の「軍事的」脅威をどれだけのものと見積もっていたのかはわからないが、いずれにせよ、外に備える安全保障策としてはそれで十分であった。一九五〇年四月から五月にかけて池田勇人をワシントンに派遣して、そちらから切り出し難いようなら日本側から米軍の継続駐留の希望を申し出るかたちにしても良いと言わせたが、これが講和への大事な布石であったことは言うまでもない（宮沢喜一『東京・ワシントンの密談』）。

朝鮮戦争の勃発は、吉田にとっても計算外であったはずだが、その結果、米軍が極東に留まらなければならない理由が今まで以上に明確化した。とくに、朝鮮半島の安全保障に米国がどれだけコミットするつもりがあるのかが、吉田にとっての大きな不安材料であったが、それにはもう答えが出てしまったようなものであった。日本自身については、外敵というよりも国内治安のほうが心配であった吉田にとって、マッカーサーが米軍の朝鮮への動員のあとの空白を埋めるために警察予備隊の設置を命じたことは、有り難かった。憲法が自衛権を否定しているといったような見解はとうの昔に投げ捨てていたが、日本が本格的な軍備を用意すべしとするダレスの要求には、吉田は容易に頭を縦に振ろうとはしなかった。ダレスはこの問題について渋い姿勢を崩さない吉田の意外な粘り腰に驚き、結局、五万人の保安部隊をそのうちに創設するという、あまりあてになりそうもない手形をもっともらしい顔で受け取って、その場を糊塗するほかはなかった。憲法第九条ということばは、ふたりの交渉者のいずれの口の端にも上らなかったとしても、もの言わぬ存在として、彼らの背後に影を落としていた。意図せざる結果として、吉田の戦後外交の第一ラウンドの産物が、第二ラウンドの勝負に影響した。このとき、歴史の女神クリオは吉田に微笑を送っていた（渡邉昭夫・宮里政玄編『サンフランシスコ講和』東京大学出版会、一九八六）。

しかし、当の吉田は、歴史の重みをひしひしと感じていた。サンフランシスコに旅立つ前日、講和後の安全保障問題についての相談相手としてきたかねてからの懇意の辰巳栄一陸軍中将に宛てて「愚みずからはからず赴米の大任を引受け、みずから苦しみ居り候」と書き送っているが、そこには、このような場でのきまり文句とだけでは片付けられないような、切実な何かがある。娘の和子も、サンフランシスコに向けて飛び立つときの吉田の「ずいぶん真剣な表情」について記憶していて、生来楽天的な父もこのときばかりは「さすがに一国を預かり重大な決断をしてのけなくてはならない重圧のまえには真剣にならざるをえなかったのです」と回想している（麻生和子『父　吉田茂』光文社、一九九三、一八一頁）。

この前後、彼のこころに大きくのしかかっていた重荷とは何であったろうか。超党派的な講和全権団を組織せよという任務を命ぜられて奔走した増田甲子七幹事長は、決死の覚悟で講和に挑む吉田の姿を見たと言い、むしろ自分だけが講和条約に調印し、すべての責任を一人で背負うことが吉田の本意であったのではないかと推測している（『増田甲子七回想録』）。「決死の覚悟」というのは、いささか吉田茂にはそぐわない言い方だが、このときが吉田の生涯で最も緊張した瞬間であったことは、たぶん間違いがないであろう。おのれが最善と思う選択が世論に受け入れられるとは限らないのが外交交渉の責任者の宿命であることを、自分が外交官としての道を歩み始めたころに目撃した小村寿太郎の姿とともに、吉田は肝に銘じていたはずである。講和条約はともかく、安全保障条約だけは自分独りで調印したことに、そうした吉田の覚悟が現れている。

幸いにして、サンフランシスコから戻った吉田を迎えたのは、日比谷の暴徒ではなく、羽田の歓迎の人波であった。九月二五日付の朝日新聞の世論調査では五八パーセントが吉田内閣を支持していた。志賀直哉からもねぎらいの言葉が届いたのであろうか、吉田は「御書有難く拝誦、まずは惰眠を貪りたい云々」と返事を認《したた》めている。しかし、翌年四月二八日に講和条約が発効し、足掛け八年に及んだ占領が終了した直後に、血のメーデー事件が待っていた。大学が左翼運動の拠点とみた吉田は、厳然たる態度で学生を取り締まれと当局者を叱咤激励する。「誉められてもあまり発奮しないが反対されると発奮する」（麻生和子）吉田の癖が出て、意地でも政権を手放すまいとする姿勢が目立つようになっていく。

これ以後の第四次（一九五二年一〇月三〇日成立）、第五次内閣（一九五三年五月二一日成立）の吉田政治は、喧騒に満ち、ときに猥雑でさえあった。第二次大戦を勝利に導いたチャーチルを、英国民は、戦後の首相としては支持しなかった。同様に、講和後、吉田への国民の支持は明らかに失われていった。本人からすれば、まだまだ仕事は未完成であり、心配の種は限りなくあったに違いないが、時代は役者の交代を命じていた。もっとも、代わるべき役者の方で準備ができていなかったことも事実である。こうして、役者の交代劇はいたずらに長引くことになった。内によくまとまった国家を代表して外に対するというスケールの大きな政治（「外交」）が吉田の本領であって、千々に乱れた内をまとめるという小さな政治（「内政」なかんずく「党内政治」）は、彼が軽蔑し、また苦手とするところでもあった。ＧＨＱの権威の下での内政の「凍結」は、その意味で、吉田政治にとっては、好都合な状況であった。講和後、凍結されていた内政が溶融し、さらに沸騰し始めてからの吉田の手際は、贔屓目に見ても、見事というわけにはいかなかった。晩節を汚したとこれを呼ぶのはいささか酷であろうが、最後は後継者と頼む緒方竹虎にさえ背かれ、結局、身を引くほかなかった。昭和二九（一九五四）年一二月七日、第五次吉田内閣総辞職。いったん決断すると、淡々として大磯に引き籠もった。しかし、五尺二寸の短軀に満ちた政治的情熱はまだ尽きることなく、後進の池田勇人に「新進同志を糾合し将来に備えよ」と呼び掛け、一九六七年一〇月二〇日、満八九歳をもって死去するまで、その情熱は燃え続ける。だが、吉田以後の吉田政治ともいうべき続編を、ここで語っている余裕はない。

6

思えば、「明治人の数少なくなった生き残り的存在」とされる吉田茂が、「新しい時代の開幕に飄然と現われて、幕を切り」、戦後日本の原型を造形したのは、不思議なめぐり合わせであったとしか言いようがない（今日出海『吉田茂』講談社、一九六七、二六二頁）。近衛文麿は、「大日本帝国」時代の意識をもった吉田に戦後日本を指導する能力があるかと、危ぶんだという。たしかに、戦前戦後を通じて、吉田の意識は一貫していた。今日出海が言う通り「実は彼の判断の中には新旧の差はなかった」のである。人はこれを「保守的」と呼ぶかもしれない。そもそも保守とは「信条や教義ではなく、或る性向である。保守的であるということは、思考や行動が或る様式を持つ傾向にあるということであり、或る種の行動様式や人間をとりまく環境の或る状態を他よりも好むということ、或る種の選択を行う傾向にあるということである」（マイケル・オークショット「保守的であること」、『政治における合理主義』嶋津格他訳、勁草書房、一九八八、一九八頁）。そして、このような性向の中核にあるのは、「何か手もとにないものを望んで捜し求めるのではなく、手にすることのできる限りのものを利用して」そこからベネフィットを引き出そうとする傾向、「かつてあったものや将来あるかも知れないものではなく、現にあるものから喜びを得ようとする傾向」である。こうした心性には「過去からの贈り物ないし遺産に対する感謝の念」はふさわしいが、「過ぎ去ったものへの盲目的崇拝は少しもない。大切にされているのは現在なのである」。つまりは、現在をある限りの情熱をもって真剣に生きることである。吉田茂はまさにオークショットが言う意味での「保守的人間」の典型であった。

であってみれば、吉田ほどドクトリンという言葉から遠い人物はいない。「吉田ドクトリンとは俺のことかと吉田言い」とでも言わねばなるまい。吉田の思考が実に柔軟であった秘密も実は、この保守性の中にある。「象徴天皇制」を受け入れ、「集団防衛」を受け入れるその柔軟性は、頑固な「国粋主義者」や「独力防衛論者」から見ると、無節操、無原則と攻撃されよう。吉田にとって抽象的で硬直的な理論は無価値であった。その意味で彼は「理論型」の人間（theoretical thinker）ではなかった。彼はまた官僚好みと言われるが、お役所的な杓子定規は大嫌いであった。事務的な思考（grooved thinking）しか出来ない下僚を「経綸なし」と叱り飛ばすのが、口癖であった。このように、固定した理論や硬直した前例・規則に囚われないという意味では自由奔放型（non-committal）と言っても良いが、先にも指摘したように決して無節操であったわけではない。「現にあるもの」を大切にするという意味では、むしろ状況思考（situational thinking）の達人と呼ぶのが当たっているだろう。中国大陸との関係を一時断念し、台湾を選んだこと、主権とか独立というスローガンにはこだわらずに米軍の基地利用を認め、その代わりに防衛力の節減をはかるという安全保障方式を編み出したことなどは、しなやかな吉田の思考法の良い事例であった。しかし、このような選択の結果を固定化・教条化することは、吉田の本意ではなかったはずである。

こうして、竹のようにしなやかでしかも強靭な吉田茂の手で、「明治国家」としての日本は「戦後国家」としての日本へと、微妙な転生を遂げた。それを、新しい状況のなかで、「過去からの贈り物ないし遺産に対する感謝の念」を抱きつつ、「過ぎ去ったものへの盲目的崇拝」なしに、どのように引き継いでいくかが、今日に生きるわれわれの課題である。

片山　哲――新憲法体制のトップランナー

Katayama Tetsu

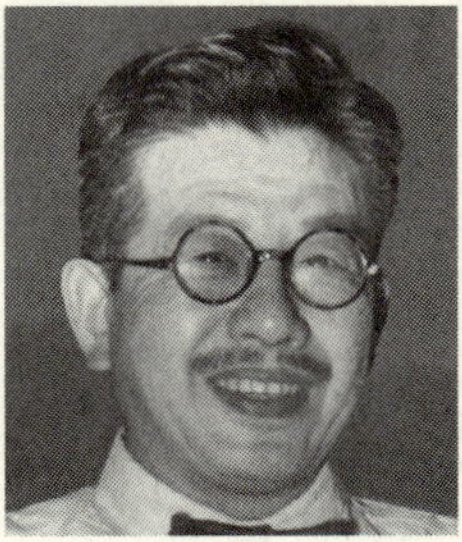

(1887～1978)

在職期間

S22.5.24～S23.3.10

福永文夫

(獨協大学名誉教授)

1

一九四八（昭和二三）年二月九日、片山哲が総辞職の挨拶に訪れたとき、マッカーサーは必ずしも外交辞令ではなく、「いかにも惜しい。投げ出したのはしようがないけれども、首相指名選挙にもう一ぺん当選して組閣したらどうか」と述べたという。他方、翌一〇日の『朝日新聞』《天声人語》は、片山内閣が西尾内閣、和田内閣あるいは民主党内閣と呼ばれたことを指摘し、それぞれが一面の真理を伝えていると評するとともに、「国民には期待はずれだった」「片山氏の影が薄い内閣だった」と記した。

言うまでもなく、一般には後者の評が定着しており、八カ月有余という短命と相まって、その事績は「失敗」の烙印とともに歴史の彼方に閉ざされた観がある。とはいえ、この評価の隔たりは、宰相としての片山哲ならびに片山内閣の軌跡を辿るうえで興味深い示唆を含んでいる。なぜなら、それは片山内閣が直面した二つの課題、民主化改革の推進と日本経済の再建それぞれに対する回答を含んでいるからである。

片山内閣について語る前に、先ず社会党に託された期待を示す、当時の政治的背景を見ておこう。それは二つの方向から寄せられた。一つは、言うまでもなく「下から」の国民の支持に求められる。厳しい食糧事情、とどまるところを知らぬインフレ、生産の停滞は国民の生活を直撃した。経済危機の克服を求める国民の声は、一方で自然発生的な食糧デモとして、他方で産別を中核とする十月闘争から二・一ストへの労働運動の急進化という形で現れ、次第に吉田内閣不信任の色合いを帯び始めていた。『朝日新聞』が四七年一月に行った世論調査は、こうした国民の支持のあり所を示す一つであろう。吉田内閣の支持率は二八・四パーセントとなり、不支持率四八・七パーセントをはるかに下回り、政党支持率も社会党の四五・三パーセントに対し、自由党二六・〇パーセント、民主党一二・九パーセント、協同民主党四・五パーセントであり、保守政党は合わせても四三・四パーセントで及ばなかった。もちろん国民が、社会党の主張をどれだけ支持していたかは分からない。しかし、今日とは異なり、国民が社会党に、新鮮な活力に満ちた、新時代にふさわしい魅力ある政党として期待を寄せたことは確かであろう。

以上が国内的背景であったとすると、もう一つ忘れてならないのは、占領下という条件から来る総司令部――とくに民政局の意向である。マッカーサーの腹心ホイットニーを局長に迎えた民政局は、他の部局を排して新憲法草案作成に独占的に携わることで、マッカーサーの「政治的参謀」としての地歩を確立した。ホイットニーは総司令部内で唯一マッカーサーに自由に会える人であり、次長ケーディスの聡明さはその政策立案において格別の役割を果たした。そして、彼らは日本国憲法の施行を前に、自らが推進した政治改革を定着させていくうえで、新体制にふさわしい政治的指導者、政党を必要とした。この点自由党あるいは進歩党などの保守政党は、その外観をいかに粉飾しようとも戦前からの系譜を引くものであり、民政局の眼鏡にかなうものではなかった。また、吉田内閣が示す占領政策への消極的抵抗は彼らを苛立たせるものであった。代わって期待されたのが、社会党である。民政局は、社会党を「戦前期」に手を汚していない、民主化改革に「適合的」な政党とみた。そして、「自由・進歩両党の右翼的汚染と攻撃的共産党の左翼支配から独立した」「穏健中道路線」に立つ政党として位置づけた。また、片山についても、「巧みな謀略によってよりも、寧ろその誠実さによって党をリードする気骨のある人として印象づけられる」と高く評価していた。

一九四六年末から二・一ストにつながる激動期において、民政局の社会党に対する期待が強まったことは言うまでもない。彼らは、幣原・吉田内閣が経済危機に対処しえず、「労働者の政治的希望が明らかに社会党に集中している」以上、社会党の支持なくしては、この政治的危機を乗り越えることはできないと考えるようになった。社会党を含んだ連立内閣の成立を期待するようになっていたのである。その意味で、四七年四月総選挙において社会党が第一党に躍進したことは、マッカーサーおよび民政局にとって望外の喜びであった。民政局は、極右・極左を排した「中道政権」を樹立すべく、片山内閣の成立を支援した。それは彼らが「保守反動」とみなした吉田の自由党を排した「改革派」連合の形成でもあった。

一九四七(昭和二二)年五月二三日、新憲法下最初の首班指名選挙で、衆参両院はほぼ満場一致で片山哲を首相に選出した。ちなみに、衆議院で四二六票中四二〇票が、参議院では二〇七票中二〇五票が片山に投じられた。その後組閣のために官邸入りした片山らを、テント村の新聞記者たちは拍手をもって迎えた。それはテント村始まって以来のことであり、歴史上「唯一の光景」であったという。また、翌二四日マッカーサーは特別に声明を発表し、片山内閣の誕生を「日本の内政が『中道』を歩んでいることを強調するもの」であり、併せて片山がクリスチャンであることを評価し歓迎の意を表した。

六月一日、こうした異例ずくめの出来事につづられながら、片山内閣は社会・民主・国民協同の三党連立内閣として慌ただしく発足した。片山内閣の閣僚は、社会七、民主七、国協二、その他二であった。社会党は、片山首相以下、商工相（水谷長三郎）、農相（平野力三）、法相（鈴木義男）、文相（森戸辰男）、国務相（米窪満亮）そして官房長官に西尾末広を配し、経済安定本部長官には片山の希望でとくに参議院緑風会の和田博雄が当てられた。片山内閣の人気は高く、例えば『毎日新聞』が七月に実施したアンケート調査によると、実に七割近くが支持すると答えた。とはいえ、片山内閣は三党連立内閣であったという事情に加えて、左派を含まぬ片肺内閣として、民主党内にも幣原派という爆弾を抱え込んでの多難な船出となった。

2

新憲法施行後初めての首相に就任した片山哲は、一八八七（明治二〇）年和歌山県田辺町（現在の田辺市）で、父省三、母雪枝の長男として生まれた。父は弁護士を職とし、田辺町長・和歌山県議などを務めたものの性にあわず一期でやめたというエピソードの持ち主であるが、漢学・儒学に造詣が深く、生涯清廉と無欲を旨として暮らした。また、母は熱心なキリスト教徒であった。片山はのちに、父から清廉を、母からキリスト教信仰への道を学んだと述べている。地元の田辺中学、三高を経て、東京帝国大学独法科に入学したが、この間彼は大正デモクラシーの息吹を十分に吸い、「吉野作造博士には、じかに民主主義を教えてもらい、社会主義を安部磯雄に教えられた」。卒業後、片山は「恵まれない人々の人権と、社会正義を護りたいという気持ちから」弁護士の道を選んだ。また、政治家としては一九二六年安部を助けて社会民衆党の結成に参加し、三〇年初めて衆議院に当選、四二年非翼賛候補として落選するまで四期務めた。戦後、日本社会党の結成に参加、書記長となり、翌四六年九月の第二回党大会で委員長に就任した。

その誠実かつ清廉潔白な人柄は誰しもが認めるところであり、「人に担がれる」という資格において、彼は申し分なかった。左右対立の激しい社会党において、片山が党首になることについてどこからも積極的反対がなかったことは、一にその人間性による。しかし、口さがないジャーナリズムが「グズ哲」と呼んだように、リーダーとしてのもう一つの側面である統率力・指導力については、一般に疑問符がつけられていた。片山の「盟友」原彪（社会党衆議院議員）は、彼を安部磯雄二世になぞらえたが、「これはと決めたものについては実に勇敢に戦う、けれどもその決断をするまでが容易でない」と、その決断力に疑問を呈した。さらに、「明け放しのところ割合少ない感じ」は、「腹心の同志」というものをほとんど持たせなかったともいう。

党内においてさえ腹心を持たなかったことは、彼の政治指導に一つのタガをはめることになった。片山は内閣の運営に当たって、政治面においては、切れの鋭い、保守陣営も恐れる押しのすごさをもつ、官房長官西尾末広に頼らざるを得なかった。西尾は、自身と片山の関係を、次のように述べている。「片山さんの任務は十字架をかついでいくことで、私の任務はその後から斧を担いでいくことです」。また、政策立案能力において弱体だった内閣は、課題とされた経済政策において、和田博雄の経済安定本部（安本）に依存せざるを得なかった。「安本」は総司令部のバックアップを受け、その施策はいわゆる「お壕端」のお声がかりの観があり、内閣においてとくに重きをなしたという。片山内閣が西尾内閣あるいは和田内閣と称された事情の一端はここにある。いずれにせよ、内閣は片山を中心に、西尾と和田を左右の両輪とする「トロイカ」体制で出発することになった。

すでに述べたように、片山内閣の課題の一つは民主化改革の推進、すなわち日本国憲法に基づく法体系・諸制度の整備にあった。では、片山哲は日本国憲法をどのように受けとめていたであろうか。片山はのちに、「新憲法を歓迎する気持ちで一杯であったゆえ、その制定を心より謳歌した」と述べているが、一九四六年八月二四日、衆議院本会議で社会党を代表して、新憲法に対する賛成演説を行い、大要次のように述べている。

「形式的な自由平等よりも、今日に於いては実質的な自由平等を求めて国民に真の文化生活を与えることが最も重要である。憲法というものは時代に先んじた理想法でなければならない。理想法たる新憲法は、社会法でなければならない。社会法を新しい体系として組み立て、太陽のごとき憲法を中心に、民法のごとき人権法、生活法、経済法、産業法、幾多の法規を星座として、新しい体系に進んで行かなければならない。今後における憲法に生命あらしめ、真に民主主義の実を発揮せしめるためには各種の法規を充実させることが必要であり、その責任はわれわれにある」

片山そして社会党は、新憲法を自らのかねてよりの主張を実現するものととらえ、それに基づく法体系の整備を「社会法」的体系の構築に求め、自ら改革の積極的担い手たらんことを宣言したのである。事実、片山内閣はこれまでの内閣とは対照的に積極的に民主化を進め、内務省の解体、国家公務員法の制定、警察制度の改革、労働省の設置、失業保険の創設、改正民法の制定、刑法改正等々、残された課題を迅速に片づけていった。

もちろん、占領下という状況において、一定の民主化改革は、保守党内閣であれ、いかなる内閣であれ行わざるを得なかった。吉田内閣の手によっても、新憲法に沿った政治、経済、社会に関して骨格を形成する法律は成立していた。しかし、そこには民主化へのサボタージュが散見され、遅々としたその歩みに総司令部が苛立ちを見せていたことも事実であった。だからこそ、初期民主化政策に辣腕を振るったケーディスが後に述べたように、片山内閣を「片山のリーダーシップのもと、(民主化という) 占領目的の達成が加速された」との評価も出てくる。そして、民主化を総司令部によって、「上から」与えられたものとしてだけでなく、片山内閣が自生的なものとして、積極的担い手として推進した役割は記憶されていい。この意味で、片山は、新憲法体制のトップランナーにふさわしい宰相であり、はじめに述べたマッカーサーの評価も当然の帰結と言える。

3

吉田が素朴な自由経済論者であったなら、同様に片山は社会主義経済政策の基本である統制・計画経済の素朴な信奉者であった。そして、吉田がそうであったように片山も実際の経済については苦手であり、そのぶん和田の安本は頼りになるものであった。片山内閣は、和田の安本を司令塔として、前内閣がとった石炭などの重要産業を中心に生産の復興を図る傾斜生産方式を柱に、「経済緊急政策」とその核をなす新物価体系(物価を戦前の六五倍、賃金を同じく二八倍とする) の設定によって経済再建に対処しようとした。ここに示された統制・計画経済は、生産の貧困という当時の経済状況において時代の要請でもあった。総司令部も、この安本の施策を、労働者に迎合しない、経済安定をめざす日本政府による「最初の総合計画」であると評価した。その成果については評価の分かれるところであるが、少なくとも生産の再開とインフレの克服については一定の成果をあげたと言える。傾斜生産方式と炭鉱国家管理によって、鉱工業生産は四七年下半期から回復の兆しを見せはじめ、翌四八年一〇月には戦前水準の七割を達成し、インフレも四七年半ばぐらいから鈍化傾向をみせはじめていた。

しかし、経済政策はペニシリンのように即効性をもつ薬ではない。その効果を待つ間もなく、発足後二カ月も経たぬうちに内閣の人気が翳りを見せ始めたことは、当時の経済状況の困難さを想像させる。生産の再開・インフレの克服という課題は、他方で物価と賃金のいたちごっこを断ち切るためにも賃金の抑制を伴わざるを得なかった。物価は騰勢は鈍ったものの相変わらず上昇しつづけ、賃金を低く抑えられた労働者の不満はつのり、労働運動は再び急進化の様相を呈した。片山内閣は賃上げとその抑制の板挟みとなり、最後まで苦しむことになった。平野農相問題、炭鉱国家管理問題をめぐる政局の混迷は、これに追い討ちをかけた。それが社会党内部さらには与党内部の対立を深めていったことは改めて述べるまでもない。社会党からの平野派の離脱につづく左派の離反、民主党からの幣原派の離党は、政権の基盤を蚕食《さんしょく》していった。しかも、この過程で外ならぬ内閣の両輪の一つであった和田安本が政治的対立の矢面にさらされるようになった。平野問題は農産物価格をめぐる閣内での平野と和田の対立に端を発し、さらに平野と西尾の対立に展開していったことで、問題を複雑なものとした。また、民主党の芦田均らが、政府内で格別の重きをなした和田の安本に次第に警戒心をつのらせていったことは、和田と西尾の関係に微妙な影を落とした。

いずれにせよ、片山がこれらを制御する力を欠いていたことは、ひるがえって国民の片山内閣への期待を急速にしぼませていくことになった。『朝日新聞』が一一月一五・一六の両日に行った世論調査では、不支持率が五四・三パーセントとなり、支持率二五パーセントの倍を超えた。転機は外からも訪れた。四七年九月から四八年にかけて、米ソ冷戦の公然化にともない、ワシントンでは「改革」から「復興」へと政策転換が図られつつあった。四七年九月の米国陸軍省次官ドレーパーの来日はその先駆となったが、ワシントンの潮流の変化はまた、総司令部内の政治力学に少なからぬ影響を及ぼした。すなわち、「改革」の旗手であった民政局の総司令部内での影響力を後退させることになった。

結果的に、片山内閣の死命を制したのは、周知の通り、「〇・八カ月補正予算問題」であった。公務員労働者に対する補給金の支給という経済問題が、政府与党内の対立と相まって、政治化したのである。民主党と大蔵省はその財源を、鉄道・通信料金の値上げに求めたが、社会党左派は大衆課税であるとして猛反発した。これに対し、和田安本は「所得税はね返り」という第三の財源をもって収拾に当たろうとした。三つ巴の争いのなか、西尾は和田らの工作に終始傍観者的態度を崩さなかったという。彼は和田らの動きを左派と気脈を通じてのものとみていた。結局、一九四八年二月五日衆院予算委員会は、社会党左派の主導のもと、与党側委員が欠席するなか、政府予算案を否決し、片山内閣は分裂の危機に陥った。

片山内閣の崩壊が、党内の左右対立――社会党左派の反乱を契機に起こったことはいうまでもない。しかし、そこにもう一つの動きがあったことは知られていない。すなわち、西尾末広の政治的機略である。西尾は二月五日午後、左派が予算委員会で政府案を否決するより早く、民政局にケーディスを訪ね、善後策を相談した。このとき、西尾は社会党内の左右対立が、平野農相後任問題、炭鉱国管問題以降顕在化し、それは補正予算問題で頂点に達したと述べた。そして、内閣に残された道は、解散・総選挙か、総辞職しかないとして、ケーディスに助言を求めた。これに対し、ケーディスは社会党右派、民主党芦田派、国協党三木派の合同による「中央政党」の結成を示唆した。それは一面で、ケーディスからなされた片山内閣あるいは中道政権支持の意思表示であった。西尾は中央党結成の試みを時期尚早として否定したが、吉田内閣の誕生を阻む手段として、現在の三党の枠組みを維持するとの了解を前提に総辞職するなら、芦田が首相となる可能性が高いと述べた。内閣の両輪の一方が異なる方向に進み始めた以上、片山に他の選択肢は望むべくもなかった。

同夜、西尾が片山に総辞職を進言したとき、片山は「実に不愉快な顔をした」というが、「もう桶のタガがガタガタになってしまった」と慨嘆せざるを得なかった。結局、片山内閣は一九四八（昭和二三）年二月一〇日総辞職し、一カ月後芦田均を首班として再び民主・社会・国協三党連立内閣が誕生した。

　最後に、片山が後に総辞職の理由としてあげたGHQの極東政策の変化――マッカーサーの側からの再軍備の要請について、若干のコメントを加えておきたい。周知のように、西尾、曾《そ》禰《ね》益《えき》ら当時の関係者は、片山の証言を「寝耳に水」として全面的に否定している。しかし、当時ワシントンにおいて、日本の再軍備が検討されていたことは事実であり、四八年三月来日したジョージ・ケナンもマッカーサーに、日本の経済復興とともに、その再軍備を強調していた。結局、ケナンの再軍備の進言は受け入れられなかったが、こうした事情を考えるとき、マッカーサーが、片山にワシントンの雰囲気を伝えた可能性は、必ずしも否定できない。しかし、今のところ、これを証明するに足る資料はない。

芦田　均——インテリの文人政治家

Ashida Hitoshi

(1887〜1959)

在職期間

S23. 3 .10〜10.19

増田　弘

(立正大学名誉教授)

1

芦田均は、幣原喜重郎、吉田茂に続く戦後三人目の外交官出身宰相である。それ以後、外務官僚から首相となった人物は見当たらないため、芦田は目下のところ最後の外交官宰相でもある。この種の首相が占領期に集中して輩出したというのも、やはりアメリカの単独占領という特異な時代の要請からであろう。ただし後述のとおり、芦田は国内政争の過程で、一五歳年長の大先輩幣原および五期先輩の吉田（年齢差は九歳）と袂を分かっている。喧嘩別れに等しい。同じ外交官出身であっても、芦田は政治理念という点で二人よりも進歩的ないし革新的であり、何よりも芦田の人柄が現実主義的な両者と比べて理想家肌すぎた。それは芦田内閣が保革連合政権（民主党、社会党、国民協同党）であった点に集約されている。いうまでもなく、彼の内閣は片山内閣とともに戦後唯一の中道政権にほかならず、村山内閣が誕生するまで、戦後政治史の中でいわば例外的位置を占めてきた。

それにしても芦田内閣に対する一般的評価はきわめて低い。一九四八（昭和二三）年三月一〇日の成立時には「政権のタライ回し」といった悪評が付きまとったし、成立後には外資導入政策をめぐりインフレを助長したばかりでなく、政令二〇一号で公務員のスト権を剥奪するなど、GHQ、いわゆるマッカーサー総司令部に盲従する「イエスマン内閣」と批判された。しかも芦田内閣はまもなく昭和電工事件に巻き込まれ、一〇月七日、総辞職を余儀なくされた。わずか七カ月の短命内閣で終わった。芦田自身、首相退陣後の一二月に収賄容疑で東京地方検察局によって逮捕勾留され、起訴されたのち約一〇年にも及ぶ法廷闘争を強いられた。結局無罪となったものの、彼の輝かしい政治経歴は被告という汚名によって傷つけられた。そして何よりも、この事件により中道政権へのマイナス・イメージが決定的となって、民心は完全に離れてしまった。こうして政権は再び吉田保守党（民主自由党）へと移行する。

ただし昭和電工疑獄はＧＳ（民政局）対Ｇ２（参謀第二部）の暗闘に起因するとの説もいぜん根強く、吉田側も政権奪回を目指して策動していた事実とも併せて、芦田を犠牲者とする見方が一般的である。悲劇の政治家といわれる所以である。では芦田とはいかなる政治家であったのか。まず生い立ちから戦後に至る彼の軌跡を素描してみたい。

芦田均は一八八七（明治二〇）年一一月一五日、父鹿之助、母しげの次男として京都府下丹波国由良川上流の六人部荘《むとべのしょう》という山村で生まれた。均には兄・弟および姉三人がいたが、姉二人と弟は幼くして病没し、兄も二八歳で早世している。また母しげは均が五歳になる直前に三一歳の若さで他界している。母と姉二人の死は均のジフテリア感染が原因であったという。父は後添いに寿美をもらい、両者の間に三男四女が生まれているが、またしてもこのうち三人を失っている。芦田の肉親に対する人一倍厚い愛情は、そのような幼少時の生い立ちからくるものといえよう。[*1]

芦田家の祖先は信州佐久郡芦田村の豪族であったが、武田氏に追われて江州安土に移り、織田氏が滅ぶと丹波に逃れ、六人部荘に住むようになった。以後、六〇集落を束ねる大庄屋として明治維新にまで及んだ。父鹿之助は自由民権運動に際して板垣退助を助けるとともに、村長や府議をつとめる地方政治家であった。そして一八九〇（明治二三）年に開設された帝国議会の第一回衆議院議員総選挙に立候補し落選したが、一九〇五（同三八）年の総選挙では当選を果たし、立憲政友会に属した。また鹿之助は丹波銀行を興して頭取ともなっている。その実弟も府下最大の郡是《ぐんぜ》産業の経営に携わっており、芦田家は地方名望家の典型であった。均にはそうした芦田家の血が流れていたわけである。[*2]

日露戦争が勃発した年に、彼は地元の中学を卒業後、第一高等学校、次いで東京帝国大学へと進んだ。中学、高校、大学といずれも首席で卒業した秀才であった。明治期が終わろうとしていた一九一一（明治四四）年に外交官試験をパスし、翌年外務省に入省した。同期の中には重光葵がいた。まもなく在ロシア大使館へ配属となり、四年弱の勤務中にロシア革命を現地でつぶさに観察する機会を得た。一時帰国し、寿美（奇しくも継母と同名であった）と結婚。寿美は大変な美人で、その美貌は海外でも評判をとったほどであった。一九一九（大正八）年一月に始まるパリ平和会議に芦田は西園寺公望、牧野伸顕両全権の随員として参加し、国際的な外交舞台を踏んだが、その際も、寿美夫人がパリ外交界の花形となり、かえって周囲から嫉妬され、それが彼の出世の妨げになったとの説すらある。[*3]

ただし彼のフランス語の堪能ぶりが省内に知れ渡ったのもこの頃であった。

その後、本省の情報部第二課長を経て、大正末期から昭和初期にかけてトルコに赴任した。その勤務を終える一九二九（昭和四）年に芦田は法学博士号を授与される。[*4] 外交官たる者、任地では日夜の対外接触により情報を収集するのが本務であろうが、彼はむしろ書斎の人であり、学究肌であった。彼の博識ぶりはあるいは周囲から胡散臭く思われたかもしれない。なお彼は『巴里《パリ》会議後の欧州外交』（一九二三年刊）から『第二次世界大戦外交史』（一九五九年刊）まで生涯に十数冊の著作を残しているが、戦前戦後を通じてこれほどの文人宰相は、芦田とジャーナリスト出身の石橋湛山ぐらいであろう。

一九三〇（昭和五）年、芦田はベルギー大使館勤務を命ぜられた。ところが一九三二（同七）年二月に帰国すると、外交官から身を引く。政治家に転身するためであった。世界大恐慌の嵐が吹き荒れ、関東軍が満州事変を起こし、軍国主義・全体主義ムードが高揚する最中の決断であった。芦田にとって軍部に翻弄される霞が関外交は気が気でなかった。この際政治家となって、軍部の暴走を抑えようと決意したという。ここら辺りに芦田の生真面目さと、直情径行ぶりを垣間見ることができる。準備もままならぬ状況の中で、同年、政友会から衆議院議員選挙に立候補し、見事初陣を飾ることができた。四五歳の折であった。以後、当選一一回を重ねる。しかし軍部の圧迫の前に、芦田はリベラル政治家として苦渋を強いられた。それでも同志との集会の場で、芦田は日独伊三国同盟や対米戦争を公然と批判するなど、同じ境遇にあった鳩山一郎らとともに戦時中も反軍部的立場を崩さなかった。

終戦前夜、終戦工作に携わっていた芦田は軽井沢に引きこもっていた鳩山を訪ねた。ポツダム宣言受諾の情報をもたらすためである。そして八月一五日に芦田は、周囲の同志とともに政党政治復活について協議し、まもなく帰京した鳩山を中心とした自由主義政党作りに着手した。しかし芦田と鳩山には齟齬がみられた。旧政友会系の自由主義派による新党作りを模索していた芦田にとって、意外にも鳩山は、無産政党勢力を含む横断的な政党作りを構想していた。「勇往邁進の外ない」とする芦田は「焦燥の気分にならざるを得なかった(八月二〇日『日記』)。[*5]しかも鳩山が台頭著しい河野一郎に期待する動きを示したことも気掛かりであった。[*6]一〇月八日、芦田は幣原から厚相就任を要請され受諾する。[*7]この時点で芦田・鳩山の盟友関係は切れたも同然であった。それは同時に、翌一一月に誕生する自由党から芦田が遊離する一因でもあった。

2

さて幣原内閣厚相となった芦田は存分の活躍をする。労働組合法の成立に力を注ぐ一方、新憲法問題に深く関与した。一〇月一一日の閣議では、幣原首相が消極的であったが、芦田は松本烝治国務相とともに、憲法調査は最重要の国務であるから内閣が行うべきであると主張し、その通りに了解された。[*8] そして帝国憲法護持の立場から憲法草案（松本案）が作成されたが、周知のとおり、GHQは松本案を認めず、独自案を作成、日本政府に受諾を迫った。これを受けて一九四六（昭和二一）年二月から三月にかけて、閣議は白熱した。「GHQ案やむなし」とした幣原首相に、松本国務相が「押し付けた憲法は守られない」と反対したが、芦田は、「旧来の欽定憲法と雖《いへども》、満州事変以来常に蹂躙されて来た。欽定憲法なるが故に守られると考へることは誤である」（二月二二日『日記』）と松本を暗に批判し、GHQ案の受容を促した。[*9] 芦田の革新的立場を示している。

ただし四月二二日、幣原内閣は自由党ら野党の攻勢の前に崩壊を余儀なくされる。この過程で自由党に籍を置く芦田は苦境に立たされるが、彼の党を見る目はすでに冷ややかであった。「自由党に対する世評は決して芳ばしくない。第一は鳩山君の政友会領袖時代に於ける行績が禍してゐる。第二に松野（鶴平）総務、河野幹事長に対するボス気質を非難する」、そこで鳩山から自立するよう勧める友人が多いが、「自分はまだ党首たるべき素質に欠けてゐると考へて居り、又鳩山氏に対する友情に於て、反旗を翻へす如き行動に出ることを好まない」と複雑な心境を漏らしている（前年一二月三一日『日記』）。[*10]

また自由党と進歩党との保守連立の動きが表面化したこの年の二月には、「私は自由、進歩の共同戦線は避くべきであると思ふ。余りにも保守的な進歩党とは一緒に歩けない」、もし総選挙の結果、両党の接近が問題となった場合、「吾々は社会党右派と共に社会民主党を創立することをも考へねばなるまい」との構想を示した（二月一四日『日記』）。[*11]ここに彼の保革連立への構図が顕現している。しかも四、五月には「芦田内閣の噂」とか「芦田を総理に」などの政界の新動向に触れ、トップの座に無関心のふうでもなかった。[*12]むしろ、日記での言辞とは裏腹に、強度の執着心があったようにも見受けられる。

ところが鳩山パージ後の五月二二日、吉田茂外相が保守連立内閣（自由党・進歩党）首班に納まる。芦田にとって吉田は外務省の先輩ではあるが、政治家としては自己の方が先輩であると自負していた。日記でも吉田を「君」付けであった。この吉田内閣期の六月、芦田は衆議院の帝国憲法改正案特別委員会委員長に就任し、脚光を浴びることとなった。痩身にして落ち着いた口調の演説は、戦前から知識層の間で高い評価を受けていたが、八月二四日の本会議における彼の委員会報告は、明治憲法への告別ならびに新憲法の意義を示す演説として国民に感銘を与えた。芦田はこの演説への反応について、「北（昤吉）君は『芦田君の演説は情理兼ね備はり立派なものだつた。芦田君は冷徹の人だと思つてゐたが、過去を追憶して声涙共に下るところ、私も貰泣きした。芦田君は冷頭熱腸の人だつたので私は芦田君を見直した』と言つた」（同日『日記』）と感慨を込めて記している。[*13]

しかもこの間に、いわゆる芦田修正という戦後日本の安全保障政策にとって特大に重要な役割を果たした。つまり政府原案の第九条に対し、芦田は第一項で「国際紛争を解決する手段としては」、続いて第二項では「前項の目的を達するため」との文言を挿入したのである。その結果、「自衛のための軍備は保持することができる」との解釈が可能となった。芦田はのちに憲法調査会で次のように証言している。「私は第九条第二項が原案のままではわが国の防衛力を奪う結果となることを憂慮いたしたのであります。それかといって総司令部はどんな形をもってしても戦力の保持を認めるという意向がないと判断しておりました。……修正の辞句はまことに明瞭を欠くものでありますが、しかし私は一つの含蓄をもってこの修正を提案いたしたのであります」[*14]。要するに、芦田は当時の情勢を考慮してあえて修正の意図を説明せず、そのお陰でGHQも国会もこの修正案を通したわけである。のちの芦田の再軍備論の伏線はすでにここにあったといえる。

一九四七（昭和二二）年を迎えると、国内政局は一段と混迷を深めた。吉田内閣は労働攻勢の前に窮地に追い込まれており、社会党との連立以外に残された手段はなかった。各党間では水面下の工作が飛び交い始めた。この過程で芦田党首の可能性が再浮上する。芦田は政界の黒幕で自由党のスポンサーでもあった辻嘉六から初めて呼ばれ、「君を委員長（自由党総裁）にする」と言い渡された。毛嫌いされていた辻からの思いもかけぬ話に、芦田は「やれと言はれたら奮起する用意のあることを述べて握手」し、俄然その気になった（一月二六日『日記』）[*15]。以後の芦田は強気に転じた。

「吉田君もあきれた人だ。……今度の閣僚の顔ぶれを見てもまるで官僚内閣そのまゝの如きやり口で……。私は吉田のダメなることに愛想をつかした」（一月二九日『日記』）。「夕方進歩党の保利茂君が来て進歩党の情勢を話した。進歩党は連立内閣説であり吉田氏に対する不満は強いし、愈《いよいよ》となれば幣原氏（当時総裁）をも放り出してもよいと迄言ふ者がある。従つて自由党が連立に乗気でなければ、自由党をふり捨て、在野三派と手を執つて行く決心もある。私に決心して起上つてくれ、ボス（鳩山）と手を切つて一緒になつてくれと言ふのである。私は心大に動いた。鳩山派と称する一派と所詮心から解け合はないなら、今こそ思切つて別れるべきではないか。四面楚歌の吉田内閣の御輿《みこし》を舁《かつ》いで何の役に立つか」（二月二日『日記』）[*16]。

これに対して幣原総裁は、二月一九日、自由党の吉田総裁に正式に合同を申し入れた。明らかに芦田擁立派を抑え込むためであった。紆余曲折の末、芦田は三月二三日、自由党を脱党し、新党樹立を声明、三一日には日本民主党が結党した。進歩党の一一四名はじめ、自由党から芦田系の九名、国民協同党から一五名、無所属その他から七名が参加し、一四五名を擁した民主党は、一躍にして議会の第一党となった。ただし民主党内は芦田派と幣原派とに二分され、早くも内紛状態となった。芦田擁立派の楢橋渡や犬養健らはパージとなった（Y項パージ、つまり吉田によるパージとも噂された）ものの、指導権を確保したのは芦田派であり、芦田ら七名が最高委員となり、幣原は最高顧問の閑職へと逐いやられた。ここに芦田の民主党は修正資本主義を掲げ、自由党の左、社会党の右に座ると同時に、自由党と絶縁する姿勢を示したのである[*17]。

　またGHQのGS（民政局）もこの新状況を注視した。総選挙後の政権担当者として芦田はすでに意中の人物として浮上していた。吉田内閣逓信相の一松定吉（のち片山内閣厚相、芦田内閣建設相）は次のように証言している。「芦田君が極力自説を枉《ま》げず頑張るので、どうにもならない。われ〳〵は芦田君に何故そんなに頑張るのかと質すと……それは『総司令部側から、日本の立直しにはお前が最適任だから、民主党の総裁になつてお前がやれといふ話があつたので、自分は国家の為めに頑張る決心をした。』のだといふことであつた」[*18]。ただし四月二五日の新憲法下初の歴史的総選挙では、民主党は一二四議席を獲得したに止まり、大躍進した社会党の一四三、自由党の一三一各議席の後塵を拝する結果となったため、芦田首班の可能性は遠退いた。それに代わって社会党を主軸とする連立内閣問題が政局の焦点となった。そしてこの問題が民主党内に新たな火種をもたらした。すなわち、芦田派は連立賛成、幣原派は連立反対を各々唱え、激しく揉み合った末、芦田派が勝利を収めるに至った。[*19] その勢いで芦田はついに総裁に就任した。ここでも保守嫌いであるケーディスらGS側の意向が強く働いていた。[*20]

　一方、社会党の実力者西尾末広は自由党をも含む四党連立工作に執着した。しかし吉田は社会党左派の分離を要求し、それが無理とわかると野に下る方針を表明した。無理を承知の要求であった。むしろ吉田にとっては、自由党を割って出て西尾と組む芦田こそ、憎悪の対象であったはずである。もしもこの時点で両者間にライバル関係が存在しなければ、片山内閣は成立しなかったかもしれない。社会党抜きの自由・民主保守政権の継続は十分可能であった。[*21] とすれば、幣原をも巻き込んだ外交官出身同士のいわば近親憎悪こそが、その可能性を雲散霧消させたといえよう。

こうして六月一日、片山連立内閣（社会党、民主党、国協党）が成立し、芦田は副総理格の外相に就任した。古巣の外務省に大臣として復帰した感慨は深かったに違いない。ただし、もはや軍部という障害は存在しなかったものの、今度は占領軍という形を変えた絶対的権力が君臨する政治状況下で外交運営を迫られた。もちろん日本政府にアメリカ側への対等の交渉能力など望むべくもなかった。それでも彼は将来における日本の独立を睨みつつ、二つの布石を打った。一つは「平和条約—講和に関する要望書」をまとめ、七月、ホイットニーGS局長とアチソン外交局長に提出したこと、もう一つは、九月、「日本の安全保障に関する意見書」を一時帰国しようとしていたアイケルバーガー第八軍司令官に手交したことである。とりわけ米軍の有事駐留方式はのちの日米安保構想の原点ともいえる意義をもつ。[*22] 結局芦田の努力は早期講和の流産により実を結ぶことはなかったが、戦後わが国が初めて講和に対して取った主体的行動として銘記されねばならない。

ところで片山内閣はGHQ、とくにGSの全面的支援を受けたものの、不安定であった。片山哲首相の指導力不足と社会党内の宿命的な左右両派の対立に加え、夏から秋にかけて右派領袖の西尾官房長官と平野力三農相の対立が表面化した。その底流には、社会・民主両党の提携を強化して芦田へと政権を移譲しようと図る西尾と、それを阻止して吉田自由党と新党を形成しようとする平野との綱引きがあった。[*23]結局一一月、平野は閣僚罷免となったが、右派の分裂は当然左派を優位にした。また同月、民主党では社会主義的な炭鉱国家管理法案をめぐって亀裂が生じ、その成立に反対する幣原ら二〇名が脱党した。こうして連立政権の政治基盤は脆弱化し、一九四八（同二三）年二月一〇日、片山内閣は総辞職した。四年間続くことを予測したケーディスの目論みははずれたのである。[*24]

3

その後、約一カ月にも及ぶ政権空白期が生じた。この間に熾烈な政権獲得競争が展開された。レースは事実上芦田と吉田の一騎打ちとなった。幣原派を味方につけた吉田は「憲政常道論」を掲げ、野党第一党である自由党が次の内閣を組織すべきであると主張した。これに対して芦田は、社会党右派と国協党の支持を受けて中道政権を維持する構えを示した。政権への三度目のチャンスを迎えた芦田は、その日記に「私の心境は平静である。首相選挙には勝つても負けても気にすることはないと考へてゐる。然し負けると知つてゐても争はない訳には行かぬ」と記した（二月一〇日）。[*25]すでに芦田はGSから中道政権の継続を支持する旨のお墨付きを得ていた。[*26]

二月二一日、首班指名選挙が実施された。その結果、衆議院で芦田二一六票、吉田一八〇票、参議院では決選投票で吉田一〇四票、芦田一〇二票となり、衆議院の議決優先で芦田が首班に指名された。僅差ながら芦田は吉田に対して勝利を収めたのである。三度目の正直となった。芦田、六二歳。しかし新聞はこの芦田指名を〝政権のタライ回し〟として痛烈に批判した。これに対して芦田を高く評価するGSのスウォープが、この事態は「まったく民主的」であり、憲法第六七条の規定に合致していると反撃に出た。[*27] 芦田はこれを「新内閣に対する援兵」として喜んだ（二月二四日『日記』）。[*28] とはいえ芦田指名に際して二億円の札束が乱れ飛んだといわれ、腐敗の噂が最初から付きまとった。[*29] それが昭和電工事件の温床となる。しかも組閣人事が難航した。芦田は片山を外相に処遇するつもりであったが、社会党（ないし西尾）が入閣を許さなかったからである。芦田は政権を投げ出すことも考慮したが、妥協せざるをえなかった。[*30]

ようやく三月一〇日、芦田内閣が成立した。民主党六、社会党八、国協党二という社会党を優遇した閣僚配分であったうえに、西尾が副総理格の国務相に就任した。芦田にとっては気の重いスタートであったろう。『朝日新聞』は新内閣の性格について、わずか九〇前後の議席しか持たない民主党の弱体内閣は長く持たない、総選挙そして政局の変化が遠からず起こるまでの「選挙管理内閣」であり、経済的にはインフレの高進を抑えて外資を導入するまでの「つなぎの役割」程度と分析した。[*31] また同紙の三月における世論調査でも、新内閣は支持率三〇パーセント、不支持率三一パーセントと発足当初から人気がなかった。[*32]

さて芦田内閣が最初に抱えた課題とは、給与をめぐる全官公労の争議であった。全逓ら組合側は政府の提示した新給与額を不満とし、三月末からゼネストに入る準備を進めたが、その直前にGHQの介入でスト中止となり、政府は安堵した。続いて軍事公債の利払い問題が起こった。社会党は支払い停止を主張し、停止に反対する民主党と対立した。結局五月に利払いの一年延期を決定したが、マッカーサーの介入を期待していた芦田は「多少失望した」（五月一四日『日記』）。また七月、マッカーサー書簡に基づき、政府は公務員の団体交渉権・争議権を否認するポツダム政令二〇一号を制定した。[*33]そのほか天皇退位問題が六月に生じ、芦田は「相当の決心」（天皇退位の肯定）を固めた（六月一〇日、一一日『日記』）。[*34]「臣茂」を公言して憚らなかった吉田との違いが見られる。

そして最大の課題が外資導入問題であった。内閣発足直後の三月、国務省のケナンとドレイパー陸軍次官とが相次いで来日し、マッカーサーに会見した。二人はアメリカの対日政策の転換についてマッカーサーから了承を得ると同時に、大幅な対日援助計画を提示した。この計画案が外資導入積極化の契機となる。芦田首相は三月二〇日の施政方針演説で、経済復興の隘路《あいろ》となっている重要物資の輸入を外資導入によって実現し、これによりインフレ抑制と経済再建を促進し、民間外資受け入れを整備するよう呼び掛けた。反面、外国資本の支配や優位を懸念する声が上がったが、財界首脳は三月から夏にかけて外資受け入れに積極的な姿勢を示した。ところがアメリカの対日援助計画は、議会の予算審議で大幅に削減されたために実現せず、わずかに日本綿業の復興のために、綿花回転基金一億五〇〇〇万ドルが設定されただけであった。しかも昭和電工事件が発生するや、財界の動きが後退し、結局、政・官・財の各界では外資導入慎重論へと転じることとなる。[*35]

ではいかにして昭和電工事件が起こったのか。まず六月、西尾国務相が土建業者からの政治献金問題の証人として喚問され、五〇万円の授受を認めると、政界には不穏な空気が高まった。野党の民自党は西尾を告発すると同時に、不信任案を国会に提出した。与党は社会党左派を説得してこの不信任案を退けたが、西尾は予算案が成立した直後の七月六日、国務相を辞任した。また大手化学肥料メーカー昭和電工の日野原節三社長が、六月二三日、贈賄容疑で召喚された。昭和電工は復興金融金庫から三〇億円に及ぶ融資を受けていたが、日野原は三〇〇〇万円の金品を政・官・財・金融界にバラまいて、さらに多くの融資を獲得しようとした。[*36]ついに九月、福田赳夫大蔵省主計局長、次いで栗栖赳夫経済安定本部長官が逮捕されるまでに事件は拡大した。芦田が頼りとした栗栖の逮捕は衝撃であった。芦田も関係ありとの新聞報道がなされたが、「私は毫末も関係がない」と身の潔白を記している（同月一五日）。[*37]すでに六月頃から政界に嫌気がさし、引退を考慮していた芦田は、ホイットニーから「弱気になってはならない」と激励されたものの、西尾が逮捕された翌日の一〇月七日、「道義的責任を痛感する」との談話を発表し、内閣総辞職に踏み切った。[*38]こうして芦田内閣はわずか七カ月の短命で終わったのである。

この事件の背後には、複雑な政治的陰謀があったことは間違いない。GHQ内部ではGSとG2との対立が激化しており、片山・芦田二代にわたる中道内閣を支援するGSに打撃を与えるため、情報と公安関係を握るG2が背後で動いたといわれる。また民自党は政権交代を目指して民主党の切り崩しなど策動していたが、GSのウィリアムズはG2と繋がる吉田の民自党を分断すべく、山崎猛らの一派を加えた四党連立の改造内閣を作るよう芦田に働きかけている（九月二八日『日記』）[*39]。結局GS・芦田側がG2・吉田側に敗れる形となったが、芦田内閣総辞職後の山崎猛事件（吉田を嫌うGSが民自党幹事長の山崎を首相にして吉田を棚上げしようと試みた事件）は前者の後者に対する反撃といえる。しかしまたもGS側が敗れ、第二次吉田内閣が成立したばかりでなく、一九四九（昭和二四）年一月の総選挙で民主党ら旧連立与党は大敗し、以後中道政権は姿を消すこととなる。

首相退陣後の芦田に試練は続いた。彼自身も収賄容疑で逮捕され、一九五八（昭和三三）年に無罪となるまで被告席にすわらされたからである。将棋だけが彼にとって気休めであった。唯一、芦田を政治舞台に押し上げたのは再軍備論であった。彼は講和論争さ中の一九五〇（同二五）年、民主党の全面講和論を単独（片面）講和論へと転換させ、駐留米軍による日本の防衛方式へと導いた。また朝鮮戦争勃発後、第三次世界大戦が間近であるとの危機意識から、警察予備隊の強化と国連軍への志願兵を構想したばかりでなく、講和実現のため吉田首相に対して社会党との超党派外交を説いた。吉田により断られると、芦田は一二月七日、ＧＨＱの求めに応じて意見書を認《したた》め、新聞を通じて公開した。その中で芦田は、共産主義の脅威を指摘すると同時に、日本人自らの手で国を護る心構えを説き、政府自らその先頭に立つべきことを急務とした。それは経済復興に埋没し、自国の安全保障を他力本願とする吉田内閣に対するナショナリスト芦田の痛烈な批判であった。[*40] そして吉田首相が「自衛隊は戦力なき軍隊である」といい、また「再軍備はいたしません」と国会で強弁すると、芦田は「サギをカラスといいくるめるようなもの」と皮肉りながら、激しい論戦を展開したのである。

ところで、政治家として親しかった星島二郎が次のような芦田評を述べている。「表面非常におとなしく紳士然としているけれども、まさかの場合には友人がびつくりするような勇猛心を起すところがあの人の特徴だ。……憲法委員長時代の芦田氏が、政治家としては最高潮の時だつたろう。……民主党に行つて先輩である幣原氏をしのいで総裁になつたということがすでに非常な無理であつた。一つ無理をし出すと次から次にと無理を重ねなければならぬ破目に追いこまれて、どうひいき目に見ても昨今の芦田氏の態度は感心できない点が多い。……無理をしないでいゝ政治をやつてもらいたい」[*41]。インテリの文人宰相には政界はあまりにも苛酷であり、彼には荷が重すぎたといえる。

一九五九（昭和三四）年六月死去、享年七一歳。

注

＊1　富田信男著『芦田政権二二三日』行研　一九九二年刊、五四－五頁参照。

＊2　芦田均著『芦田均日記』第一巻　岩波書店　一九八六年刊、解題（進藤榮一）一九頁参照。

＊3　今井久夫「芦田とその恋女房」『政治記者OB会報』第四八号（一九九三年二月二〇日刊）所収。

＊4　ダーダネルス、ボスフォラス両海峡をめぐる外交史『君府海峡通航制度史論』により学位を授与された。

＊5　前掲書『芦田均日記』第一巻四八－九頁。

＊6　鳩山一郎著『鳩山一郎回顧録』文藝春秋　一九五一年刊、三二頁によれば、鳩山は最初党幹事長に芦田を考えていたとしている。

＊7　前掲書『芦田均日記』第一巻五〇頁。

＊8　升味準之輔著『戦後政治　1945―55年㊤』東京大学出版会　一九八三年刊、八六－七頁。

＊9　前掲書『芦田均日記』第一巻七五－八〇頁参照。

＊10　同右書五七頁。

＊11　同右書七三頁。

＊12　同右書一〇四頁、一〇八－九頁。

＊13　同右書一二九頁。

＊14　佐藤功「日本国憲法」『総合講座　日本の社会文化史⑥』講談社　一九七四年刊、四四三

‐四頁。
＊15　前掲書『芦田均日記』第一巻一四五頁。
＊16　同右書一四八頁。
＊17　信夫清三郎著『戦後日本政治史Ⅱ』勁草書房　一九六六年刊、五三五‐七頁参照。
＊18　幣原平和財団編『幣原喜重郎』同財団　一九五一年刊、七三四頁。
＊19　最近、松野頼三氏が次のようなエピソードを明らかにしている。「片山内閣が出来た時、民主党は大騒ぎだった。しかし、椎熊三郎だったか、立ち上がってね、『いや心配はいらない。社会党が政策と政権を物々交換しただけだ』ってね。それで収まったんだ」。『読売新聞』一九九四年一二月五日。
＊20　前掲書『戦後政治　1945―55年㊤』二三九‐四〇頁。
＊21　子安泰「党内抗争で自壊した片山内閣」『政治記者OB会報』第五一号（一九九三年一一月二一日刊）二頁。同氏談。
＊22　西村熊雄「講話条約」『語りつぐ昭和史―激動の半世紀6』朝日新聞社　一九七七年刊、二一九‐二五頁参照。五十嵐武士著『冷戦と対日講和』東京大学出版会　一九八六年刊、一〇七、一八二頁参照。
＊23　増田弘『公職追放―三代政治パージの研究』東京大学出版会　一九九六年刊、二〇七‐二〇八頁。
＊24　ジャスティン・ウィリアムズ著『マッカーサーの政治改革』朝日新聞社　一九八九年刊、七三頁。

＊25　前掲書『芦田均日記』第二巻四四頁。
＊26　前掲書『戦後政治　1945―55年㊤』二五二頁参照。
＊27　前掲書『マッカーサーの政治改革』七四頁。
＊28　前掲書『芦田均日記』第二巻五七頁。
＊29　前掲書『戦後政治　1945―55年㊤』二五五頁。
＊30　前掲書『芦田均日記』第二巻五七－六四頁参照。『朝日新聞』一九四八年三月七日参照。
＊31　『朝日新聞』一九四八年三月一〇日。
＊32　前掲書『戦後政治　1945―55年㊤』二五九頁。
＊33　天川晃「占領支配下の国会」『日本議会史録④』第一法規出版　一九九〇年刊、一六六－七頁。前掲書『芦田均日記』第二巻一一〇頁。
＊34　前掲書『芦田均日記』第二巻一二六－七頁。
＊35　宮崎正康「外資導入論争の開始」『日本歴史』第五〇四号（一九九〇年五月号）八八－九二頁および中村隆英著『昭和史Ⅱ　1945―89』東洋経済新報社　一九九三年刊、四二七頁参照。
＊36　前掲書『戦後政治　1945―55年㊤』二五六頁。
＊37　前掲書『芦田均日記』第二巻一九一頁。
＊38　同右書一二三頁の六月五日、一二四頁の六月八日、二〇五頁の一〇月一日など。
＊39　同右書二〇一頁。
＊40　大嶽秀夫著『再軍備とナショナリズム』中央公論社　一九八八年刊、一三〇－六頁参照。

＊41　『朝日新聞』一九四八年二月二三日。

鳩山一郎——日ソ国交回復と憲法改正への執念
Hatoyama Ichiro

（1883～1959）

在職期間
S29.12.10～S30. 3 .19
S30. 3 .19～11.22
S30.11.22～S31.12.23

山室建徳
（元帝京大学教授）

1

一九五四年一二月、野党から不信任案を突きつけられて、吉田内閣は総辞職に追い込まれた。ここに、都合七年間もの長きにわたって政権を担当してきた吉田茂の時代は、ついに終わりを迎えたのである。代わって首相の座についたのが鳩山一郎である。

こうした政権の移行を、当時のジャーナリズムは何よりも明るい変化ととらえていた。たとえば、「鳩山内閣ができて、目黒の首相公邸を廃したり、大臣の警官護衛をやめたり、役人の招待マージャンを禁止したり、首相自動車のサイレンを沈黙させたり、大臣の営利会社重役をやめさせたり、鳩山首相がラジオの三元放送に出て街頭の庶民の声に気軽に答えたりして、これという政策というほどのことはないにしても、少くとも気分の上では世の中がいくらか明るくなつているが、吉田内閣ではこれしきのことさえ夢想だにできなかつた。その意味だけででも、吉田内閣がつぶれたことは大変よいことだつた」と朝日新聞論説委員の荒垣秀雄は書いている。彼はさらに次のようにも述べる。「吉田内閣は、国民の言うことなんか、聴く耳もたぬとばかり馬鹿にして相手にせず、……何でもかんでも世論に抗して押し切り、仕度い放題のことをしてきた感があつた」のに対して、鳩山内閣のやる「人気取りということはあながち悪いことではない。国民の喜ばれることを心がけるのは、少くとも反民主的ではない」し、「しちむつかしい政治論や法律論よりも、素朴な国民感情に訴えるものの方が（世論への影響力は）強い」からである。むろん「一たん保守政権が確立したとなれば、本質において吉田前内閣と何の選ぶところはあるまい。それだけに世論は甘い気持で息を抜いてはなるまい」という、いつもながらの警戒心も忘れていないが、とりあえず鳩山の登場には、盛大な拍手を送っているのである。このように、狷介でワンマンな首相の退陣と、開放的で国民感情に敏感な首相の登場を歓迎する空気が、当時のマスメディアをおおっていた。

この荒垣の一文を載せた『文藝春秋緊急増刊』一九五五年一月号が、特集「戦後最大の政変」と銘打ったとおり、五四年末の時点で戦後政治を振り返れば、目の前で起きた吉田長期政権の崩壊こそが、最も大きな政変劇と見えていた。つまり、鳩山首相の出現は、単に吉田とキャラクターが大いに異なる首相の登場を意味するだけではなく、戦後政治史に一つの区切りをつける事件でもあったわけである。

たしかに、威圧的だとか秘密主義だとかと評された吉田首相の行動パターンは、占領下でさまざまな政治改革を断行するには最適だったともいえよう。しかし、いったん日本の独立が達成されてしまえば、長期政権への飽きと相まって、吉田の政治姿勢は非民主的だという反感が増殖していく。「吉田がもしも講和条約締結直後に政界を引退していたら、……おそらく今頃は神様だつたに相違あるまい」が、「余りに政権に恋々として、悪く云えばうぬぼれが強かつた」ために、「得難き政治家」だったが「大衆政治家ではなかつた」

という「烙印」が、押されてしまったのである（大野伴睦「忠臣・伴睦の弁」『文藝春秋』前掲号）。

代わって登場した鳩山一郎は、晴れて独立国となった民主国家日本の首班にふさわしい顔と見られたにちがいない。明るく開放的な人柄だけではなく、彼の経歴がこうしたイメージを膨らませていた。かつて衆議院議長をつとめたこともある父和夫が東京市で培った地盤を継承して、弁護士兼市会議員だった彼が代議士に初当選したのは一九一五（大正四）年、三二歳の時であった。以来、長らく衆議院議員として、文部大臣や政友会幹事長などを務めてきたことから分かるように、彼は根っからの議会政治家であった。このことが、鳩山の評価を大いに高めていたのである。たとえば、鳩山民主党総裁・緒方竹虎自由党総裁・鈴木茂三郎左派社会党委員長・河上丈太郎右派社会党委員長による四党首座談会で、鈴木は「ここに集まっている四党の党首は、お互いみな本当に民主主義の中から出て来ている人ですね。軍人でもないし、官僚でもない」と述べている（『朝日新聞』五五年一月三日）。また、河上丈太郎は「ファッショ的だと思われる人々が、不思議と鳩山君をとりまいてしまう。このために明朗なるべきはずの鳩山政治が、次第に反動的色彩を帯びて来るのはどうした訳だろう」と鳩山政権には警戒をあらわにしながらも、鳩山個人に対しては、「私が鳩山君に最も親しみを感ずるのは、鳩山君が生え抜きの政党政治家であるという点だ。日本の内閣の歴史は古いが、戦前戦後を通じて、役人の経験をもたない、生粋の政党人の総理は、社会党の片山君と、鳩山君の二人しかいない」と親近感を表明している（同三月二〇日）。

前歴がどうであろうと、有能な議会政治家ならば、国政を託してもかまわないではないかという発想は、ここにはない。戦前日本では軍部や官僚が主導して道を誤ったのだから、戦後に引き継がれた官僚支配の伝統を断ち切らねばならない、そのためには、官僚出身の代議士ではなく、純粋に政党育ちの政治家が政治の主導権を握るのが望ましいというイデオロギーを、彼らは堅く信奉していた。保守政党の方でも、出身によって政治家を党人派と官僚派とに分類することが、このころからよく行われるようになるが、そこにも似たような発想を見出すことができる。このような観点からいえば、戦前には外交官で、代議士に当選したのは首相になってからという吉田茂は、官僚派の典型となるだろう。戦後一〇年しかたっていないこの時点では、敗戦前にどのような経歴を有していたかが、政治家を評価する際の重要な指標であった。吉田はその経歴ゆえに官僚的とみなされがちだったし、鳩山は「大衆政治家」ととらえられやすかったのである。

ところで、鳩山は首相になるまでに順調なキャリアを歩んできたわけではない。戦中期には自由主義的な議会政治家として傍流に追いやられた彼は、敗戦直後に勇躍自由党を結成して総裁に就任した。その自由党が一九四六年四月の総選挙で第一党となり、大命降下を目前にした時に、突如彼は占領軍の命により公職追放となってしまった。このため、吉田茂を後継総裁に指名して、自身は軽井沢で農耕と読書をもっぱらとする失意の生活を始める。しかも、五一年六月追放解除を目前にして脳溢血に倒れ、半身不随が後遺症として残ってしまった。そして、当然譲り受けられるものと思っていた総理・総裁の地位は、吉田の拒絶にあって得ることができない。鳩山は一八八三（明治一六）年一月一日生まれだったから、ようやく首相の座にたどりついたとき、すでに七一歳になっていた。こうしたいきさつゆえに、彼は「悲劇の政治家」とも呼ばれ、多くの同情を集めるようになっていた。占領期が吉田に政治的な絶頂期を与えたのに対して、鳩山はそこからまったく疎外されていたのである。

このために、鳩山は占領期の改革を見直すことを前面に押し出す。たとえば、一九五五年の年頭の辞として、彼は「長期にわたる占領政治によって、われら同胞は、とかく長い物に巻かれろ、権力には盲従せよとの観念に支配されて虚脱に陥り民族の自主性を喪失したのではないかと思われる節が少なくないのであります」と述べ、「これを全面的に是正して真に大国民たるの自信を取戻すこと」を、自らの第一の政治課題として掲げている（『朝日新聞』五五年一月一日）。具体的には、戦争放棄を規定した憲法の改正と、冷戦体制の一方の極、ソ連との国交の回復が、彼の最大の目標であった。こうした姿勢が、反感よりも共感を巻き起こしたからこそ、鳩山の人気が盛り上がったと見ることも可能だろう。敗戦によって始まった占領期を、解放された明るい時代としてではなく、不幸な時代、苦節の時期と受けとめる人々は、その心情を占領期に苦難の道を歩んだ鳩山と重ね合わせたに違いない。とりわけ敗戦前の政治活動ゆえに、占領期に追放されていた保守系の政治家にとって、鳩山は希望の星でありつづけた。彼の周りには、三木武吉とか岸信介といった有力な人材が集まり、彼をもり立てることで吉田政治にチャレンジしようとする渦が巻き起こっていたのである。

以上のいきさつから、鳩山は吉田に対して激しい憎悪の情をいだいていた。そして、「ボクは人の名を呼び捨てにしたり、キサマなどと呼んだことはないが、吉田ばかりは、そう呼ばないとどうも対等につきあえない。損したような気になる。あんまりひとりで威張っとるもんだから」（『朝日新聞』五二年九月一一日夕刊）と、それを隠そうともしない。吉田の方も、「鳩山の健康を正直に言っては先方に気の毒。取巻きもよくない」とか、「私は少くしゃべることを本意にしてるが、鳩山は沢山しゃべりたがって仕様がない」（同九月一二日夕刊）などと、負けてはいない。両者の対立は抜き差しならないものになっていたのである。こうした対抗関係の中から、鳩山が吉田政治の見直しを自らの路線として打ち出してくるのも当然であろう。

しかし、このようなむきだしの激しい敵愾心も、その源を見れば、鳩山と吉田とが、もともと政治的にさほど遠くない立場にあったがゆえに生じたものだった。鳩山が自由党の後継総裁に吉田を指名したことにそれは明らかだし、追放解除後も、日本民主党総裁になるまでに、鳩山は自由党への復帰と脱党を繰り返している。もともと、鳩山と吉田の政策的な立場に大きな隔たりがあったわけではなく、そうであるがゆえに権力の継承をめぐって熾烈な確執が生まれたとも言えるわけである。

このように鳩山と吉田との関係は、一筋縄ではいかないものであった。鳩山の率いる民主党と、吉田から緒方へと引き継がれた自由党との関わりについても、同じことが言えるだろう。さらに、こうした保守勢力の外側には、保守と革新との対立が存在していた。それらの錯綜した絡み合いを、次に解きほぐしてみたい。

2

鳩山が一九五四年一二月一〇日に最初の内閣を組織したとき、民主党所属の衆議院議員は一二一名、つまり全議席数のわずか四分の一にすぎなかった。にもかかわらず、鳩山が首班に指名されたのは、左右両派をあわせて一三三議席を擁する社会党が、三月上旬までに総選挙を実施することを条件に、支持に回ったためである。反吉田内閣勢力の結集ということで足並みがそろったわけだが、社会党としては選挙管理内閣として、鳩山総理選出に賛成したにすぎなかった。三カ月後の総選挙が終われば、政局の再編成があることは織り込み済みだったのである。

しかし、鳩山内閣に対する世論の人気は上々だった。たとえば、一九五五年一月二〇日に発表された『朝日新聞』の世論調査によると、鳩山内閣が出来てよかったと思う人が四〇パーセントで、よくなかったという回答八パーセントを圧倒している。また、保守的内閣がよいか、革新的内閣がよいかという質問に対しては、五四年五月に三三パーセント対二六パーセントだった比率が、四八対二三と保守優勢になっている。さらに、政党支持率でも、自由党の二三、両派社会党の二五を上回る三〇パーセントの支持を、民主党はとっている。民主党がまだなかった半年前には自由三四、改進八、社会三〇だったから、吉田批判勢力が五四年一一月に日本民主党として結集したことが、保守系全体の支持率増加に大いに貢献したことが窺える。

その核となったのは、何といっても鳩山という政治家のキャラクターへの人気であった。選挙戦での全国遊説について、鳩山は「『鳩山ブーム』と騒がれたけれどもどこへ行つても、停車場から、何千という人が集つて、バンザイ、バンザイと押し合いへし合い、自動車に乗つても、とても走れたものではない。その車を十重二十重に取巻いて、誰彼の差別なく、握手を求めてくる。……（演説会場では）あれだけの人が入ると、演壇に立つても、それだけ張りが出る。四十年の政治生活のうち、私自身も、あの時ほどエキサイトして演説したことはないと、今でも時々当時の模様を思い出しては、時に一人で愉快な回想にふけつている」（『鳩山一郎回顧録』）と語っている。近づきにくい雰囲気をただよわせる吉田の後に、親しみやすいイメージをもつ鳩山が登場したことに、国民は敏感に反応したのである。

このように、ポスト吉田の期待は鳩山が率いる民主党に集まっていた。有権者の流動的な支持は、保守政党内でシフトするにとどまり、革新政党に大挙して流れ出る様相を示さなかったのである。

当然ながら、社会党はこうした事態に強い危機感を持った。吉田内閣の瓦解は保守政治そのものの行き詰まりだ、という主張が通用しないことが明らかになってきて、社会党は選挙戦の後半から、攻撃の目標を自由党から民主党へ移すようになる。左右両派社会党委員長は二月一五日に会見して、「自由党は次の首班戦から完全に脱落し、民主党政権か社会党政権かの闘いとなっている」が、その鳩山民主党内閣が抱く「憲法改正と徴兵制を断行するに必要な議席を獲得せんとしている野望」を「粉砕」し、両派社会党は「選挙後完全なる一致行動」をとり、「統一首班を立てて社会党政権の樹立を期する」との共同声明を発表している。社会党が民主党と対決しようとしたとき、クローズアップされてきたのは、第九条を核とする憲法改正問題であり、これが左右両派社会党の統一の結集軸となっていくのである。

二月二七日に行われた総選挙の結果、民主党が一二四議席から一八五議席へ躍進したのに対して、自由党は一八〇議席が一一二議席にと大幅に減少した。保守系勢力内での立場が逆転したわけである。他方、社会党は両派あわせて一五六と、ちょうど全議席数の三分の一を確保した。解散時に比べて、二二議席の増加を見たわけだが、中でも一五増の左派社会党の躍進ぶりが目立っていた。

三月一八日の特別国会での首班指名では、鳩山と鈴木左派社会党委員長との一騎打ちとなり、自由党の支持を受けた鳩山が、第二次内閣を組織することになった（ただし、自由党代議士の半数近くは棄権している）。第一次内閣の時とは異なって、保守系の政党が与党ないし支持に回り、革新系が野党となったのである。しかし、与野党の境目がはっきりしていたわけでもない。例えば鳩山の首相選出と同時に行われた衆議院議長選挙では、自由党と両派社会党が手を組んだため、民主党の推す三木武吉が落選して、自由党の益谷秀次が選ばれている（副議長は右派社会党の杉山元治郎）。このように、自由党は「健全野党」として、是々非々の態度をとっていた。少数与党民主党にとっては、厳しい政局運営が予想されたわけである。

民主党の中での鳩山の立場は、選挙を経て強いものになっていた。「百八十五名という躍進のもっとも大きな原因が〝鳩山ブーム〟とよばれる首相自身への人気にあったことを党内各派のだれもが認めて」おり、このため「鳩山総裁が党首としての比重を増し、単なる置物から、党内結束のカナメとしての実をそなえた」からである（『朝日新聞』五五年三月五日）。しかし、重要なのは、民主党内の結束以上に、国会で過半数の支持を受ける安定的な政権の基盤づくりであろう。そのために、保守合同への動きが四月以降本格化する。

民主党側で、この構想を推進したのは、三木総務会長や岸幹事長であった。たしかに鳩山首相の立場は、総選挙の勝利によって強まったとはいえ、民主党内では彼の主導権によって方針が決まるわけではなかった。当時の『朝日新聞』はこの点について、「吉田前首相が、政府と党の全体を一人でひきずり回していたのに反して、鳩山首相の地位はいわば党幹部の合議体の議長といったようなものである……だから、もし周囲が一致したなら、鳩山首相はそれに従うであろう。いや従うより仕方のない立場といった方がいいかもしれない」（同四月二九日）と指摘している。このために、保守合同の交渉においても、彼がイニシアティブをとることはなかったのである。

そして、半年にわたる交渉を経て、一一月一五日に民主党と自由党とが統一されて、自由民主党が結党されることになった。与党民主党だけではなく、自由党側も合同に同調したのは、革新派に対抗する保守勢力の結集によって政局を安定させるべきだという認識が、それなりの広がりを見せていたためである。それがこの時期に実現したのは、財界の強い要請があったとか、左右両派社会党の統一が先行していたとかといった事情もさることながら、鳩山と吉田との確執が、鳩山の首相就任で一応峠を越えていた点も大きかった。鳩山系との合同に反発する自由党内の吉田直系グループは決して小さくはなかったが、緒方自由党総裁を始めとする党三役がこれを抑えることができたのは、このためだった。また、民主党には、大保守政党に吸収されることを潔しとしない旧改進党系勢力があったが、合同論が大勢を占めたのは、やはり相手が吉田自由党ではなかったために違いない。

自由民主党を結成するにあたって大きな問題となったのは、初代の総裁を誰にするかであった。合同への気運が盛り上がったきっかけは、四月一二日に行われた三木民主党総務会長の記者会見であるが、そこで彼は、「保守の結集による政局の安定」のため、「必要ならば鳩山内閣は総辞職すべきであり、次の首班も衆望の集るところで決めるのが最もよいことで、鳩山首班が不適当となれば当然退陣すべきだ」と言い切っている。話の始まりがこうなのだから、自由党側も鳩山の退陣が当然の前提ととらえていた。両党の幹事長・総務会長の四者が正式に会談を開始した際にも、「鳩山引退時期が焦点」と『朝日新聞』一面トップで報じられたように（五五年五月二三日）、この問題が大きくクローズアップされている。自由党側は国会議員の投票によって新党総裁を選出すべきであると主張していた。参議院議員まで含めれば、民主・自由両党の国会議員の数はほぼ拮抗するから、緒方自由党総裁の当選も十分可能であるというのが、彼らのもくろみである。

これに対して民主党は、話し合いで鳩山を初代総裁に選出することを主張したが、保守合同の達成には彼の引退が前提となるとの見方が、政界には少なからず広がっていた。そのせいか、鳩山首相自身は、保守合同は困難であるとくりかえし述べて、その実現にさほど積極的とはいえない態度をとっていた。彼は「あと一年半ぐらいは政権を担当し、日ソ交渉を私の手で完成させたい」（『朝日新聞』五月二日夕刊）とか、「うぬぼれかも知れないが、私以外に憲法改正を本当にやろうとする人は他にいないのではないか」（同七月六日夕刊）などと述べて、日ソ国交回復と憲法改正という二つの課題の達成に対して、強い意欲を燃やし続けていた。その目星もつかぬうちに退陣に追い込まれてしまうのは、彼の本意ではなかっただろう。しかし、現状のような少数与党のままでは、遠からず政局運営に行き詰まることもあきらかである。その打開のために、総選挙を行えば「保守結集をしなくても民主党単独でも勝てる」（『毎日新聞』八月一四日夕刊）と、強気な姿勢を見せたりもするが、もし単独過半数がとれなければ、退陣は必至となる。鳩山の保守合同に対する態度は、こうしたジレンマの中で揺れ動いていた。

しかし、世論調査をすれば依然として鳩山首相に対する支持率が高いことなどもあって、結局半年後に初代総裁の選出を行うことを条件に、鳩山が首相を続けることで民・自両党の妥協がなり、自由民主党が結成されたのである。そして、これにともなって、一一月二二日に第三次鳩山内閣が成立した。絶対多数の自由民主党を後ろ楯に、社会党と対峙する首班の座についたのである。このように、第三次内閣にいたってようやく鞏固《きょうこ》な政権基盤を築くことができたが、鳩山首相の地位が安泰になったわけではない。翌五六年の春には自民党総裁公選があることが織り込み済みだからである。

ところが、一月に事態は急変する。総裁選で最大のライバルとなるはずだった緒方竹虎が急死したのである。このために、四月の臨時大会で鳩山は、事実上の信任投票で自由民主党の初代総裁となった。国会での絶対多数党の総裁として総理の座にあるという強力な立場に、ようやく彼は到達したわけである。しかし、この時から自民党という新しい器の中で、政治家たちは新たな結集軸を求めて動き始め、鳩山の周辺では健康への不安がつきまとう鳩山の首相退陣をいつ行うかが、本格的に模索されはじめる。そして、後に述べるように憲法改正を政治日程にのせることが当面不可能になったため、一〇月に実現した日ソ国交回復を花道として、石橋湛山が自民党二代目総裁に公選されるのを見届けたうえで、鳩山内閣は一二月二〇日総辞職するのである。

このように鳩山内閣の変遷を、その支持基盤という点からみると、それがしだいに強化されていくことが分かるが、同時に鳩山は遠からず引退するだろうという展望がつねに語られていることにも気づく。脳溢血の後遺症の残る体では無理だとか、選挙管理内閣にすぎないのだからとか、保守合同になれば新総裁になる目はないなどといった具合に、人々はつねに鳩山内閣の終わりを意識していた。このために、鳩山も彼の周辺の支持者も、首相退陣をどのように行うべきかをいつも念頭に置かざるを得なかったのである。権力の中枢にあるものが、どんな形でその座を逐われるかなどは、その直前まで予測不可能なのがふつうだろう。たとえば吉田首相の場合がその典型だったといえるが、この点でも鳩山は対照的であった。いかにして退くかをつねに考えざるを得ない立場に置かれ、それを自発的に実行したところに、鳩山内閣の特色があったのである。

3

先に触れたように、一九五五年二月の総選挙で民主党が勝利を収めたことは、社会党のこれまでの路線を揺さぶるできごとであった。「民主党が選挙に勝ったのは、社会保障、完全雇用、住宅対策、日ソ国交調整、中共貿易、みんな社会党の政策を横どりしたからだ」、「ハトに油あげをさらわれた」と社会党はくやしがっている（『朝日新聞』三月七日夕刊）。吉田内閣が行ってきた緊縮財政とか中ソ両国への対決姿勢を、鳩山内閣が修正したことに、社会党は戸惑いを隠せなかった。そうした政策は革新陣営の専売ではなく、保守勢力でも取り込めることがはっきりしたのである。このため、総選挙後の国会でも、「吉田内閣のように、やってもらいたくないことをやろうとする内閣なら直ちに打倒を叫ぶことはできるが、こんどの内閣は自分らがやりたいと思うことを相当程度やろうといっている」ために、社会党としては「かなり闘争の気概を殺《そ》がれている」。その結果、「自由党議員が政府に食ってかかろうとすると、その自由党議員を社会党議員が攻撃するという場面が今国会ではしばしばみられた」という（同六月二一日）。「鳩山内閣を追いつめればかえって……もっと〝反動的〟で強力な保守内閣ができるのではないかという疑念が、両社のなかにこびりつ」き（同六月二四日）、政府・与党に対して明確な態度を示せない状態がしばらく続いたのである。

しかし、社会党の統一と保守合同の実現によって政局の二極化がはっきりしてくると、鳩山内閣と社会党は、たがいに対決の姿勢を強めていく。一九五六年一月三〇日、社会党を代表して衆議院で質問にたった河上丈太郎は、憲法改正問題を真っ先に取り上げ、これを強行すれば政治対立が激化して「争乱」を引き起こす危険性があることを指摘したうえで、改正を行おうとする「真の理由は、アメリカの世界政策に追随することにある」と述べて、そうした「向米一辺倒外交を清算して、自主独立のコースに切りかえること」を主張している。社会党にとっての独立の達成とは、アメリカを中心とする自由主義陣営の一翼を担うという日本の国際的な地位を、より中立的な立場に変えることであって、国内での占領改革の成果はあくまでも堅持すべきものだったのである。これに対して、鳩山内閣は、憲法改正によって国内の政治体制を修正することで、独立が完成するのであって、対外関係においては、日ソ国交回復のような微調整を加えるにしても、大きく変動させることは危険であると考えていた。両者はともに、これまでの吉田政治を批判し、〈独立〉の達成を目標としていたが、その力点を対外関係に求めるか、国内政治に求めるかで、コントラストをなしていたのである。

さて、鳩山内閣による憲法改正への動きは、五六年二月に国会に提出された憲法調査会法案に始まるが、政治的に大きな意味を持つのは、三月に提出された小選挙区法案である。その最終的な目的が二大政党制の確立にあったにしても、当面は自民党が三分の二以上の議席を確保して憲法改正を目指すことは明らかであった。このため、社会党側の猛反発を受けて、結局国会を通過させることはできなかった。もちろん、これで鳩山が憲法改正をあきらめたわけではない。七月の参院選で、彼は議席の三分の二以上を自民党で占めることを目標として掲げ、選挙遊説の第一声でも、「自衛のため憲法を改正すべきである」と演説している。しかし、自民党の議席が現状維持だったのに対して、社会党は健闘して一二議席増やし、革新系をあわせると三分の一の議席を二議席上回るという結果になってしまった。衆議院と違って、参議院には解散がないため、今後少なくとも三年間は憲法改正の発議ができなくなったのである。これは、鳩山内閣による憲法改正がほぼ不可能になったことをも意味していた。

こうした政治状況が固定化して、後に「五五年体制」と呼ばれるようになるわけだが、この時点で、それを予見できたものはほとんどいなかっただろう。自民党の成立と社会党の統一は、日本でも政権交代が可能な二大政党制が確立した画期的なできごとと、当時は一般に受けとめられていたのである。たとえば、五六年の参院選で憲法改正の企てを挫いた結果、鳩山内閣を追いつめ、「政権の座に近づいてきた、という感じ」が、社会党内に広がっていたという（『朝日新聞』五六年九月二六日）。鳩山も五五年二月の総選挙直後に、「外交問題でもね、条約を破棄するとかナンとかムチャをいわなければ」という条件付きだが、「そのうち社会党も天下を握る時期があるような気もするね」と述べている（『文藝春秋』五五年四月号)。

このように、社会党が自民党側を野党に追いやって政権を担当する可能性は十分にあると考えられていたのだが、なぜ実現しなかったのか。今日からみれば、自社の間には、浮動票が行き来するにはあまりにも深刻な溝が広がっていたためと解釈できよう。吉田と鳩山の対立のような場合ならば、あるいは社会党が鳩山内閣に取られたと思ったような政策をめぐる争いならば、有権者はその時々の気分でどちらにつくこともできようが、自社の対立は政治体制のあり方そのものにかかわっていたために、有権者の支持も固定化しがちだったのである。

そして、こうした対立は、双方の戦後に対する評価の仕方、つまり歴史に対する見方の違いと結びついて、簡単に歩み寄ることのできない価値観のぶつかり合いを作り出していた。

鳩山が首相となって迎えた最初の八月一五日は、敗戦から数えてちょうど一〇年目に当たっていた。その区切りの時を迎えて、彼は「戦争中に政府の発表することはウソの塊だという印象を国民に植えつけてしまったことはまずかった。命令に服従させることばかりして納得させるということをしなかった」点を、過去の日本の誤りとして振り返っている。そこから導かれる教訓は、「まず、国民が命令への服従でなく、納得でやってゆくことを国民自身が自覚すること」となる(『朝日新聞』五五年八月一四日夕刊)。そのプロセスが民主主義ということになるわけであり、それは、彼自身がその一翼を担ってきた戦前からの議会政治の伝統を生かすことで実現されるものと考えていた。そうした観点に立てば、占領軍主導による国内改革はやり方に問題が多いし、その中身の再検討も必要ということになる。徹底的な反共主義者であった鳩山にとって、敗戦の結果、日本がアメリカを中心とする反共陣営に入ることは受容するにしても、日本の国内体制までが彼らに決められることは容認しがたかったのである。彼が占領体制の見直しを主張する根拠は、こうした歴史観にあった。

鳩山は、議会政治家としての長年の経験を勲章にして、デモクラシーの擁護を唱えることはあっても、非武装主義には強く反対していた。そして、実現しなかったとはいえ第二次内閣で野村吉三郎元海軍大将（当時は参議院議員）の防衛庁長官起用を試みたことに象徴されるように、自衛隊を戦前の軍の伝統を継承する軍隊にしようとする意欲も持っていた。彼にとっては、あるべき政治体制は戦前の良き伝統を継承した上に創られるのであって、敗戦によって日本が根底から変質してしまったという考え方を受け入れるわけにはいかなかったのである。

これに対して、社会党にとっては、敗戦とは自由や民主主義の確立をもたらしただけではなく、絶対平和主義を獲得した画期であると受けとめられていた。すなわち、国家を形作る原理的なイデオロギーそのものが、敗戦の結果一新されたという考え方を、革新陣営は強めていくのである。

なお、五六年の五月九日に鳩山内閣はフィリピンとの間で賠償協定に調印するが、これに対して社会党は、「年間平均四千万ドルの支払いは日本の対外支払い能力、財政支出能力からみて過大である」という理由で反対している（『朝日新聞』五月一〇日）。このことからも分かるように、アジアへの戦後処理をめぐって政府の対応は不十分であったという〈歴史物語〉が作り出されるのは、日本が経済大国化した後のことである。

戦後の首相の中で占領期に追放を経験したのは、鳩山・石橋・岸の三人だが、そのトップバッターとして、鳩山は戦前からの日本の議会主義の伝統に拠りどころを求めつつ、戦後改革の見直しに熱心に取り組み、それがきっかけとなって、保革対立の軸が明確となっていく。そして、社会党が国会の議席の三分の一は確保できることがはっきりするにつれて、憲法改正という革新側が絶対に容認できない改革は撤回を余儀なくされ、社会保障の充実とか住宅建設の促進などの社会党も同調する政策を、自民党側が率先して推進することになる。鳩山内閣最大の業績とされる日ソ国交回復も、そうした系譜に属する政策だったのである。

このように、革新陣営が三分の一以上半分以下の勢力を維持し続けたために、保革それぞれの陣営が目指した占領体制からの〈独立〉はともに実現できないことになった。鳩山ら保守系の考える〈独立〉、すなわち内政面における憲法改正は革新が持つ三分の一の壁に阻まれ、革新側にとっての〈独立〉、すなわち外交面におけるアメリカとの同盟関係の解消は、自らが過半数をとれないがゆえに達成できず――三分の一以上半分以下、この数値が両陣営それぞれが抱く〈独立〉の夢をともに打ち砕くこととなったのである。

石橋湛山——透徹した自由主義思想家

Ishibashi Tanzan

(1884〜1973)

在職期間

S31.12.23〜S32. 2 .25

猪木武徳

(大阪大学名誉教授)

1

一九五六年一二月一四日、自由民主党大会が開催され、岸信介（自民党幹事長、旧民主党系）、石井光次郎（自民党総務会長、旧自由党系）、石橋湛山（通産大臣、旧民主党系）の三人が総裁に立候補した。すでに鳩山首相が同年八月一〇日、自民党首脳に「なるべく早く後継者をきめて退陣したい」と言明していたにもかかわらず後継者を指名しなかったため、政権担当政党初の公選に持ち込まれたのである。この選挙は、派閥と公選というその後の自民党の体質のひとつを規定する出来事でもあった。第一回の投票結果（投票総数五一一票）は、岸二二三票、石橋一五一票、石井一三七票と過半数を超える者がなく、決選投票（投票総数五一〇票）にもつれ込み、二・三位連合の結果、石橋二五八票、岸二五一票、無効一票という僅差で石橋湛山が自由民主党第二代総裁に選ばれた。六日後の一二月二〇日、第三次鳩山内閣は総辞職し、二三日、組閣に際して各派閥間のバランス保持に苦労しながら、石橋内閣は全閣僚を総理がとりあえず兼任する形で親任式に臨む異例のスタートを切った。湛山満七二歳の年である。

その二カ月後の一九五七年二月二二日、老人性急性肺炎をひと月ほど患っていた湛山は、「国会に出席できないことは、政治家としての信念に反する」という理由で辞意を表明、翌二三日、石橋内閣は総辞職した。わずか二カ月の短命内閣であった。湛山が病に伏した一月末に首相臨時代理に指名されていた外相の岸信介が、「全閣僚留任」のまま（ただし石井光次郎が国務大臣として入閣）新しい内閣を発足させたのは二月二五日のことである。

この石橋の「潔い辞職」は、日本の戦後政治の中のひとつの分岐点をなしただけでなく、政治における思想と行動の関係を語る際の興味深い事例を提示している。石井が副総理として入閣せず、石橋とはあらゆる点で好対照をなした岸信介が首相臨時代理に指名され、石橋の辞職の後ただちに岸体制の時代に入ったこと、そして「淡泊で執着性の少ない」（岸の表現）石橋というリベラル・デモクラシーの思想家宰相が、日本の現実政治の場で大きな力を発揮しえなかったことは注目に値する。石橋は、ジャーナリスト、エコノミストではあったが、政治家である以上に思想家であった。そしてA・スミス、J・S・ミル、マルクス、ベルグソン、マーシャル、G・B・ショウ、ケインズ等を座右の書とした読書人であった。戦前・戦後を通した日本のリベラル・デモクラシーの闘士の名を挙げるとすれば、まず石橋に指を屈せねばならないほど、自由主義思想家としての石橋はみごとな首尾一貫性をもっていた。

戦前に言論人として、戦後に政治家として活躍した石橋湛山の自由主義思想を理解する鍵はいくつかある。山梨県立尋常中学校時代の校長の幣原坦、同じく校長として来任した、札幌農学校でクラーク博士から教えを受けた大島正健、あるいは早稲田大学文学部哲学科の田中王堂、東洋経済新報社の植松考昭、三浦銕太郎など、石橋が学校・職場あるいは論壇で受けた直接的な影響。しかし意外に大きかったのは、彼の一〇代のやや特異な次のような体験ではなかったか。

湛山は一八八四（明治一七）年九月二五日、日蓮宗僧侶杉田湛誓・母きんの長男として東京市麻布区芝二本榎（現在の東京都港区二本榎）に生まれた。当時の義務教育であった小学尋常科四年を終わり、湛山が小学高等科に進んだ翌年の一八九四（明治二七）年九月、父湛誓が住職地、山梨県南巨摩郡から静岡県の池田本山、本覚寺へ転住した。その機会に湛山は中巨摩郡の長遠寺の住職、望月日謙師の下にあずけられた。翌九五年四月、この日謙師に就き湛山は得度する。その後山梨県立尋常中学校を卒業するまでの約八年間、湛山は静岡の父母と交通交信することは皆無に近かった。湛山は父湛誓の晩年、どういうつもりであの時自分を望月師にあずけたのかと尋ねた。父の答えは、『孟子』に「古者子を易えて、之を教ゆ」とあるではないか、の一言であったという（『湛山回想』）。

晩年湛山自身、早くから父母の下を離れ、「春風かおるがごとき」望月日謙師に育てられたことはまったくの幸運であったと述懐している。「一身の独立」ということを人生のかなり早い時期に求められ、「自分以外の人間は他人である」こと、そして社会は「他人と他人とのつきあいである」（福沢諭吉）ことの意味を、湛山は若くして体験したからである。自分のことを自分で配慮できてはじめて、人は他者を真に助けることができるというリベラリズムの根本を認識したのである。

この「筋金入り」のリベラリズムに貫かれた評論活動と経済政策論によって、湛山は戦前と戦後の日本に大きな足跡を残した。そして「もはや戦後ではない」あるいは「『戦後』への訣別」が語られだした一九五六年末、自民党総裁に接戦の末選ばれながらも、「石橋派」を結成することなく二カ月余りで退陣しなければならなかったところに、この思想家宰相の不運と悲劇があった。宰相の座に至るまでの記憶されるべき湛山の言行録を振り返ると、思想と政治の間の逆理を垣間みることができる。

戦前の湛山に関して二つの言論活動が特に注目される。ひとつは日本は帝国主義外交を廃止し、植民地を放棄すべきであるという、一九一四年頃から関東大震災頃（一九二三年）にかけての言論活動である。代表的な論文のひとつは、「青島《チンタオ》は断じて領有すべからず」（『東洋経済新報』大正三年一一月一五日号「社説」）である。一九一四年一一月七日の日本軍の青島占領に対して、「アジア大陸に領土を拡張すべからず、満州も宜しく早きにおよんでこれを放棄すべし、とはこれ吾輩の宿論なり」と論じたものである。湛山にとって、日本の露骨なる領土侵略政策と、軽薄なる挙国一致論の跋扈《ばっこ》は、帝国百年の禍根をのこすものと映じたのである。この洞察力の鋭さについて改めてここで注釈する必要はあるまい。

また、一九二一年七月三〇日から三回にわたって連載された『東洋経済新報』の社説、「大日本主義の幻想」も、同じ湛山の日本外交論のエッセンスを示す戦前期の代表作である。

第二の記憶すべき湛山の天眼通は、一九二〇年代後半しばしば議論された日本の金本位制復帰をめぐる発言の中にうかがえる。旧平価で金解禁を断行しようとする浜口雄幸首相と井上準之助蔵相に対して（とくに一九二九年三月、対米為替四四ドル台に円が下落した折）、その政策がいかに大きなデフレ・ショックを与えるものであるかを論じ、経済理論家としての名声を高めたことである。この金解禁論争によって、経済を知らずに世の中のことはわからない、という見方が日本の論壇に広がり、経済雑誌（湛山が健筆をふるった『東洋経済新報』、あるいはその競争誌でもあった『ダイヤモンド』、『エコノミスト』など）や『中央公論』、『改造』などの総合雑誌が読者層を広げることになった。満州事変の後も、湛山は戦線の拡大反対の論陣を張りつづけるが、『東洋経済新報』への当局の弾圧も強まり、日本は闇雲に破滅的な戦争へと突入していく。

2

湛山の政界での仕事は、大戦が終結した一九四五年秋にはじまった。一一月九日、鳩山一郎総裁に請われて、この日結成された自由党の顧問に就任する。そして翌四六年三月、第二二回衆議院議員総選挙に自由党から立候補するが、四月一〇日の選挙で落選する。しかし、鳩山が公職追放されたことによって五月二二日に成立した第一次吉田内閣の蔵相として入閣。湛山は得意のケインズ的な機能財政論に基づく積極的財政政策を展開する。終戦を契機として急速に進行したインフレと生産不振は、「物価と賃金の安定をみだし、企業経営の見通しを不可能とし、あるいはまた労働不安の原因となって正常な生産活動を阻害したばかりでなく、労働力と賃金と資材は、経済の再建に不可欠な基礎的生産部面から逃げ去って、商業部面あるいは回転率の早い消費物資ないしは、ぜいたく品の生産部面に向かい、貴重な資材は浪費され」（四七年の第一次経済白書）、経済のもっとも基本的な面における生産復興を著しく困難にしていたのである。

石橋蔵相は、一九四六年七月二五日の第九〇回議会の財政演説において、自ら演説草稿をしたため、「生産再開のためには赤字財政もインフレもやむを得ず、また生産設備がフルに動いてはおらず、失業者がおびただしく存在している場合には、生産を再開して失業者に完全雇用をもたらすのであれば、赤字財政といえども健全財政であり、通貨増発をきたすといえども、これはケインズのいわゆる『真のインフレ』ではない」と強調した（『日本経済の針路』）。当時、学者・評論家をはじめ、世論はあげて戦後インフレを恐れ、緊縮一本ヤリをくり返していた。そうした風潮に抗するため、石橋は「袋だたき」を覚悟で政界入りを決意していたのである。経済政策の提言が現実に生かされるまでに時間がかかることを知っていた石橋は、この敗戦直後という緊急時には筆の力だけでは時間が足りないと感じていた。事実、同年三月、三五年間の評論家生活から政治家への転身の決意表明をした東洋経済新報社社員総会の挨拶（「衆議院議員立候補に際して」）の中で、「言論が世間に影響する力というものはなかなか大きなものですが、それが実行に現れるのには年月を要する。先ず平時に於て、十年というのが通常であります。今、我々は十年待てない。……日本の現状に於いては、今直ぐ効能のある手段を執る必要がある。これが私が総選挙に出ようとした理由であります」と明言している。

しかし古典派経済学的な均衡財政主義に色濃く染まった当時の政・財界の耳には、石橋のケインズ的な雇用創出の財政政策は理解を超える内容のものであった。四六年度予算は、前後七回に及ぶ追加予算によって編成され、「歳入面における公債、借入金収入の増大、歳出面における不生産的支出の増大が目立つものであった」（経済企画庁編『戦後経済史4』）。ちなみに一般会計歳出では終戦処理費が三九六億円と歳出総額の三分の一を占めて最大の費目をなしていた。そして公債発行額は三四五億円であり、そのうち日銀引き受けは二五七億円、一般会計歳入の過半は赤字財政であった。

たしかに一九四六年一一月からインフレは再燃する。インフレだけではなく翌四七年一月には生産指数も低下しはじめた。三月三日の「昭和二二年度衆議院財政演説」の中で湛山は再びこのインフレ問題にふれ、次のように断言した。「昭和二二年度においてまったく赤字は克服され、インフレが起こる源泉は、ここに断絶されるのである。また、昭和二一年度において計画された財産税の徴収、および戦時補償の打切りも、種々やむをえざる事情で遅れたが、最近ようやく実施の運びに相なった。これまたインフレ防止の見地からみて、すこぶる強力な作用をなすと考える。さらに最近政府は、日本銀行はじめ全国の金融機関の協力をえて、産業資金の供給を規制し、この方面からインフレの発生する懸念を一掃した。財政および金融方面からするインフレ防止策は、ここにまったく完璧の域に達したと称しうる。残る問題は、物資の生産および流通である」。こうして石橋財政も健全予算の編成等を通して、インフレ抑制政策を徐々に強めていったのである。

デフレは歴史上そう多く観察されたわけではない。したがって、われわれはその恐ろしさを十分に知らない。一九三〇年代初頭のデフレは、日本の場合も、そしてドイツの場合も、金融・財政の引き締めという誤った政策選択の結果起こった。湛山の経済政策は、いつの時点でも基本的に「デフレ・ショック」を回避するというものであった。こうした短期拡張政策ゆえに、時に「インフレ坊主」という陰口をたたかれることもあった。しかし旧平価での金解禁に反対する一九二九年の論説も、第一次吉田内閣の蔵相としての拡張政策の展開も、いずれもきわめて正当なマクロ経済理論に裏打ちされたものであった。とくに終戦後の二年余りに、湛山がとった政策とは逆の「引き締め政策」がとられていたとしたら、日本経済は手痛い回復の遅れを強いられただけでなく、さらに深い傷を負わねばならなかったはずである。

3

ところが、一九四七年四月二五日の衆議院総選挙で、静岡二区で第一位当選し初の議席を獲得した蔵相石橋は五月七日、日本政府（吉田内閣）が思いがけない（本人にとっても、そして世間にとっても）覚書を総司令部から受けとったことを知る（政府発表は五月一七日）。東洋経済新報社の戦時中の編集方針が、「アジアに於ける軍事的且つ経済的帝国主義を支持し、枢軸国との提携を主唱し、西洋諸国との戦争必至論を助長し、労働組合の抑圧を正当化し、且つ日本民衆に対する全体主義的統制を勧奨した」ため、その責任者である石橋湛山を公職追放のG項該当者として追放せよというものである。これは石橋本人にとっても青天の霹靂《へきれき》であった。日本側の中央公職適否審査委員会は、全会一致で湛山は公職追放の覚書非該当者と判定し、吉田総理もこの判定に同意した。にもかかわらずGHQの追放令は強行されたのである。湛山が大蔵大臣として戦時補償打ち切り問題、公債利払い停止問題、あるいは財閥解体などをめぐって、GHQとわたり合い、GHQに恭順ではなかった点が追放に結びついたという憶測もなされた。しかし追放が強行された説得力ある理由は未だはっきりしない。

この公職追放令に対して、四七年五月一二日、湛山は「私の公職追放に対する見解」を中央公職適否審査委員会に提出し反論を試みる。東洋経済新報と石橋自身が、「戦時中自由主義であり、平和主義であり、反軍的であるとして圧迫を受けた」ことと全く反対の宣告をGHQより受け、自分が公人としての生命を絶たれようとしていることを訴え、正当な判決を要求する内容のものであった（同様の書簡はマッカーサー元帥に対しても認《したた》められたが、実際には送付されなかった）。

同年一〇月、知友への配布を目的として最も体系立って書かれた長文の「公職追放に対する弁駁書」の中で、自分の追放の理由書と思われるものを入手したが「それは最初から私を追放するという前提の下に、強いて東洋経済新報の論文を之れに当てはめ、判決を下したと見るより外なき驚くべき不公正の文書であります。私は何う云うわけで斯んな文書が作製され、そして私を追放しなければならなかったのかその理由を知るのに苦しみます」と、憤懣やる方なき胸の内を記している。

アメリカ側が作った「驚くべき不公正の文書」は、一九四七年四月三〇日の日付があり、タイプライター二〇枚に及ぶ長文で、ネフィヤ、ホイットネー等がサインしたものであると湛山は判断している（「反米感情発生の理由」）。このアメリカの公職追放政策が、湛山のその後のアメリカ観に微妙な影を落としたことは否定できない。アメリカの対日占領政策が史上に例なき寛大なものであった（the softest occupation in history）というアメリカ側のひとりよがりへの不満と、自国の民主主義を誇る米国自身が、実は決して民主主義に徹していなかったという不信感を湛山は実感したからである。そして米国が日本にとって最も重要な友邦であることを湛山は十二分に認識しながらも、「日本人の大多数は親米である。だが少数の排米論者及至共産主義者に反米の口実を与えるかどうかが、今後の動向を決するカギである」と日米関係の将来を憂える文章も残している（この追放は一九五一〈昭和二六〉年六月二〇日に解除される）。

石橋の米国観については、一九五六年一二月一四日の総裁就任記者会見においてもふれられている。「石橋内閣になると、自由主義国家群を飛び越えて中共と接近し、国交回復をやるのではないかととられていますね」という質問に対し、石橋は、「いまの僕の考えはそれは絶対にやらないつもりだ。どこまでも米国をリーダーとして、共同して中共問題を解決したい。ただ僕の誤解かも知れないが、米国は往々にしてただ力をもって相手方をねじ伏せて自由主義国家群の理想を遂行しようという態度をとっているのではないかというふうにみえるので困る」と述べている。さらに一〇日後の記者会見でも、「ぼくは以前に占領軍と衝突したことがあるので、反米主義者といわれるが、これは間違いだ。……互いに意見を述べ合い、場合によっては米国とケンカしても、これは米国と手を分かつということではない、米国は世界の指導者だから、その点を自覚してもらいたいというつもりだ」と繰り返している。

しかし石橋が、「自由世界と国連が課している制限のワク内で」中共との貿易を促進する所信を明らかにしたことも確かである。別の記者会見で、外交政策については、「岸外相が検討中」としながらも、「安保条約に大きな変化が起るとは予想していない」と言明し、日本が国連の一員としてどのように責任を十分果たし得るのかについて研究中だと発言している。具体的には、国連の警察行動に協力するか否か、日本の憲法と国内事情の下で検討しなければならないということである（一二月二六日、「外人初記者会見」湛山全集第一四巻、三三八頁）。

この軍備の問題について『東洋経済新報』の昭和三二年新春特大号（一月五日）の中で（「石橋湛山大いに語る」）、「僕は憲法の専門家じゃないが……」とことわりながらも、「いまの日本の憲法は権利の主張が非常に強く、義務についての考慮が足りない。……軍備の問題でもそうです。軍備すなわち徴兵といって、みなふれることをイヤがるが、国連に加盟して国際的に口をきくためには、義務を負わなければならない。国連の保護だけを要求して、協力はイヤだというのでは、日本は国際間に一人前に立ってゆくことはできません。国連に対して義務を負うということは、軍備ということも考えられるし、また先ほどいった海外投資も一つの型だろう。とにかく国連に入った以上、その責任を果たすことは考えておかなければいけないと思います」と明快な権利・義務一体論を展開している。

病に倒れる前の一月八日、新総裁の石橋湛山は自由民主党演説会で、五箇条の御誓文にならって「わが『五つの誓い』」と題する全国遊説の第一声を放っている。国会運営の正常化、政界・官界の綱紀粛正、雇用と生産の増加、福祉国家の建設、世界平和の確立、の五つである。しかしこの五項目を具体的政策として立案する前に、湛山は病に倒れた。新内閣としてもっとも重要な予算審議に一日も出席できないことが明らかになり、首相としての進退を決すべき時が訪れたのである。かつて浜口首相が遭難後入院し、辞意を決さず政界を「無道、無議会の状態に陥れた」ことを非難した湛山にとっては、辞任こそが当然の選択であった。また、国会運営の正常化が首相としての決意のひとつであったからこそ、「潔く」去らねばならなかったのである。

この潔さを多くの国民は惜しんだ。石橋は自民党総裁の座についた直後から、「私はいつでもやめる覚悟だ」と記者会見で発言し、歴代の首相がやれなかったことを一つ、二つ取り組み、突破口をひらいて次の者にバトンタッチしたい、という意味のことを語っている。就任早々の首相が「やめる覚悟」や「バトンタッチ」について語るのはいかなる意識によるのか。それは決意のただならぬ強さの現れととることができるが、そこには誕生とともに死の影を読みとる湛山の諦観思想が見え隠れするようにも思われる。権力への意志をはっきり示していたライバルの岸信介が、湛山を「政治家としては執着性が足りない」と評したのも正鵠《せいこく》を射ていたと言える。病を得なくても石橋内閣は永続きしなかった、という見方もひとつの推理としては十分成り立つ。権力への強い執着、そして心情倫理ではなく結果への責任という暗くて重い荷物を背負い続けるには、湛山は余りにも思想家として透徹していたのではなかろうか。

岸　信　介——野心と挫折

Kishi Nobusuke

（1896～1987）

在職期間

S 32. 2 .25～ S 33. 6 .12

S 33. 6 .12～ S 35. 7 .19

北岡伸一

（東京大学名誉教授）

1

戦後の総理大臣を論ずる場合、岸信介を避けて通ることは出来ない。保守合同、安保改定を始めとして、岸が戦後政治に残した足跡は間違いなく大きい。

また岸は、歴代首相のうち、もっとも興味深い経歴の持ち主である。戦前、岸は革新官僚として台頭し、統制経済を推し進め、満州国で活躍し、東条内閣に列した。それゆえ敗戦後にA級戦犯容疑者として投獄されたが、日本の独立回復後に政界に復帰し、たちまち実力者として台頭して、わずか五年で首相となった。そしてアメリカの支持を得て、親米路線を強力に推し進めた。凡庸な人物には絶対に不可能な経歴である。

しかしその没落も急速であった。日米安全保障条約改定反対運動の予想以上の高揚によって、岸は首相の地位を降り、以後、政界の表舞台に出ることはなかった。首相在任三年半は、決して短くはないが、政界復帰から数えて八年半という短さであった。

岸については、すでにいくつか優れた研究がある。古くは、高坂正堯《こうさかまさたか》氏が洞察力に富む岸像を提示していた。原彬久《よしひさ》氏には、安保改定に関する一連の研究があり、最近の『岸信介―権勢の政治家』は人物像としても立派なものである。外交史研究の方面からは、坂元一哉氏の一連の研究がシャープで優れている（章末文献リスト参照）。

それでも、岸研究の決定版はまだ書かれていない。大きな問題は資料面にある。現在、多くの研究が、インタビューとアメリカの外交文書に依拠しているが、インタビューの方は客観性と信憑性に問題があるし、外交文書の方は、未公開部分が多く、とくに日本側文書はほとんど未公開なので、バランスの取れた研究は難しい。

こうした資料状況で、しかも優れた先行研究がある中で、私に新しい岸論を展開する準備があるわけではない。ただ、資料の不十分さを考えれば、岸の意図や行動の一つ一つを過剰に解釈するよりは、岸が実際に行った重要な諸決定を、もう一度よく整理し、理解し直して、全体として解釈することが大切ではないだろうか。そして、これを当時の国際的・国内的文脈の中に置き、他の政治家と比較して見る作業が必要だろう。こうした作業から、岸の政治家としての特質が少しでも浮かび上がれば幸いだと考える。

岸信介は、明治二九（一八九六）年一一月一三日、佐藤秀助・茂世《もよ》の次男として山口県に生まれた。そして中学三年の時に父の生家の養子となり、岸信介となった。兄の市郎が海軍中将、弟の栄作が総理大臣となったことは、あまりにも有名である。

岸が生まれた明治二九年は、日清戦争が終わった翌年である。その時、総理大臣伊藤博文が李鴻章と講和条約を結んだのは、県内の下関であった。兄・市郎、弟・栄作を含め、三兄弟は、いずれも藩閥なかんずく長州閥の最盛期にその生を享けたのである。

もう少し時代を下ると、日露戦争が終わった時、信介は八歳だった。戦争中、総理大臣は桂太郎、枢密院議長が伊藤、参謀総長が山県有朋、陸軍大臣が寺内正毅、満州軍総参謀長が児玉源太郎と、いずれも長州出身者であった。それが山口県人にとって、どれほど誇らしく、感激に満ちた時代だったか、想像に難くない。

しかも佐藤家にとって、それは遠い世界のことではなかった。信介に強い感化を及ぼした曾祖父の信寛は、吉田松陰や伊藤博文とも交際を持ち、明治三年、浜田県権知事《ごんちじ》（副知事）、明治九年、島根県令となった人物だった。明治三五年、信介が六歳の時に八〇余歳で没したが、新聞を飾る高位高官は、信介兄弟にとって、曾祖父を通じて隣人だった。

ただ、信寛没後の佐藤家は下り坂で、家業の造り酒屋も不振だったらしい。父の秀助は目立たない人物で、一家の中心は母・茂世であった。

この茂世の弟で、佐藤本家を継いだのが、佐藤松介だった。松介は東京大学で医学を学び、その助手となり、のち岡山医専の教授となった。松介とその妻（松岡洋右の妹）の間には男子がなかったので、娘の寛子に養子を迎えた。それが信介の弟の栄作である。佐藤本家と佐藤家とは、このように血縁で深く結びついていたのである。

しかも一族は、教育にかける熱意によって、さらに強烈に結びついていた。東京時代、松介は二人の弟と甥姪を呼び寄せて東京の学校に通わせ、また岡山でも、信介の二人の姉と信介を呼び寄せて学校に通わせた。信介の才能に注目した松介は、家庭教師をつけて岡山中学の受験準備をさせ、合格後はただちにイギリス人による英語の家庭教師をつけ、一方で様々なスポーツの手ほどきをするなど、実の両親も及ばぬ愛情を注いだ。

しかし、信介が中学二年生の時、松介は三五歳の若さで急死してしまった。すると今度は茂世の妹の夫で、山口中学の教師だった吉田祥朔がただちに信介を引き取り、山口中学に通わせた。一族の教育にかける熱情は凄まじかった。なお、祥朔の子・寛は外交官となり、吉田茂の長女と結婚している。信介は吉田茂とも、近い関係だったのである。

ともあれ、以上の中に、政治的人格の形成に際して特徴的な条件が、ほとんどすべて見出される。誇らしい過去の栄光、現在の不遇、教育熱心な母、周囲の強力な支援者、そして有り余る才能。これらが政治的人格の形成を促しやすいと言われているが、このうち、現在の不遇という点がさほど顕著でなかった他は、岸はすべてを満たしていた。

2

さて、山口中学時代、ほぼ首席で通した信介は、大正三（一九一四）年、第一高等学校に入学した。そして大正六年に同高等学校を卒業して東京帝国大学法科大学に入学し、大正九（一九二〇）年、同大学をトップ、それも史上稀な成績で卒業した。

大学時代、見逃せないのは、上杉慎吉との交際であろう。当時は吉野作造の全盛時代であり、多くの学生は吉野に魅せられていた。憲法学では、美濃部達吉であった。しかし岸は、吉野や美濃部になじめなかった。彼らの主張は、いわば明治国家からの解放の主張であった。それは、岸を育んだ長州のナショナリズムからは遠いものだったのだろう。

他方、岸は、原彬久氏も指摘する通り、上杉の学問に心酔したわけではなかった。岸は実際的な人間であって、天皇親政論で日本の発展を考えるタイプの人間ではなかった。大学に岸が入った頃、総理大臣はまたも長州の寺内正毅であった。しかしそれから一年で、寺内は退陣に追い込まれた。その後には、原敬の政友会内閣が成立し、長州の次のスターたる田中義一は、その陸相となっていた。また、やはり長州の新進政治家・下岡忠治は憲政会の幹部となっており、上山満之進は憲政会系の貴族院議員だった。藩閥の時代が終わり、政党の時代が来ようとしていることを、岸はひしひしと感じていたに違いない。

大学を卒業した岸は、農商務省に入った。これは、当時としてはやや異例の選択であった。官僚志望者の多くは、内務省に入り、将来の知事を夢見た。内務省は強大な役所であり、官選知事の威力は絶大だった。農商務省と内務省の両方を経験した上山は、長州の先輩として、岸の選択を叱責したという。

しかし、これはいかにも岸らしい選択だったように思われる。仮に岸が内務省に入っていれば、確実に知事になり、おそらく次官になって、貴族院勅選議員となっただろう。さらに何かの大臣になったかもしれない。しかし、いくら大きな権力を持ってはいても、内務省は所詮は統治のための組織である。日本を発展させることは出来ない。日本の発展を目指し、そのために活躍したいとするナショナリズムと結びついた岸の野心は、もっと大きかったというのが私の推測である。

農商務省はその意味でフロンティアであった。大きく頭角を現すことが出来る役所であった。第一次世界大戦中における重化学工業の発展は、日本の経済構造を大きく変えていた。その後、不振に陥った重化学工業を発展させるのは、農商務省の役割だった。

大正一四（一九二五）年、農商務省は商工省と農林省に分かれ、岸は商工省に移った。その翌年、初めて訪米した岸は、アメリカの巨大な経済力に圧倒された。当時、日本は年間鉄鋼生産一〇〇万トンを目標としていたのに、アメリカの鉄鋼生産は月五〇〇万トンを超えていた。「その偉大さに圧倒され、一種の反感すら持った」と岸は述べている。

しかし、その後ヨーロッパに渡った岸は、復興に苦しむドイツを視察し、これなら日本にも可能だと考えた。とくにその産業合理化運動は印象的だった。限られた資源を合理的に配分し、国家の戦略的な発展を図ること、そこに官僚の新しい役割があると、岸は感じた。かつて長州の先輩が指導した富国強兵、殖産興業の新たな方向が見え始めてきた。

商工省において、岸は八年先輩の吉野信次に重用され、二人は強力なコンビを組み、産業合理化路線で商工省をリードすることとなった。昭和六年の重要産業統制法と工業組合法、そして昭和七年の商業組合法などは、このコンビが生み出したものであった。

政党政治の後退とともに、軍の熱い注目と期待が彼らに集まることになる。他方、吉野—岸コンビは財界や自由主義者からは警戒され、昭和一一年、小川郷太郎商工大臣は二人を省外に出した。この時、吉野は次官になって満五年だったから、いかに彼らが力を持っていたかが分かる。他方、岸は工務局長になって二年目、わずか三九歳であった。

岸の新しい仕事場は満州であった。満州国産業部次長として、岸は関東軍の支持の下、満州国の産業建設の事実上の最高権力を握った。そこには、既成政党や財閥など、障害となるものはなかった。満州の産業建設における岸の辣腕は、ほとんど伝説となっている。その最大のものは満州国産業開発五カ年計画の実行であり、そのための日産コンツェルンの満州移駐（昭和一二年）であった。これは、強大な政治力を必要とする大事業であったが、岸の卓抜な計画と、関東軍の強力な支援によって、可能となった。

昭和一四年、岸は満州から商工省に戻り、次官となった。そして昭和一五年、第二次近衛内閣で入閣（商工大臣）を打診されたが、これを辞退、小林一三大臣に仕えたが、自由主義の小林と衝突し、いったん辞職に追い込まれた。しかし時代は岸を必要とし、ついに一六年一〇月、東条内閣に商工大臣として入閣することとなる。四四歳のことであった。

大臣となった後の岸の軌跡も、通常の官僚とも政治家ともかなり違っていた。まず、人事刷新を名目に、省内の先輩・同輩に辞職を求め、腹心で省内を固めた。そして、昭和一七年の総選挙に出馬し、当選した。岸はそのためには、必要なら大臣を辞める覚悟だったが、結局在官のまま出馬、当選したのである。

他方、昭和一八年軍需省が出来ると、東条首相兼摂大臣の下で次官となる。国務大臣兼任とは言え、自己の降格を含む行政改革に積極的に協力したのである。そしてこの時は、次官と議員を兼ねることは出来なかったため、議員の方を辞職している。

この間、岸は軍に対しても、決して言いなりではなかった。岸の知識とヴィジョンは、総力戦体制を作り上げるために是非とも必要であった。そのために岸はしばしば軍部の意向に逆らったし、軍部の中枢は、この岸の立場を多としたのである。

岸における総動員体制は、官による完全な統制を目指すものではなかった。日産の移駐にしても、民間の経営技術の重要性を認識していたからであった。民間が生産の主体である、しかし、官の強力な指導があって、初めてその力は無駄なく発揮されると、岸は考えた。

ただ、岸が、総動員体制を推進することの是非について、大局的な判断を持っていたかどうかは、疑問である。たとえば昭和一一年の自動車製造事業法は、自動車国産のために岸が進めたものであった。吉田茂などは、当時の状況では、自動車国産は日本にとって利益にならないという観点からこの法律に反対だったが、そうした判断は、岸にはなかった。

また、東条内閣に列し、開戦の責任の一端を担った岸に比べ、吉田は何としても開戦は避けるべきだと考えた。そのためグルー米国大使に、国家機密を漏らすことも辞さなかった。ハル・ノートが来ても吉田は望みを捨てず、開戦前夜には、倒閣による開戦阻止まで考えた。国家の大計のために非常の決断を辞さない点で、吉田は岸より上であった。

しかし、岸もたんなるテクノクラートではなかった。東条内閣末期の昭和一九年七月、岸は危険を冒して徹底的に東条に抵抗し、ついに閣内不統一で内閣を倒したのである。また、その後も、翼賛政治会と対抗して護国同志会を結成するなど、岸は明らかに日本の運命に影響を及ぼそうと考えていた。まだ四七歳のことであった。

3

敗戦後、東条内閣の一員として、岸はA級戦犯容疑者として逮捕され、まもなく巣鴨プリズンに収容された。

巣鴨における岸の言動は、原彬久氏の著書に詳しい。岸は日本の戦争は自衛戦争だと考え、逮捕も裁判も不当だと考え、内外における共産主義の脅威を憂え、日本の運命を案じていた。以上は、巣鴨収監者にほぼ共通しており、岸だけにとくに変わった所はない。

一九四八年一二月、岸は出獄を許された。四八歳から五二歳へ、人生の最も脂の乗り切った三年余りを奪われたことが、いかに痛切な経験であったか、察するに余りある。

一九五二年四月、講和発効・追放解除とともに、岸は日本再建連盟を発足させた。しかし、同年秋の総選挙で再建連盟は惨敗する。岸自身は出馬しなかったが、ともかく大きな挫折だった。その後、岸は右派社会党入りを考えるが、これもうまくいかなかった。

一九五三年三月、議会が解散となると、弟の佐藤等の配慮で、岸は外遊先から自由党公認候補として立候補し、当選した。政治活動再開から一年、二度の挫折の後に、既成政党に入ったわけである。昭和一七年衆議院選挙、護国同志会、日本再建連盟、社会党入党計画と、岸は何度も国民運動に政治活動の基礎を置こうとしていた。岸が国民運動と社会主義に対して、かなり強い意識を持っていたことは確かである。

ともあれ、岸は通常の政界復帰を考えていなかった。その人脈と経験からして、岸が既成政党に入れば、政界の一角に有力な地位を占めることは容易だった。岸がその道を選ばなかったのは、岸が普通以上に大きな野心を持っていたからではないだろうか。

衆議院に議席を得て半年後の一一月、岸は四〇名余りの議員を集めた会合を開いた。実質的な岸派の発足であった。当時の第五次吉田内閣は、少数党内閣であり、多数の形成に苦慮していたので、岸の勢力は大いに目を引いた。

吉田の多数派工作は、やがて鳩山復党問題となり、その条件として、鳩山の改憲論を受け入れる姿勢を示すため、党内に憲法調査会が設置されることとなった。その会長に岸が就任することが決定された。一二月のことである。

その頃から、保守合同論が勢いを増してくる。自由党は、退勢を立て直すために、また改進党と日本自由党（鳩山擁立をめざし自由党を離党した八名）は、吉田退陣に向けて合同論を唱える。その中で岸は、一九五四年四月、石橋湛山や芦田均とともに、保守各党から代議士二〇〇名を集めた新党結成促進協議会を結成する。一一月、岸は自由党から除名されるが、逆に自由党内の岸派・鳩山派、改進党、日本自由党を糾合して、日本民主党の結成に進んだ。一二月、社会党の協力を得て、民主党は吉田内閣を倒し、鳩山内閣を発足させた。

民主党で幹事長に就任した岸は、一九五五年二月の総選挙で勝利し（一二四議席から一八五議席、自由党は一八〇議席から一一二議席へ）、さらに第二次保守合同を目指した。五月、岸は「独立完成に向けての諸政策を強力に推し進めるための保守結集」を唱えている。他方六月には、保守結集には合同のみならず、提携、連立など様々な方法があると言っている。本当の狙いはもちろん前者であるが、含みを持たせて反対論者を宥和しつつ、状況の推移を見守ることが、岸の得意とするところであり、「両岸」と言われる所以であった。

自由民主党は、ついに一九五五年一一月、成立する。人事が最大の難点であったが、党首は代行委員制とし（代行委員・鳩山・緒方・三木・大野）、総理は鳩山、幹事長が岸という布陣であった。岸の功績からして、当然のことと考えられた。

さて、この間の岸の動きの特徴をいくつか指摘しておきたい。第一に、岸の急速な台頭を可能にしたのは、商工省、商工大臣時代の人脈であり、金脈であろう。岸の統制は、民間の協力を得て行うものであったから、幅広く密接な経済界との関係があったのである。

第二に岸は、閣僚の地位には興味を持たなかった。戦前を別として、岸は石橋内閣外相になるまで、閣僚になっていない。閣僚の地位から得られる政策的な知識・経験と資金源などは、すでに十分だった。岸が狙ったのは、幹事長のような組織の要であり、政界再編成の要の地位であった。憲法調査会会長も、イデオロギー的な結節点の一つだった。

第三に、こういう地位にあって、岸は「両岸」と言われる情勢観望を行い、事態の推移を見守った。そして状況の読みは抜群だった。また岸の豊富な資金力は、こうした要の地位において最も有効に発揮されたのではないだろうか。

第四に、岸の目標は、保守合同に関して彼自身述べているとおり、真の日本再建のための根本的な施策と、そのための強力な体制の確立だったと見てよいように思われる。岸の予測能力が卓抜だったのは、このように目標がはっきりしていたからだと筆者は考える。

憲法改正、日米関係の対等化、アジアとの関係の密接化など、のちのち岸が追求する様々な政策において、岸はかなりの程度首尾一貫していた。吉田が敷いた日米機軸路線が、日本の発展の唯一の道であること、その枠内で以上の課題を実現すること、それが岸の政治的成功に繋がることであることを、岸ほど確信していた政治家は少なかった。時代の課題を最も適切に見通していて、それを貫く政治力を持っていたこと、それが彼の急速な台頭の理由であったと考える。

4

一九五六年一二月一四日、戦後政治史に名高い自民党総裁選挙が行われた。鳩山の次の総裁を目指し、岸・石橋・石井（光次郎）が争い、岸の優位が伝えられていたが、石井と二、三位連合を組んだ石橋が、第一回投票一位の岸を逆転し、七票差で総裁となった。

しかしその後の組閣で、岸はしたたかな対応を見せた。石橋からの入閣要請に対し、自分は党の半数の支持を得ており、党内結束のためなら入閣協力するが、論功行賞的な組閣（石井副総理を指す）には協力出来ないとした。ここに石橋は、石井副総理の構想を断念し、岸は副総理格の外相として入閣した。これが、岸内閣成立の大きな伏線となった。

翌五七年一月三一日、病気に倒れた石橋は岸を首相代理に指名し、三週間後、辞意を表明した。二月二五日、岸は首班に指名され、全閣僚留任のまま、岸内閣は発足した。

岸は組閣当初の心境を、「満を持してというわけではないが、淡々と始めた」と述べている。要するに、責任の重さに対する不安や、課題についての迷いはなかったわけで、実際は「満を持して」というのに近かったように思われる（岸信介・伊藤隆他『岸信介の回想』）。

総理大臣となった時、やはり岸は大きな野心を持っていたと、筆者は推測する。岸は東条内閣の一員として、日米開戦の決定に参加した。その結果は惨憺たる敗戦であった。明治以来の発展は失われ、産業は疲弊し、不本意な憲法を押しつけられ、真の独立の回復からは程遠いと、岸は考えた。自らの実力に満々たる自信を持ち、長州人として明治日本の建設に誇りを感じていた岸は、出来ることなら、自らの手で敗戦日本を根本的に立て直したいと考えたであろう。それによって、自らの汚名もすすがれることになる。

日本再建のためには、独立回復と経済復興の両方が必要だった。独立回復のためには、憲法を改正し、再軍備を行い、不平等な日米関係を是正し、アジアその他の諸国に対する自主外交を展開しなければならない。他方、経済復興はアメリカの協力なしにはありえない。岸から見れば、吉田は対米協調に偏し、鳩山は独立に偏していた。この二つ、独立回復と対米協調は両立可能だと岸は考え、そこに彼の政治的将来を賭けたのである。政治家として最も難しいことの一つは、課題の発見である。時代の要請と、社会の要請を見抜いて、それを自分の政治的未来といかに結び付けるか。この点で、岸に迷いはなかった。

以上の推測に、決定的な証拠はない。そもそも政治家の意図について、確実な証拠を探すのは不可能に近い。しかし、政界復帰以後の岸のあらゆる言動が、そういう方向を指示している。岸は日々の課題は悠々とこなし、それ以上の大きな目標に深い興味を持っていた。女婿の安倍晋太郎が、得意の経済で勝負するよう進言した時、首相というものはそういうものに力を注ぐものではないと答えたのは有名である。

岸の主要な努力は、周知の通り、日米安全保障条約の改定に向けられた。岸は首相時代の七割のエネルギーを安保に注いだと述べている。それは、最初からの計画ではなかっただろうし、事後的な合理化も入っているだろう。しかし、岸の熱意は事実であった。

一つのきっかけは、岸が首相臨時代理となる前日、一月三〇日に起こったジラード事件だった。薬莢拾いの農婦を射殺した米兵ジラードに対し、日本の世論は激昂した。二月マッカーサー大使が着任すると、岸は頻繁に大使と会って、信頼関係を築いていった。そして四月一〇日には、日米関係に関するメモを手渡し、大胆な政策転換なしには、日本における反米感情はさらに高まって、日米関係を弱体化させる恐れがあると論じた。

さらに一三日、岸は新たに二つのメモを準備し、具体的な提案を行った。その一つは、安全保障関係に関するメモであり、(1)明白な侵略がない限り、アメリカは在日・在極東米軍を使わないことを確認する、(2)安保条約を改正し、(a)米軍の配備と使用は日米の合意によるものとし、(b)安保条約と国連憲章との関係を明確にし、(c)条約を期限五年とする、(3)日本は防衛力増強を継続し、アメリカはこれとともに兵力を引き揚げる（陸軍は完全引き揚げ）という内容であった。またもう一つのメモでは、沖縄・小笠原の返還がうたわれていた。極めて大胆率直な提案だったと言ってよい（*Foreign Relations of the United States, 1955-57*, Vol.23, Part 1）。

さらに岸は、これに関連する政策を次々と打ち出した。五月二〇日には、「国防の基本方針」が閣議決定されている。短いものなので、全文を掲げてみよう。

国防の目的は、直接および間接の侵略を未然に防止し、万一侵略が行われる時はこれを排除し、もって民主主義を基調とするわが国の独立と平和を守ることにある。
　この目的を達成するための基本方針を次の通り定める。
1、国際連合の活動を支持し、国際間の協調を図り、世界平和の実現を期する。
2、民生を安定し、愛国心を高揚し、国家の安全を保障するに必要な基盤を確立する。
3、国力、国情に応じ自衛のため必要な限度において効率的な防衛力を漸進的に整備する。
4、外部からの侵略に対しては、将来、国際連合が有効にこれを阻止する機能を果たし得るに至るまでは、米国との安全保障体制を基調としてこれに対処する。

　この決定は、現在でも防衛白書に掲げられている。それは、民主主義、国際連合、国際協調を重視し、愛国心の高揚、漸進的な防衛力の向上を掲げ、日米安保体制への依拠を明言するなど、今日でも通用する内容だからである。ともあれ、鳩山時代の軍備は、その方向性が明確でなかったのに比べ、岸は日米機軸路線を明白に打ち出したのである。

　かつて一九五五年八月、重光葵外相は渡米してダレス国務長官と会い、安保条約の対等化を申し入れた。しかしダレスは、日本にそんな力があるのかと、これを一蹴し、同席した岸（幹事長）も、強い衝撃を受けた。日本の決意を明らかにした基本政策がなければ、ダレスを納得させることは難しいことを、岸は知っていたのであろう。

さて、この閣議決定を済ませたその日、岸は最初の外遊に出た。訪問先はビルマ（ミャンマー）、インド、パキスタン、セイロン（スリランカ）、タイ、台湾であった。

これらはいずれも、賠償問題がないか、一応解決済みの国々だった。とくに南アジア三カ国は、ネルーなど、日露戦争によってナショナリズムを喚起されたリーダーに率いられ、親日的だった。このような友好関係が確実な国々を、岸はまず外遊先に選んだ。

訪問の意図は明らかであった。これら諸国との関係の強化は、それ自体、重要な意義があったのみならず、同時に、アメリカに対する日本の立場を強化することであった。また岸は、アメリカの資本を、この地域に吸収し、この地域を発展させたいと考えていた。それが実現すれば、この地域は日本の有望な市場となるはずだった（樋渡由美「岸外交における東南アジアとアメリカ」）。

もう一つ挙げておけば、こうした外遊には、かなりの政治的得点が期待出来た。岸の前の総理大臣は、吉田、鳩山、石橋と、いずれも高齢か病弱か、その両方であった。それに比べ、岸は首相就任時六〇歳、その若さと活力を誇示することが出来たのである。

六月、この外遊から帰国した岸は、休むまもなく、アメリカを訪問した。そして「日米新時代」のスローガンの下に、日米関係の対等化をめざし、安保条約の見直しと沖縄・小笠原の返還を申し入れた。これに対し、アイゼンハワーは好意的に対応し、共同声明において、安保条約の問題点を検討するための委員会の設置などが合意された。

九月、藤山外相とマッカーサー大使の間で、安保条約と国連との関係に関する公文が交換され、在日米軍の行動は、国連憲章に合致するものであることが明らかにされた。四月一三日の岸のメモの一部が、早くも実現されたわけであった。

さて、一一月になると、岸は三度目の外遊に出発した。訪問国は、東南アジア七カ国とオーストラリア、ニュージーランドの九カ国であり、六月よりも難しい国々であった。フィリピン、オーストラリアの反日感情はとくに強く、インドネシアとの賠償は未解決だった。しかし、岸は率直に謝罪し、未来に向けての協力を呼びかけた。オーストラリアなどでは、事前の冷ややかな感情が一変し、諸外国でも岸の率直さと勇気を讃える新聞が多かった。インドネシアに対する賠償問題が原則的に解決されたのも、この時であった。

5

さて、次に岸の政治的基盤を検討したい。まず、党内基盤を考える指標として、岸内閣における党三役（副総裁がある時はこれを含めて四役）＋閣僚（当時まだ閣僚ではなかった官房長官や総務庁長官〈五七年設置〉を含む）を、派閥別に示した一覧表を掲げる。

岸内閣における主要役職の派閥別配分一覧

	岸	佐藤	石橋	石井	池田	河野	大野	三木	無派閥	その他	計
石橋内閣											
(56・12・23)	3	0	3	3	1	2	2	4	1	2	21
第1次岸内閣											
(57・2・25)	3	0	2	4	1	2	2	4	1	2	21
(石橋首相が辞任し、岸外相が首相兼外相、石井国務相入閣)											
(57・4・30)	(北海道開発庁長官病気交代、バランスに変化なし)										
(57・5・20)	(石井国務相、無任所から副総理へ)										
同改造内閣											
(57・7・10)	3	3	1	1	1	5	1	2	3	2	22
(実質的岸内閣発足)											
(57・8・1)	3	3	1	1	1	6	1	2	3	2	23
(総務庁設置のため)											
(57・12・30)	3	4	1	1	1	5	1	2	3	2	23
(総務会長河野派から佐藤栄作へ。砂田総務会長死去のため)											
第2次岸内閣											
(58・6・12)	7	5	0	1	1	1	1	1	1	4	22
(総選挙後の組閣)											

（59・1・12）	6	5	1	1	1	1	1	0	1	4	21
（池田・灘尾・三木の三閣僚辞任等にともなう閣僚・役員入れ替え）											
同改造内閣（59・6・18）	10	2	0	1	2	2	4	1	0	0	22

岸内閣は、当初、石橋内閣を踏襲していた。そして訪米後の内閣改造で、初めて実質的な岸内閣が出来た。注目されたのは、国会議員でない藤山愛一郎の外相就任であった。藤山は岸の古い盟友で、スポンサーでもあった。その藤山の後援に応え、さらにその協力を得て、また岸自身が自由に外交問題に取り組めるよう、考えられた人事だった。

大きな狙いの一つは、実力者の取り込みだった。次の実力者には、池田と河野、さらに実弟の佐藤がいた。岸は池田の入閣を求めたが、池田はこれを拒んだ。その結果、佐藤派と河野派がそれぞれ三ポスト増え、とくに河野派が五ポストを占める構成となった。

岸にとって、次に必要なのは、党内基盤確立のための総選挙だった。しかし反主流派が反対したため、岸が構想した一月解散は出来ず、四月解散となった。そして五月の総選挙では、自民党は二八七議席（解散前二九〇議席）を得て、勝利を収めた。

この時、社会党も一六六議席（解散前一五八議席）を得て、議席を増やしたが、勝利感はなかった。社会党はより多くの議席増を期待し、議席の過半数の候補者を擁立し、いわば単独政権を目指す姿勢で選挙に臨んだのであった（以後、過半数の候補者を擁立したことは一度もない）。ともあれ、この選挙は、五五年体制下の最初の衆院選であり、自民党が社会党の伸びを抑えて長期政権の基礎を固めた、極めて重要な選挙だったのである。

選挙後の改造で、岸は佐藤を蔵相に起用し、池田・三木を閣内に取り込んだうえ、主要ポスト一二のうち、一二を岸派と佐藤派で押さえた。また野党に対しては、圧倒的な信任を理由に、正副議長と常任委員長を自民党が独占するという高姿勢で臨んだ。

その頃、安保問題も煮詰まりつつあった。安保見直しには、条約の全面改定と、条約は改定せず、交換公文等で補足するという、二つの方法があった。このうち新条約は、効果は大きいが、アメリカ上院の批准など、手続き面の困難は大きいと考えられた。また、アメリカ側にはヴァンデンバーグ決議があって、相互性のない一方的な同盟条約を禁じているのに、日本では憲法上、海外派兵が難しいということが、大きな問題だった。

ところが、マッカーサー大使は五八年二月という早い段階で、新条約案を本省に示している。とくに難しいと考えられた条約の相互性の問題については、マッカーサーは、アメリカは日本を守り、日本は在日米軍を守るという形で、答えを出そうとしたのである。

マッカーサーがこの案を日本側に示唆したのは七月のことだった。条約改定を考えていなかった外務省は戸惑った。そして八月二五日、岸首相は、困難を乗り越えてこそ本格的な日米新時代が定着するとして、条約改正方式を明言し、外務省首脳部を驚かせた。

しかし、岸はかなり前からそのつもりだったのであろう。総選挙における勝利、組閣の成功、そしてマッカーサー大使の対応から、正攻法による決着を目指したのである。実益だけを確保して長期政権を目指すには、岸はあまりに野心的だった。

しかし、これが岸内閣の絶頂期だった。同年秋の臨時国会で、岸が突然導入を図った警察官職務執行法改正案は、戦前の警察国家への回帰を図るものだとして、野党の強い反対を引き起こした。反主流派も岸の強引さを批判し、岸は法案断念に追い込まれた。一二月末、池田・灘尾・三木の三閣僚は辞任して、内閣は大きな危機に遭遇することとなった。

国外では、中ソの安保改定反対が明らかになっていた。中国は五八年五月の長崎国旗事件以来、岸内閣批判を強めていたが、一一月、日本の中立を期待するとして安保改定を批判し、一二月、ソ連も同様の声明を発表した。

こうした情勢で、党内の態勢立て直しのため、岸が打った手は、三月予定の総裁選挙の繰り上げだった。池田も三木も、準備不足で立候補して惨敗することは、避けるはずだった。選挙は一月に行われ、反主流派からは松村謙三が立候補し、岸の三二〇票に対し、一六六票を集めたが、岸を脅かすことはなかった。

この時、岸は際どい手段を用いた。河野の要請により、大野伴睦副総裁の協力を確保するため、大野に次期政権を約束したのである。岸が書いた数枚の怪しげな念書の一つだった。

一月人事のもう一つの問題は、党役員人事であった。五七年七月以来の川島幹事長を更迭し、福田赳夫政務調査会長を幹事長に起用したのである。岸は福田を深く信任していたが、何といっても派内では新参であった。川島、椎名その他、古くからの岸の仲間には、不満が残った。これは、その後の岸派内部の不安定化をもたらす原因となった。

ともあれ、何とか混乱を乗り切った岸は、条約早期調印を目指した。自民党に対する支持は高かった。六月の参議院選挙では、三年前の五六年と比べ、自民党は六一議席から七一議席に増加し、社会党は四七議席から三八議席に減少するという大勝利だった。

しかし、党内の反対は収まらなかった。二月頃から、条約と密接な関連を持つ行政協定を大幅に改定せよと、池田・三木・河野が主張し始めたのである。岸がこれを受け入れて交渉を申し入れると、マッカーサー大使は激怒した。行政協定の現状維持が、暗黙の了解だったからである。しかし大使は交渉に応じ、交渉は六月末にかけてまとまった。岸の側にも、党内の異論を利用してなるべく有利にしようとする意図があったのかもしれない。

とくに目立ったのは、河野の揺さぶりだった。岸―大野密約を演出したのは河野だったし、以下に述べるような六月人事の際の態度から見て、河野に岸内閣を倒す意図があったとは思えない。しかし、一月の人事で総務会長を離れ、自由になっていた河野は、岸の河野に対する依存をさらに深めるため、揺さぶりをかけたということであろう。

さて、五九年六月、参院選後の内閣改造で、河野は幹事長のポストを要求した。河野と池田の二人が反岸になれば政権は維持できない、そして池田は反岸の姿勢を変えないだろう、したがって岸は折れる、というのが河野の計算だった。河野の要求を拒んだ岸に対し河野は、もし池田が駄目だったらもう一度相談してほしいと言ったといわれている。

ところが池田は、周辺の反対を押し切って、通産大臣として入閣することを決断した。これを聞いた河野陣営では呆然として声がなかったという。戦後政治史上の極めて重要な瞬間の一つだった。岸・佐藤・池田の三派が、安保改定で結束することになったのである。

保守本流という言葉がかつてよく使われた。その定義は明確ではないが、党人派に対する官僚派、とくに吉田茂につながる官僚系勢力を漠然と指すことが多かった。しかし筆者は、保守本流とは、外交で定義すべきものだと考える。吉田茂によって敷かれた日米協調路線が保守本流の本質で、官僚出身、吉田茂との関係などは、二次的だと考える。また、経済重視型の対米協調か、安保重視型の対米協調かという違いも、二次的である。それはアメリカの政権の性格や、国際環境にもよることだからである。

要するに、保守本流とは、日米協調路線の維持推進をはかる勢力であると定義すると、もっとも一貫した説明が可能だと考える。そして、その確立が、五九年六月だった。吉田路線と岸路線が融合して、自民党の中枢は日米協調＝保守本流で貫かれたのである。

なお、吉田は当初、岸の条約改定構想に冷淡だった。対等とか自主とかいうのは国際的相互依存の時代に相応しくないことだとし、アメリカの日本防衛義務など、形式論に過ぎないと考えていた（北岡「吉田茂における自主と独立」）。

しかし、アメリカが条約改定に応じた以上、吉田も反対するわけにはいかなかった。吉田は岸の次に池田内閣を望んでいたが、池田が日米協調を批判する形で組閣することは避けたかった。安保改定を支持する形で政権を取ることが必要だった。したがって、六月人事で岸が河野と決裂したことは、絶好のチャンスだった。池田の入閣決断には、吉田の影響もあったかもしれない。実際、吉田の岸に対する対応は、これ以後、協力的になる。

その逆に、河野は安保条約批判を続けた。三木ほどではないにせよ、事前協議における日本の拒否権の明確化や、条約の範囲からの沖縄・小笠原の除外など、難問を岸に突きつけた。警職法がなければ、条約調印は五八年末には可能だったし、行政協定問題がなければ、五九年の二、三月には可能だった。そして行政協定問題も、六月末にはまとまっていたが、党内の事情で、さらに交渉は遅れた。

五九年一〇月になってようやく党内調整を終えた岸は、六〇年一月、渡米して条約に調印した。帰国後、岸は解散・総選挙を考えたが、川島幹事長を含め、党内の反対が強く、解散は断念した。もし総選挙が行われていたら、自民党は勝利し、新条約は比較的簡単に国会を通過し、アイゼンハワー大統領は来日し、岸内閣はさらに続いただろう。それゆえに、反岸勢力は解散には絶対反対であり、岸派内部も微妙であったわけである。

その後の混乱はよく知られている。条約審議は、社会党の抵抗によって停滞し、院外の反対活動も盛んだった。追い込まれた岸は、五月一九日、警察官を導入して、会期延長と安保条約批准を強行採決した。川島幹事長ですら、会期延長採決しか知らなかったほど、少数の側近による極秘の決定であった。

周知の通り、強行採決は院外の反対運動を空前のものとした。以後、国会は完全に麻痺し、岸は一カ月間、条約の自動承認だけを待ち続けた。一カ月後、条約は批准されたが、六月一五日の東大生死亡事件によって、さらに学生運動は高まり、アイゼンハワー大統領の訪日が難しくなった。二二日、訪日中止を決定して、岸は辞職を決意した。

6

岸が極めて有能な政治家だったことは間違いない。吉田は安保改定は不要と考えたが、ジラード事件等を見ると、旧条約のままでは、日米関係は危機に瀕したかもしれない。

ここに岸は着目し、自らの政治的成功を賭けた。その行動は大胆かつ迅速だった。マッカーサー大使に対し、早期に根本的な問題を提起したのも、全面改定を決断したのも、岸だった。日米関係を念頭に置いた対アジア・オセアニア外交も、鮮やかだった。

本論では触れなかったが、中小企業の育成や、国民年金法の実現も、大きな功績だったし、所得倍増計画に着手したのも、岸だった。

岸の権力基盤も強かった。財界からの支持も厚かったし、党内の半数近い支持を集めるのは岸にとってそれほど難事ではなかった。

このような力と完璧さゆえに、岸は多くの反対を招いた。外では中国であり、国内では社会党であり、院外の大衆運動であった。そして何よりも難しかったのは、党内反主流派の動きであり、派内の不統一であった。

岸は、当時の日本の政治文化の中にあっては、あまりに完璧主義であり、あまりに直截でありすぎたのだろう。もし、条約全面改定を目指さなければ、もっと内閣は続き、他にも多くの仕事が出来ただろう。人事を岸派・佐藤派で固めたり、派内で福田を重用したりし過ぎなければ、より多くの協力を確保出来ただろう。もし、条約批准直後のアイク訪日で日米新時代を祝おうとしなければ、総選挙も可能だったし、議会での強引な戦術も避けられたかもしれない。あまりにも完璧な構想が、多くの点で躓《つまず》きの石となったのである。

佐藤という実力者を弟に持ったことも、難しい問題をはらんでいた。自民党では、自派以外に協力的な派閥が二つ以上あって、初めて安定多数が得られる。そのためには、他の派閥が、総裁に対して忠誠競争をしてくれることが望ましい。ところが、岸の場合、佐藤との関係が密接すぎて、他の派閥は接近しにくかった。河野にしても池田にしても、岸に密着しても、重要度において、所詮第三派閥にしかなれないのである。

仮に河野が泥をかぶって岸に協力したとしよう。それは岸の延命を助け、河野が不要になったとたん、岸は河野を捨てて池田に乗り換えるかもしれなかった。実際、岸にはそうした酷薄な印象があった。河野が五九年になってから、岸に揺さぶりをかけ、六月に執拗に幹事長の地位を求めたのは、そうした運命を予感したからだったのではないだろうか。もし、佐藤がいなければ、岸はいったん他のリーダーに政権を託し、また復帰するということを考えることも可能だった。しかし岸としては、佐藤を置いて二度総理をやるわけにはいかなかった。岸が政権を去る時は、政界の表舞台から去る時だった。

外交問題を政争の具にしてはならない、といわれるが、当時、まだそれは自明ではなかった。しかもそれは、結局は強者の論理である。弱者は外交問題も使って権力者に揺さぶりをかける。行き過ぎると、それは彼の権力掌握にマイナスに作用する。岸は、吉田外交の転換への期待と、親米外交の継続とを巧みにつなぎ合わせることに成功した。河野はそれに失敗した。しかし、そうした河野の猪突猛進が、岸の致命傷となった。

岸は条約を改定して退き、二度と政界の表舞台に復帰出来なかった。しかし、岸内閣の遺産と教訓は、自民党政権の中に深く受け継がれた。岸が残した最大の遺産は、日米協調の基礎を再確立したことであり、国内的には、保守本流を確立したことであった。日米協調路線は、事実上、自民党総裁の条件となったのである。

他方、岸の直截的手法が失敗したことから、後の自民党総裁たちは、党内外におけるコンセンサスを重視するようになった。党内においては、派閥均衡人事を中心とする派閥政治が発展し、野党に対しては、対決的争点や対決的姿勢を避けるようになった。国対政治は、その結果生まれたものと言うことが出来る。

岸はじっくり時間をかけてものごとを進めていくには、先が見えすぎたのであろう。その失敗を教訓に、池田と佐藤は自民党の黄金時代を築いた。五五年体制は、岸の後に、新たなものに変質する。それを私はかつて六〇年体制と呼んだ（北岡「包括政党の合理化」）。安保改定における岸の遺産と教訓が、自民党長期政権を可能とした。保守合同において果たした役割を併せ考えれば、岸は自民党長期政権の生みの親と言っても過言ではない。しかしその長期政権は、憲法改正を含む日本の根本的な再建という岸の目標に、決して取り組もうとはしなかった。そのことに、複雑な感情を抱きつつ、岸は長すぎる晩年を過ごさなければならなかったのである。

文献リスト

石井修『冷戦と日米関係』（一九八九年、ジャパン・タイムズ）
伊藤隆・岸信介・矢次一夫『岸信介の回想』（一九八一年、文藝春秋）
岸信介『岸信介回顧録』（一九八三年、広済堂）
北岡伸一「包括政党の合理化」、北岡『国際化時代の政治指導』（一九九〇年、中央公論社）
北岡伸一「吉田茂における戦前と戦後」、近代日本研究会編『年報近代日本研究16・戦後外交の形成』（一九九四年、山川出版社）
北岡伸一「吉田茂における自主と独立」、北岡『政党政治の再生―戦後政治の形成と崩壊』（一

九九五年、中央公論社)
高坂正堯「吉田茂以後」、高坂『宰相吉田茂』(一九六八年、中央公論社)
河野康子『沖縄返還をめぐる政治と外交』(一九九四年、東京大学出版会)
坂本一哉『日米同盟の絆―安保条約と相互性の模索』(二〇〇〇年、有斐閣)
坂元一哉「重光訪米と安保改定構想の挫折」、『三重大学社会科学学会法経論集』第一〇巻第二号(一九九二年)
坂元一哉「岸首相と安保改定の決断」、『阪大法学』第四五巻第一号(一九九五年六月)
東郷文彦『日米外交三十年』(一九八九年、中央公論社、原刊は一九八二年)
波多野澄雄「『東南アジア開発』をめぐる日・米・英関係」、近代日本研究会編『年報近代日本研究16・戦後外交の形成』(一九九四年、山川出版社)
原彬久『戦後日本と国際政治―安保改定の政治力学』(一九八八年、中央公論社)
原彬久『日米関係の構図―安保改定を検証する』(一九九一年、日本放送出版協会)
原彬久『岸信介』(一九九五年、岩波書店)
樋渡由美「岸外交における東南アジアとアメリカ」、近代日本研究会編『年報近代日本研究11・協調政策の限界―日米関係史一九〇五～一九六〇年』(一九八九年、山川出版社)
樋渡由美『戦後政治と日米関係』(一九九〇年、東京大学出版会)
山田栄三『正伝佐藤栄作』上下(一九八八年、新潮社)
吉田茂記念事業財団編『吉田茂書簡』(一九九四年、中央公論社)
United States Department of State, Foreign Relations of the United States, 1955-1957, Vol.23,

Government Printing Office, 1991.

United States Department of State, Foreign Relations of the United States, 1958–1960, Vol.18, Government Printing Office, 1994.

池田勇人――「経済の時代」を創った男
Ikeda Hayato

(1899〜1965)

在職期間
S35.7.19〜12.8
S35.12.8〜S38.12.9
S38.12.9〜S39.11.9

中村隆英
(東京大学名誉教授)

1

池田内閣といえば、誰もが「所得倍増計画」を思い浮かべるであろう。昭和三五（一九六〇）年七月一九日、首相となった池田は、倍増計画を一枚看板として一一月の総選挙を戦い、自民党に勝利をもたらした。この時、社会党をはじめ野党もそれぞれの経済計画を掲げて対抗し、選挙は計画成長率競争の観を呈した。国論を二分した安保条約改定闘争のささくれだった対立の空気は一変して、「所得倍増」、「経済成長」のバラ色の期待に置きかえられた。それが池田の狙いであった。池田は「政治の時代」を「経済の時代」に変貌させたうえ、国際化の時代を代表する首相として名を留めたのである。

まず、池田の経歴をたどってみよう。池田勇人は、明治三二年、広島県豊田郡吉名村（現竹原市）に生まれた。父親は郵便局長で酒造家であるが、分家だったので、常食は麦飯だったという。忠海中学を経て、熊本の五高に入学。旧制高校時代は、月に一〇〇円の送金があって、友達を集めてはよく遊んだ。大学は京大法学部。東大でなく、京大を選んだ理由ははっきりしない。大正一四年大蔵省に入って、昭和四年、宇都宮税務署長になったが、このころ天疱瘡《てんぽうそう》という難病にかかり、五年間の闘病生活を送る。身体中からウミが出て痒くてたまらず、自殺をさえ考えた。昭和二年に結婚した夫人は看病疲れで亡くなる。大蔵省は休職になっていたが、同七年に退職。昭和九年、病気が癒って、日立製作所に就職がきまったが、同期の友人たちのとりなしで大蔵省に復職し、大阪玉造税務署長に返り咲いた。

以後再婚し、熊本税務監督局直税部長を経て、本省の主税局にもどり、一四年主税局経理課長、一六年一二月九日、国税課長になる。太平洋戦争開戦の翌日、はじめて大蔵省本流の中枢に坐ったのである。「大蔵大臣になったときよりもうれしかった」と、池田は後年述懐した。「おれは税金さえ取れば国のためになると思っていたんだ」そうである（伊藤昌哉『池田勇人―その生と死』至誠堂、改題『池田勇人とその時代』朝日新聞社）。太平洋戦争末期には東京財務局長を経て主税局長、終戦後もその位置にとどまり、二二年二月、石橋湛山蔵相のもとで次官となった。池田が政界入りを希望していることを知った石橋の配慮であった。池田は石橋の恩義を思い、三一年一二月、石橋の自民党総裁選挙に際しては、応援に全力を尽くした。吉田茂と池田とは師匠と弟子の関係であるが、石橋との縁も深く、石橋は池田を自分の「経済政策の弟子」と称していたのである（『池田勇人先生を偲ぶ』松浦周太郎・志賀健次郎）。

一年で次官を辞めたあと、郷里広島で民主自由党から立候補した池田は、最高点で当選して初陣を飾った。この時の選挙演説は、数字だらけで一向面白くないものだったが、両親が旧政友会の望月圭介の熱心な後援者だった関係でその地盤を引きつぎ、比較的楽な選挙であった。一年生代議士の池田を待っていたのは第三次吉田内閣の大蔵大臣の椅子であった。吉田茂は党内に人材が乏しいところから、官僚出身者を登用し、第二次内閣では佐藤栄作を官房長官としたが、こんどは親友宮島清次郎の口頭試問に合格した池田を抜擢したのである。

棚からぼた餅の幸運ではあったが、二四年二月、大臣就任と時を同じくして、占領軍総司令官の経済顧問として、デトロイト銀行頭取ジョセフ・ドッジが来日した。冷戦が激化する国際環境のもとで、対日政策を転換し、民主化よりも復興を早めて反共の砦とするともに、アメリカの対日援助を削減しようとする大方針（NSC13／2）が樹立されたのは二三年一〇月であったが、ドッジはトルーマン大統領の特命を受けて、日本経済の復興を指導するために派遣されたのである。生粋の自由経済論者であったドッジの方針は、厳格な均衡予算、補助金と価格統制の廃止、復興金融金庫の新規貸し出しの停止という三つの政策によって、インフレーションにとどめを刺し、戦時以来の経済統制を打ち切って自由競争を復活させ、対米ドル三六〇円の為替相場を設定して国際経済への復帰の基準を定めようとするものであった。

池田蔵相の初仕事はこの頑固親父と折衝して、民自党の選挙公約だった減税を実現することであったが、ドッジは手厳しくはねつけた。身を粉にして働き、インフレを抑制し、勤倹貯蓄する以外に、敗戦国が立ち直る道はあるはずがない、甘えるな。公約全滅、内外の非難を浴びて、池田はすっかりしょげてしまい、「大臣をやめたい」と愚痴をいうようになり、秘書官宮沢喜一を相手に、酒で気分をまぎらすようになった。これをかばい、ドッジの方針を是認したのが吉田首相であった。池田は吉田の庇護のもとで、ドッジの作成した二四年度予算を、なんとか成立させた。その後、池田はドッジの方針に忠実に、均衡財政を実施していったし、ドッジも池田を信頼するようになった。ドッジ・ラインのもとでの不況は深刻化したが、ドッジは一切方針の変更を認めなかった。袋小路に追い詰められたような不況のもとで、二五年六月、朝鮮戦争が勃発し、景気は一転して好況に向かったのである。

その直前の二五年三月、池田は吉田の密命を受けて、宮沢秘書官と首相の特使白洲次郎を伴って訪米した。表面は二五年度予算編成にあたり、ドッジの指示を受けるためとされていたが、実際は講和後の米軍駐留を認めてもいいという吉田の意向を、ドッジを通じてワシントンに直接伝えるという使命を帯びていた。ドッジの配慮で、総司令部を刺激しないように、昼間は各省や銀行を見学し、減税や見返り資金（援助物資の売り上げの積立金）の使用などの協議は夜間に行われた。二五年度予算の骨格も、池田と宮沢の二人で作られた。この旅行は旅費も乏しく、辛いものであった。帰国してみれば、総司令部の頭越しにワシントンと折衝したことで総司令部の不興を買い、訪問しても面会を拒否される始末であった。敗戦国、被占領国の悲哀である。

池田の放言、ないし失言が論議を呼ぶようになったのもこのころからのことである。渡米直前の三月一日の記者会見で「三月危機」をめぐって、中小企業が倒産し、自殺者が出るのもしかたがないととられかねない発言をした。「大きな政策の前に多少の犠牲が出るのは止むを得ぬ」というのである。翌二日の国会でも池田は「経済の整理過程では不況のため破産する者があるのはやむを得ない。当分はいばらの道をゆかねばならない」と発言して、野党から抗議文をつきつけられた。

同年一二月、労農党の木村禧八郎の米価引き上げをめぐる質問に答えた池田は、また失言した。戦前にくらべて米麦の価格差が縮小している、そこで所得の大小にかかわらず、皆が米麦を同じ割合で食べている。「私は所得に応じて、所得の少ない人は麦を多く食う、所得の多い人は米を食うというような、経済の原則に沿ったほうへもって行きたい」。これが新聞の見出しになって、「貧乏人は麦を食え」に化けたのである。

この二回は騒がれただけですんだが、昭和二七年一一月の失言では、与党のなかから造反組がでて、池田に対する不信任案が可決され、辞任を余儀なくされた。加藤勘十に質問された池田通産相は、さきの中小企業失言にふれて次のように答えた。「私の心境は、インフレ経済から安定経済へ参りますときに、ヤミその他の正常ならざる経済原則《マヽ》により、よからぬことをやったときに、倒産をし、倒産から思いあまって自殺するようなことがあってお気の毒でございますが、やむをえないとはっきり申し上げます」。はっきりしすぎて、これではクビを取られても仕方があるまい（以上三つの失言は、塩口喜乙『聞書池田勇人』朝日新聞社、から引用)。

おりから講和発効後で、鳩山一郎、石橋湛山ら追放解除組が復帰して、自由党内が分裂していたのである。反吉田の急先鋒で、党を除名されていた石橋は、もちろん不信任案に賛成した。

以上三回の放言、ないし失言をたどってみると、いずれも、慎重さに欠けた、正直すぎる発言だったことは間違いない。経済の論理からみれば当然のことをいっただけだが、建て前と人情を重んずる日本の国会で、大臣が口にすべき言葉ではない。「池田は嘘を申しません」というのは、池田の得意のセリフであったが、元来ぶっきらぼうなうえ、酒が過ぎた翌日にはつい口が滑るというクセもあったようである。

通産大臣を辞めてまもなく、池田は自由党政務調査会長に復活する。吉田の信頼は厚かったのである。二八年一〇月には、首相特使として訪米し、国務次官補(極東担当)ロバートソンと会談する。日本再軍備の規模がその主題であった。朝鮮戦争以来、アメリカは日本に再軍備を要求し、吉田は憲法第九条を盾にその規模を最低限に抑えようとして、交渉が繰り返されてきた。池田の渡米は、MSA(相互防衛援助協定等の四協定)受け入れと関連して、再軍備の規模を交渉するためであった。アメリカ側が地上軍一〇個師団、三〇万人以上を要求したのに対して、池田は各種の制約の存在を強調して、三一年までに地上軍一八万を整備することを約束したが、それ以上には譲歩しなかった。そのためMSA

済復興という路線に立っていたのである。

援助も五〇〇〇万ドルと小規模な水準にとどまったのである。スターリンの死と雪解けのおかげもあって、アメリカの再軍備要求は以後はやかましくなくなった。池田も、本心では再軍備反対ではなく、核武装さえ考えていたといわれるが、吉田の方針通り、まずは経済復興という路線に立っていたのである。

国内政治に眼を転ずれば、重光葵《まもる》を党首とする改進党、鳩山一郎らの党内反主流派、三木武吉、河野一郎らの日本自由党が、吉田政権の打倒をめざしていた。二八年五月、吉田は緒方竹虎を副総理として迎え、第五次吉田内閣を組織し、翌二九年七月に池田を幹事長に据えた。この年の四月、造船疑獄のため、幹事長佐藤栄作が逮捕許諾を求められそうになり、犬養健法相が指揮権を発動して辛うじて逮捕を免れる問題が発生した。佐藤は政治資金規正法違反の容疑で起訴されたが、池田は噂にのぼっただけで起訴を免れた。池田は困難を覚悟で幹事長になった。池田が幹事長になった七月には、新党準備会ができて、反吉田の急先鋒になったのは岸信介と石橋湛山であった。吉田が外遊した留守中、池田は幹事長として両者を除名した。吉田が帰国した一一月二四日、鳩山を総裁とする日本民主党が結成され、内閣不信任案が提出されて、通過は必至の情勢となった。吉田は直ちに解散を決意したが、解散に賛成したのは池田と佐藤だけであった。吉田は総辞職論の緒方らを罷免すると息巻いたが、結局総辞職を余儀なくされた。池田は最後まで吉田学校の優等生の役割を果たしたのである。

2

池田通産大臣の不信任案が通過したその夜、小山長規と奥村又十郎は信濃町の池田邸を慰問して、池田を囲む同志の会を作ることを誓った。この両名に藤枝泉介、小川平二、内田常雄、佐久間徹を加えた六名が「経済研究会」をつくったのが池田派の源流になった。小山らは前尾繁三郎、大平正芳、宮沢喜一らが側近にいたことを知らなかったのである。

鳩山時代は、ちょうど二年つづいた。その間池田は反主流派として自由党に属し、保守合同後は自由民主党に隠然たる勢力を保持していた。かつての吉田派は池田派と佐藤派に分かれたが、昭和三三年当時、池田派は岸派の六〇名に次ぐ第二位で四七名、以下佐藤派三七名、大野派二九名。大派閥維持の資金は、主として財界主流からの献金でまかなわれたのであろう。

鳩山の引退とともに、岸、石井光次郎、石橋湛山の三名が総裁選に出馬した。池田は自由党以来の縁で石井の応援に廻ると思われていたが、実際には、石橋を支持したらしい。それまで、池田は次官に抜擢されたときの恩義を感じながら、吉田と鳩山・石橋の確執のために、幹事長として、石橋を二度も除名したし、石橋も二度池田に不信任票を投じた。池田はのちに石橋を除名したのを名誉として、演説してまわっていたらしい。「律義者の反面、そんな滑稽味もある人だった」と石橋は回想している。池田が石橋をかついだために、石橋は二位になり、二、三位連合で岸を破って首相の座をかちえたのである。

石橋は組閣に当たり、反対を押し切って池田を蔵相とした。鳩山時代の一万田蔵相が一兆円予算にこだわり、消極政策をつづけていたのと反対に、石橋―池田は一千億減税・一千億施策を旗印に、積極財政を掲げて登場したのである。不幸にも石橋は、間もなく病に倒れて、わずか二カ月で退陣しなくてはならなくなった。後を襲った岸信介は、石橋内閣をそのまま引き継ぎ、池田も一年あまり留任したが、三三年六月、経済企画庁長官への横すべりを断って野に下る決意をし、乞われて無任所相として閣内に残った。吉田茂は、大きな鯛に「百五十点、御祝申上候」と名刺を添えて送ってきた。

当時の自民党の派閥は八個師団といわれ、岸、佐藤、大野、河野の主流派と、池田、石井、三木・松村、石橋の反主流派が対抗していた。安保条約改定に執念を燃やしていた岸は、池田を敵にしないように気を遣っていたのである。ところが、安保改定の準備としての警察官職務執行法（警職法）改正案が、三三年一〇月、突如提出された。安保改定にあたり、治安維持のために、警官が犯罪がおこる前から予防措置を講ずることができるようにしておきたいというのであった。与野党は激突し、法案はついに廃案に終わった。同年末、池田は、三木武夫、灘尾弘吉とともに、岸とは政治姿勢を異にするとの理由で、閣僚を辞任して、はっきり反主流派にまわる。岸が大野伴睦を招き、次の首相を約束して念書を書いたのは、三四年一月のことである。

池田の胸中に「所得倍増」の構想が芽生えたのは、このころだったかと思われる。日本経済は、昭和二〇年代から三〇年代にかけて、年率一〇パーセントの急成長をつづけていた。その意味を洞察して、日本経済は歴史的勃興期にあるという見解を示したのは、大蔵省の下村治であった。下村は、池田派の事務所「宏池会」で高橋亀吉、森永貞一郎、平田敬一郎らと勉強会を開いていたから、その考え方は池田に伝えられていたものと思われる。三四年二月、広島の選挙区に帰ったとき、池田は一〇年たてば皆さんの月給も倍になるという「月給二倍論」をぶち上げた。その発想の素材は、中山伊知郎教授の小文「賃金二倍を提唱」（読売新聞、三四年一月三日）だったそうである。貯蓄がふえれば設備投資が伸び、生産が増加して所得が増える。そのメカニズムが働けば、一〇年で月給は二倍になる。政府のなすべきことは減税と公共投資と、発展についていけない人のための社会保障だ。これが「所得倍増計画」の原型であった。池田は自分の一枚看板を発見したのである。その論拠や数字は、やがて宏池会の機関誌『進路』に掲載された。

三四年六月の岸内閣の改造に当たり、池田は、岸に乞われるままに、側近の反対を押し切って、通産大臣として入閣した。岸は河野一郎の入閣を求めたが、河野が幹事長を要求したために決裂し、反主流派の池田にお鉢がまわってきたのである。半年前に喧嘩別れをしたばかりなのに、入閣するのは筋が通らないけれども、池田は通産相として「月給二倍論」を実現したい気持ちだったのであろう。それが、池田内閣への道を切り拓いたのである。

岸内閣は安保改定に全力を傾けた。三五年一月一九日、岸は訪米して新条約に調印し、六月一九日にアイゼンハワー大統領が訪日する約束を取り付けたが、その日に東京で批准書を交換できるように、その前日までに国会で条約を通過させる必要に迫られた。そのための強引な強行採決の結果、民主主義の危機を叫ぶ声が急に高くなり、安保闘争が盛り上がって、国会は連日デモ隊に取り巻かれるに至り、東大生樺美智子の死をみるにおよんで、反対運動は頂点に達した。岸は、アイク訪日の延期を要請し、六月二三日に批准書の交換をすませると、退陣を表明した。

池田は、即時立候補を決意した。側近の大平正芳が、こんな時期に出て傷がつくといけない、いったん石井にでもなってもらったらどうですか、といった時、池田は「君はそう言うが、おれの目には政権というものが見えるんだよ。おれの前には政権があるんだ」と答えた。秘書官だった伊藤昌哉が、「総理になったら何をなさいますか」と訊ねたら、「それは経済政策しかないじゃないか。所得倍増でいくんだ」という答えが返ってきた。伊藤はいう。「安保騒動で暗くなった人心を所得倍増で明るくきりかえてしまう、これがチェンジ・オブ・ペースであり、本当の人心一新だ。新総裁、新政策である。池田は、満々たる自信と、俺以外にはないという使命感にあふれていた」(伊藤、前掲書)。

総裁選には、石井、大野、藤山、松村が立った。公選予定日の七月一三日が近づくと、いつもの総裁選の例に洩れず、実弾乱れ飛び、議員や地方代議員をホテルに缶詰にする始末になった。池田派の陣容は「代議員工作が前尾、裏方が大平、票よみ作戦参謀が大橋（武夫）、各派対策が鈴木善幸」。池田は細かいことにはかかわらず、朝ホテルに行き、五時には帰宅というペースで生活する。選挙は一日ずれて七月一四日になったが、第一回投票は池田二四六票、石井一九六票、藤山四九票。決選投票では池田三〇二票、石井一九四票。党人派は一三日朝になって大野が辞退して、石井に票を集めようとしたが、池田支持にまわった岸・佐藤派の切り崩しにあい、敗れたといっている。また、池田派が使った金は、七億とも一〇億ともいわれる。いずれにせよ、保守本流の名のもとに財界主流の支持をえた池田は、総理総裁の座をかちえたのである。

3

七月一九日に成立した池田内閣は、大平を官房長官、水田三喜男を蔵相、小坂善太郎を外相、石井光次郎を通産相、石田博英を労相、幹事長には益谷秀次を据えて発足した。石田を労相に迎えたのは、折から激化していた三池争議を早急に解決するべきだという日清紡の桜田武の進言のためであった。実際、当時の新聞は、年初以来の血なまぐさい争議の記事で充たされていた。この「最後の階級闘争」といわれた大争議が、組合側の敗北によって決着したのは同年一一月のことであった。

首相になった池田は、各方面からの忠告もあって、とかく批判のあった官僚的で尊大な態度を一変させるために努力した。内閣は「寛容と忍耐」をモットーにし、「低姿勢」が彼自身の信条になった。眼鏡の枠も、鉄ぶちから銀ぶちにかえ、背広はダブルが多かったのをすべてシングルにそろえ、待合には行かない、ゴルフもやめると宣言した。首相になった当座は、シングルの夏服がなく、暑いのに合服を着ていた。茶屋酒とゴルフが大好きだった池田は、秘書官の伊藤に「総理をやめたら待合のおかみを全部集めて宴会をやろう」とか、「ゴルフ大会をしよう」とか、よく言っていた。庶民らしい生活スタイルを保つのは、ずいぶん辛かったらしい。

一枚看板になる「所得倍増」計画は、岸内閣の時代の昭和三四年から、経済企画庁計画局で構想が立てられ、三四年秋には経済審議会に正式諮問され、実際の作業は安保闘争のピークのころにはじまっていた。池田内閣は、一一月に予定される総選挙のさいの目玉商品とするためにその策定をいそぎ、九月五日には全文が公表された。政府の正式の経済計画としては、昭和三一、三二年に次ぐ三度目の計画である。その特色は、一〇年間に実質国民総生産（GNP）を二倍にするという目標が先にきまり、すべての数字も政策もそれに合わせてつくられた点にあった。月給二倍論がGNP二倍論にすりかえられたとか、数字が整合していないとか、批判はいくらでもできよう。しかし、筆者は、昭和二〇年代から続いている経済成長が、復興に伴う一時的なものではなく、日本経済に内在する成長力のあらわれであることを見抜き、政府が先頭に立って、国民に高度成長を呼びかけたところに、「倍増計画」の基本性格があったと考える。国民の多くが膚《はだ》で感じていた成長への期待は、この計画によって公式に認められた。それゆえに、経済界はもちろん、労働者もサラリーマンも、計画に共感し、奮い立った。池田の読みは当たったのである。

さて、計画の内容についてもう少しふれておくことにしよう。一〇年間で実質GNPを倍増させる──年成長率七・二パーセント──という目標は、世間では非常に高いと思われたようだが、一〇パーセントに達していた当時の実際の平均成長率よりはるかに低いものであった。池田はそれが不満で、昭和三七、八年までは、戦後のベビーブームの時期に生まれた世代が労働市場に参入することを考え、計画当初の三年間の成長率を九パーセントに引き上げることにした。成長への期待はさらに高まった。

「倍増計画」は、大筋において、成長が実現したときに何が起こるかを予見していた。高成長は人口の農村から工業地帯への大移動をもたらすだろう。重化学工業化はさらに進行するだろう。そのために設備投資は急テンポで増大するに違いない。そのためにも道路、港湾、鉄道、電信電話などインフラストラクチュアの充実が不可欠である。技術者や医療関係者などを養成する教育機関と、進学熱の高まりに応えるための高校の増設も急務である。このような予想と政策主張は的中した。「所得倍増」は、国民の期待に応えたのである。

「所得倍増計画」がブームを巻き起こした結果、来るべき総選挙の争点は、経済成長にしぼられることになった。安保闘争で岸内閣を追いつめた社会党も、苦手の経済成長論を受けて立たざるをえなくなった。社会党は、四年間で国民所得を一・五倍にするという構想を打ち出して対抗したのである。野党を自分の土俵に引き込んだこと自体が、池田の戦術的成功だったといえよう。社会党は、「倍増計画」において、農村からの人口流出が想定されているのは農民クビ切り論だとか、折から進められていた貿易自由化政策は、農業や中小企業を脅かすものだというような論理で自民党を攻撃したが、迫力に乏しかったのは否めない。

政治的にみれば、「倍増計画」は、対立の空気を成長一色に塗りかえ、安保闘争の悪夢を一掃した点で成功であった。けれども、専門的にみれば、期限に追われた粗製品だったこともたしかである。まず、この計画は、物価についての考慮が全くなく、一〇年間すべての物価は一定という非現実的な前提に立っていた。そのために、ブームのなかで消費者物価の急騰が目立ちはじめたとき、所得倍増ではなく物価倍増だと批判されることになった。実質GNPの成長率は年率七・二パーセントとなっていたが、各産業の代表者たちを集めてつくられた鉱工業生産指数の成長率は、あらゆる産業の強気を反映して、年率一一パーセントに達した。そうすると農業や第三次産業の成長率は異常に低くないと辻褄が合わないことになるが、その矛盾は無視されたのである。当時の経済学界では、ハロッド・

ドーマーモデルといわれるマクロ経済成長論が流行していたが、倍増計画の理論的根拠はそれだけであったから、以上のような難点が生じたのである。しかし、計画が発表された当時には、こうした問題点に気づいたものはほとんどいなかった。

「倍増計画」発表直後の九月七日、池田は記者会見を行い、満々たる自信を示した。このときの発言の一部を引用しておこう。

「政治とは国民生活を引き上げ、社会保障を充実することである。一〇年間に国民所得を倍にするには、一年に七・二％の経済成長が必要だという計算になるが、私は所得倍増を一〇年以内にやると言っているのだ。過去五年間を見ても、成長率は九％をこえている。これから見て、今後九％と見積ってなぜ悪いか。……過去の政府は低目低目に見ていたが、税の自然増収が一〇〇〇億円も出るのは予算ではない」

貿易自由化について。「(手持ち外貨は)一五億六〇〇〇万ドルもある。外貨準備の手持ちは潤沢で心配はない。輸入原材料がふえて外貨が減っても、綿花・石油・羊毛の在庫がふえれば心配する必要はない。……自由化はそれ自体が目的なのではなく、日本の貿易拡大の手段である。このごろ輸入でふえているのは機械類である。これは将来の輸出の準備をしているのだから、心配はいらない」。

「いちばん頭を悩ましているのは、社会保障の問題だ。生活保護・医療保障・失業保険・福祉年金などについては、金をくれてやるとか、救助資金をだして貧乏人を救うんだという考え方よりも、立ち上がらせてやるという考え方が大切だ」

産業構造の是正について。「農林従業者を、第二次・第三次産業にくり入れることを思いきってやるようにしたい。高等工業学校（現在の工専——筆者註）をおくことを画期的にやりたい。科学技術の革新などもおこなう。貧乏人が進学できないという政治はよくない。私は思いきって育英資金をだしたい」。

日中問題についての質問に答えて。「外交はその国の信用をたかめ、自由主義国から尊敬され、共産諸国からバカにされないようにしなければならない。それには、国内体制を安定させることが大切だ。国内を固めず、下手な手をだすと、バカにされるのではないだろうか。外交面で新機軸をだす情勢かどうか疑問である」。

いかにも「経済の池田」らしい会見で、経済成長には熱が入るが、社会保障になると「頭を悩ましている」と正直だし、日中問題になると避けて通りたい気持ちがありありと読みとれる。「倍増計画」をもっての全国遊説も、赤旗で迎えられることもあったが、だいたいにおいて成功だった。名古屋のテレビ塔の下で演説したときには、「池田さん頑張れ、池田さん頑張れ」という声がかかった。

池田ブームを動揺させたのが、一〇月一二日、日比谷公会堂におけるNHK主催の三党首演説会において、社会党委員長浅沼稲次郎が刺殺された事件であった。浅沼は、その前年北京を訪れて、「アメリカ帝国主義は日中共同の敵」と演説して問題をおこし、右翼からにらまれていた。けれども壇上で演説中に、舞台の袖から駆けあがった右翼の少年の凶刃にたおれたのは、誰もが思いも及ばぬ変事であった。総評の抗議デモは官邸を取り巻き、山崎巌国家公安委員長、小倉警視総監、柏村警察庁長官の三名が辞任を余儀なくされた。内閣の直接の責任ではなくても、国民の怒りにこたえなければならないからである。社会党は来るべき臨時国会をお弔い国会にするつもりであった。池田は、一〇月一七日召集の臨時国会の冒頭に、自ら浅沼の追悼演説を行うことを決めた。

演説は、まず好敵手を失ったことを悲しみ、暴力を憎む言葉にはじまり、浅沼の略歴を述べたあと、その人柄にふれる。

「君は、大衆のために奉仕することを、その政治的信条としておられました。文字どおり東奔西走、比類なき雄弁と情熱をもって、直接国民大衆に訴えつづけられたのであります。

　沼は演説百姓よ
　よごれた服にボロカバン
　きょうは本所の公会堂
　あすは京都の辻の寺

これは大正末期、日労党結成当時、浅沼君の友人がうたったものであります。委員長となってからも、この演説百姓の精神は、いささかも衰えをみせませんでした。（中略）

君は日ごろ、清貧に甘んじ、三十年来、東京下町のアパートに質素な生活をつづけられ

ました。愛犬をつれて近所を散歩され、これを日常のたのしみとされたのであります」（伊藤、前掲書）

この演説を聞いた社会党議員のなかには、涙を拭うものさえあった。池田は、原稿を作った伊藤秘書官を、「あの演説は、五億円か十億円の価値があった」と、池田らしい表現で褒めた。安保闘争の残り火がくすぶっていたこのとき、浅沼事件の処理を誤れば、池田内閣は危険にさらされたかもしれなかった。適切な対応が危機を救った。

国会は一〇月二四日に解散された。池田は全国を遊説し、社会党の江田委員長代行、民社の西尾委員長とテレビ討論をし、さらに西下して遊説した。一一月二〇日の総選挙では、自民二九六名（無所属を加えて三〇〇名）、社会党も二三名増の一四五名、民社は四〇名から一七名という大敗となった。池田の狙いは図に当たり、努力は実を結んだのである。

4

選挙に勝った池田は、吉田茂を大磯に訪問した。そのとき、その場に佐藤栄作と益谷秀次があらわれて、佐藤が次の政権を自分に譲ってくれといった。「おれは、やるよと言っといた。……いつやめるともわからんじゃないか。証文も書いてないよ」と伊藤に語った。自民党のなかで、派閥の争いがはじまり、党務に暗い池田は、党内の謀略にもてあそばれることになる。特別国会では、議長候補の石井光次郎が辞退した。大野伴睦は自薦したが、池田は清瀬一郎を推し、社会党に副議長を譲って妥協するまでに、三日もかかった。

国会が開かれて、総額一兆九五二七億円、前年の当初予算の二四・四パーセント増という大型予算が提出された。道路整備費をはじめとする公共投資の増加が著しく、社会保障も生活保護基準の引き上げなどのために急増していた。自然増収も目いっぱいに見込まれていて、財源に組み入れられていた。池田の持論が実行に移されたのである。農業基本法は、倍増計画にもうたわれた公約であった。当時、「二重構造」という言葉がよく用いられていて、農業と中小企業は弱者の代表とされていた。池田は、農業所得の改善を目標に、この法律を制定したのである。その目標は、農業だけで都市のサラリーマンや労働者に劣らぬ所得を得られる自立経営の育成と、社会の需要にこたえ、また地域の条件にかなった農作物の生産を拡大する「選択的拡大」、構造改善、流通改善等の実現であった。ところが、ＩＬＯ条約批准法案や、防衛二法改正案の審議とからんで、基本法の審議も難航し、社会党欠席のままで可決という荒れ方になった。そこに、浅沼事件をはじめ、岸前首相刺傷事件、「風流夢譚」掲載のことから中央公論社社長宅を襲い二人を殺傷した嶋中事件など、右翼のテロが相次いだことから、政治的暴力行為防止法案が、自民党内の右派と岸・佐藤派から持ち出された。池田は乗り気になったが、社会党は抵抗し、デモ隊は国会を取り巻き、衆議院は通過したものの、参議院では自民党幹部の反対で、継続審議になってしまった。明らかな池田の黒星である。

国会閉会後、池田は訪米し、ケネディとヨット会談を行い、閣僚による年一回の日米合同委員会の設置をきめた。下院の演説では、「今度は援助の要請にきたのではありません」と胸を張った。それまでの日本の評価の低さを思わせる一言である。

帰国してすぐ内閣改造。干されていた河野一郎を農林に、佐藤栄作を通産に、以下藤山経済企画庁、三木武夫科学技術庁、川島正次郎行政管理庁という実力者内閣である。党の方は、大野副総裁、前尾幹事長、赤城宗徳総務会長、田中角栄政調会長、鈴木善幸筆頭副幹事長。前尾、鈴木を要職に据えて、党の方も安心できる体制ができた。

いいことばかりは続かない。経済成長にかげりがさしはじめた。三六年に入るころから、前年来の所得倍増ブームは異常な設備投資熱を呼び、消費も急増を示した。消費者物価は年率五パーセントも上昇し、貿易収支は大幅な赤字となった。景気過熱は明らかで、引き締め政策が避けられなくなった。七月二二日と九月二九日に、公定歩合は日歩一厘ずつ引きあげられた。年頭から五〇〇円近く騰貴して、七月一八日に一八二九円となった株価（ダウ平均）は一〇月一九日には一三一五円に反落した。企業金融は逼迫し、進行中の設備投資を中止するものも相次いだ。高度成長は挫折したかに見えたのである。

この機をとらえて、野党は所得倍増ではなくて、物価倍増だと攻撃する。藤山経企庁長官も安定成長論を唱える。岸・佐藤に近しい福田赳夫は、政調会長であったが、池田の政策を「昭和元禄」と批判して、党風刷新運動を展開するようになった。逆風のなかで、池田は、かつて反りが合わなかった河野一郎と接近するようになった。強い政治力をもち、発想も大胆な河野と手を結べば、岸派、佐藤派を敵にまわすのは避けられない帰結であった。

三六年一一月、池田は東南アジア巡遊に旅立った。インドのネルー首相は、会談直前にユーゴのチトー、エジプトのナセルと会談して、全面軍縮の緊急性について声明を出したばかりであった。日本がなぜ中立主義をとらないかを説く池田に対して、ネルーは、それぞれの国にはそれぞれの環境なり立場があって当然だと答えただけであった。ところが二日目に経済問題に移って、ネルーが綿や砂糖の輸入をふやしてほしいというのに対して、池田は、御国のは品質が悪いうえ価格が高い、模範農村を見学しても、非近代的でどうにもならないではないか、経済開発を進めて国際競争力をたかめる必要がある、と説いた。第一日目にはネルーに分があったが、二日目は池田がポイントをあげたという定評であった。

ビルマでは、池田は維新以来の日本の経験を語り、社会主義的統制だけではだめで、国民の活力をあふれさせ、産業を発展させるべきだと説いた。ビルマ政府は、経済四カ年計画の再検討のために専門家の派遣を要請し、それが共同声明に盛り込まれた。池田は東南アジアでは、自信をもって自由経済原則にもとづく発展を説き、同時に、首脳外交の感覚を身につけはじめていた。

昭和三七年は不況の年になった。池田の高度成長重視に対する批判はいっそう強まった。池田もそのことを理解して、成長率一点張りでなく、農業や中小企業の構造改善を重視するようになってゆくのである。

この年の七月には、総裁の二年の任期が切れる。入閣していた佐藤と藤山が総裁選への意欲を示したが、公選の一週間前に二人とも立候補をとりやめた。公選の結果は、池田三九一票、白票三五、無効三七、七二票の批判票がでただけで無難な再選であった。そのあとの内閣改造は、波瀾含みとなった。佐藤、藤山、三木の三者は閣外に去り、大平が外相、田中角栄が蔵相の要職にすわる。河野は建設大臣、川島は行管庁に留任した。田中は佐藤の総裁選出馬を諫止《かんし》したといわれており、大平とともに、御褒美を貰った形になったのである。岸、佐藤、藤山は反主流に廻り、池田は河野、大野、川島ら党人派と組んで主流派を形成して、以後この構図が池田時代を通じて続くのである。

九月二日、ソ連はキューバに対する武器の供与と技術専門家の派遣を公表した。ケネディは特別声明を発表して、ソ連が防衛用ミサイルを提供したことを確認し、攻撃能力投入の証拠をつかんだ時は、「重大な問題が発生」するだろうと警告し、NATO諸国に対しては、ソ連物資のキューバ向け輸送を停止するよう求めた。一〇月に至って攻撃用ミサイルが発見されたあとの一〇月二二日、ケネディは、キューバを海上封鎖する旨を声明し、翌二三日、ライシャワー大使が池田を私邸に訪問して親書を手渡し、全面的支持を要請した。池田は、国際条約の慣例上、日本は自主的に行動してよいという事務当局の意見を聞いたあと、発言した。「国際条約や慣例も大切だが、いまはそれが通用しないような状況ではないか。ケネディの考え方は是認しなければなるまい。この方針をライシャワー大使につたえてくれ。日本政府の声明文もこの線で書くように」(伊藤、前掲書)。池田は第三次大戦につながる決断をしいられたのである。イギリスも、フランスも同じように行動した。二八日、フルシチョフは攻撃用兵器の解体とソ連への持ち帰りを通告し、核戦争の危機は遠のいた。国際的には脇役にすぎなかったが、池田にとっては大きな試練であった。

この直後の一一月、池田は訪欧の旅に出た。西ドイツのアデナウアー首相、フランスのポンピドー首相とド・ゴール大統領、イギリスのマクミラン首相とヒューム外相、ハルシュタインEEC委員長、そしてイタリアのファンファーニ首相との相次ぐ会談。池田は、EECとも、アメリカとの関係同様に親密な関係を結びたいという意向を述べ、OECD加盟への協力を求めた。池田ははじめてEECを見ることによって、経済的な結合がやがて政治的な結合につながり、国境を超えた組織に発展する、「経済は外交の武器になりうるのだ」と自覚した(伊藤、前掲書)。

もっとも池田は日韓関係、日中関係の問題については慎重すぎるくらいであった。一一月、大平外相が韓国の金鍾泌中央情報部長と話し合い、対日請求権を有償三億ドル、無償二億ドル、経済協力一億ドルでまとめたときも、にわかには承認せず、一二月に大野副総裁が訪韓して正式提案したけれども、韓国側の事情でついにまとまらなかった。日中関係についても、池田は政経分離で貿易を拡大しようという以上にふみ出さず、アメリカに理解を求めることにつとめた。やはり、重要な外交案件には臆病だったのである。

帰国後の政情は、エネルギー革命にさらされて危機に見舞われた石炭産業対策をめぐって動揺し、与野党が激突した。社会党は政府案に反対して牛歩戦術をとるし、自民党内では、社会党との妥協に反対の声が高まる。三七年はこうして暮れた。

翌昭和三八年、池田は施政方針演説で「人づくりは国づくりの根幹である」と述べ、八月には「人づくり懇談会」を発足させ、「期待される人間像」の探究に手をつけた。四月の地方選挙では、高度成長によって、文教、公共投資、社会福祉の財源ができたのだ、日本経済復興の要因は、国民の勤勉と、頭脳と、教育の普及にある。日本は自由世界の三本の柱の一つといわれ、自由世界から信頼され、共産世界から畏敬される国になりつつある、と説いた。話題の幅が目に見えて広くなっていったのである。

この年には、前年の金融引き締め解除を受けて、景気も回復に向かった。物価の上昇だけが気がかりで、物価問題懇談会がつくられた。農業につづいて、中小企業基本法も成立した。

この年の政治課題は、新産業都市の決定、日韓関係の打開、部分核停条約への参加、それに人づくり政策などであった。池田はそれにひとつずつ対処して、日韓問題以外は一応の片をつけた。七月には党役員の人事と内閣改造が行われる。前尾幹事長、大平外相、田中蔵相はそのままで、佐藤も北海道開発庁長官で入閣し、藤山総務会長、三木政調会長と実力者を取り込むことに成功した。

池田は九月にふたたび東南アジアを歴訪した。インドネシアのスカルノ大統領と会談して、イギリスとの関係を修復し、中国寄りにならないように話し合うのが主目的である。それは前年、訪英のときマクミラン首相に依頼されたことであった。池田の努力は実を結ばなかったが、日本の国際的地位の向上を裏付ける挿話であった。

帰国して、臨時国会で解散が行われる。全国遊説に旅立った池田は疲れており、三池では労働者に取り巻かれ、演説もいつものようではなかった。それでも自民党は前回に近い議席を確保し、池田の地位はゆるがなかった。選挙直後の一一月二二日、ケネディが暗殺され、池田は急遽渡米した。帰国したとき池田は伊藤秘書官に、「おれもケネディがうらやましい、トルーマンやアイゼンハワーはしょんぼりしている」と語った。ケネディははじめて「ヨーロッパと日本」という言葉を使った大統領だったのである。

5

昭和三九年は、物価対策ではじまった。公共料金値上げの一年間ストップがきまった。ところが、景気回復がはかばかしくないというのに、貿易収支がまたも赤字になり、三月一八日には、本格的な金融引き締めが避けられなくなった。二四日には、ライシャワー大使が精神障害の少年に刺される事件がおこり、衛星テレビによるメッセージ交換の機会をとらえて、池田はすぐさま遺憾の意を表した。春闘のヤマ場で、公労協の半日ストが切迫し、池田が総評の太田薫議長・岩井章事務局長と会談して辛うじて収拾したのは四月一六日である。

国会がほぼかたづくと、総裁選が迫ってきた。池田支持の大野伴睦は五月に世を去った。佐藤は池田と電話で話したとき、「話し合いで譲ってくれないか」と申し入れたが、「政権を私議することはできない」と拒否された。佐藤と藤山が立候補を決意する。池田支持は池田派のほか、河野、川島、旧大野の各派、それに三木派。岸・福田派、佐藤派、藤山派のほかに、石井派がこれに対立した。数からいえば、池田が優位だが、池田支持グループのなかにも佐藤支持の忍者がいて、一本釣りで説得をこころみる。両者の勢力は次第に拮抗に近づき、七月一〇日の公選では、池田二四二、佐藤一六〇、藤山七二、池田は過半数を上廻ることわずか四票で苦い三選を果たした。

この年のはじめごろから、前からドラ声だった池田の声はいっそうガラガラになった。健康に不安をいだきながらも、池田は、ようやくやかましくなった日本経済のひずみ論にこたえるために、ひずみ是正について各省の大臣と事務当局を集めて一〇日ほどぶっつづけの勉強会をやった。池田はよく話を聞き、完全に理解する能力を示した。

八月には、熊本と広島で一日内閣と遊説を行った。九月七日にはＩＭＦ東京総会が開かれて、池田は各国の蔵相と中央銀行総裁を出迎えて、主催国の首相として演説した。その晴れの舞台を勤めおえるとすぐ、池田は九月九日にがんセンターに入院し、放射線治療をうけることになった。家族や側近は咽頭ガンと知っていたが、本人には前ガン状態と知らせ、公式にも前ガンと発表された。一〇月一〇日、東京オリンピックの開会式に、病院から出席したのが、最後の公務となった。病の重さを悟りながらも、池田は一時はなお総理をつづけ、農業と中小企業の近代化をやり、一二月の国連総会にも出席し、来年度予算もつくりたいと望んだが、結局退陣を決意した。閉会式の翌日、一〇月二五日に談話の形で辞意が表明された。

後任は川島副総裁と三木幹事長が党内の意見を調整することになった。候補は佐藤、河野、藤山である。一一月九日、池田は川島と三木の進言をきいて、佐藤を指名した。佐藤は旧制高校以来の友人であり、吉田の推薦もあった。池田はそのしがらみと党内の大勢に従ったのである。

退院した池田は、一時は元気であった。昭和四〇年三月にはがんセンターの久留院長が全快と発表し、池田は財界人の全快祝いにも出席して、一五分ぐらいスピーチをして、「いい前総理になりたい」といった。七月七日、河野一郎が急死した。池田は通夜に列し、河野派の重政誠之に、河野には世話になったのに、恩返しもできないうちにこんなことになって残念だ。自分でできることは何でもするから相談にきてほしい、と語った。最後まで河野への義理を感じていたのである。

七月になって、ガンの再発が明らかになった。同二九日、前日に末娘の結納をすませた池田は、東大病院に入り、気管切開の手術をうけて声を失った。八月四日には、患部全部を切除する大手術を受けたが、八月一三日、術後性肺炎のために死去した。六五歳であった。

池田勇人は、戦後日本の興隆期に「倍増計画」をひっさげて首相となり、安保闘争後の空気を一新し、戦後日本の経済発展の絶頂期に政治を担当し、その抱負をかなりの程度実現した、政治家として多幸な人物であった。池田は、経済の急速な発展を中心に据えて政治に当たるという、歴代の首相にみられない手法を開発し、それに成功したのである。実際、昭和三〇年代後半から四〇年代にかけて、日本経済は嵐のような成長を遂げ、産業構造も、企業の経営も、国民生活も、見違えるように変貌した。それは日本経済に内在するエネルギーが噴出したものと見るべきであろうが、池田の政策は時代の要請に適応していたのである。

また、親しかった人たちは口をそろえて次のようにいう。「池田君ほど、人間としても、政治家としても、成長を続けた人は珍しい。政権をとる前、政権をとってから、さらに晩年と、目をみはるような成長ぶりであった」（益谷秀次）。首相になってからも、「その前半と後半を比較すると、総理としての手腕、力量、貫禄が格段の進歩を示している」（川島正次郎）。地位が高まると、それにふさわしく進歩するのが池田の特色であった。

役人時代、「課長から地方の局長になり、たぶんそこが止まりと思われたのに、本省の局長になった。終戦で同期の人の多くが追放になったが、病気で出世が遅れていた池田さんは、数少ない〝生存者〟の中から選ばれてその後次官になった。次官になった時はもとより本省の局長になった時でも、『池田にやれるかな』という先輩の声があった。しかしそのつど、不思議に人に見直されるような力量を発揮した。その後政界に出て、大蔵大臣や幹事長としてのテストにも合格し、総理大臣として後世に名を残すほどの仕事をした」。これは池田にもっとも親しかった宮沢喜一のことばである（以上三人の追想文は、前掲『池田勇人先生を偲ぶ』による）。

池田によく似た首相として、大蔵省の大先輩、浜口雄幸《おさち》がある。役人としての出世は遅かったが、政治家となり、昭和四年に首相となった浜口は、不退転の決意をもって、海軍軍縮と金解禁という困難な課題に取り組み、名総理とうたわれつつ、わずか一年あまりで凶弾に倒れた。池田は、同様に不退転の姿勢で経済の発展と国際化を指導した。浜口よりは池田の方がすべての環境に恵まれていたために、四年有余にわたって政権を維持し、みずからの政策の成果をつみとることができたのである。二人は、ともに飛び抜けた英才ではなく、努力の人であった。ハードルを一つ一つ越えて、最高の地位に進み、命を懸けてその責を果たした点で共通していたのである。

佐藤栄作——「待ちの政治」の虚実

Sato Eisaku

(1901〜1975)

在職期間

S39.11.9〜S42.2.17

S42.2.17〜S45.1.14

S45.1.14〜S47.7.7

高坂正堯

(元京都大学教授)

1

佐藤栄作は一九四八年一〇月一七日、四七歳の若さで第二次吉田内閣の官房長官になった。それは彼にとって最初の、そして決定的な抜擢であった。吉田茂のこの選択は佐藤栄作を政界の中央に押し出し、その後何回か自由党の幹事長を務めて吉田内閣の支柱となり、さらに〝吉田学校〟の優等生として首相となる道の始まりとなったからである。

もっとも、それを今日の基準で抜擢とすることは正しくない。当時は寿命が今日より相当短かったし、それに政界、官界、財界、言論界と至るところで追放がおこなわれ、指導者が一挙に若返っていたからである。佐藤栄作の場合を見ても、大阪鉄道局長として終戦を迎えた後、一九四六年二月に運輸省鉄道総局長官になり、その一年後には運輸次官になっている。当時は中央で局長になった後、地方の鉄道局長になるのは、左遷であり、それが最後のポストと考えられていた。そうならなかったのは敗戦後、先輩たちが追放や戦後の混乱によって姿を消していたからであった。そうした状況を軽いタッチで描いて有名になった源氏鶏太氏の小説で言えば〝三等重役〟ということになる。

しかし、〝三等〟でも重役になれば後は巧くいくというものではない。激動の時代は人間をふるい分ける作用を持つ。能力のないもの、あるいは運のないものはふるい落とされ、その逆に少数の人が上昇する。鉄道総局長官となった佐藤栄作は当時猛烈な様相を呈していた争議に対処するなかで、吉田茂の信任を得たようである。最初の試練は就任後間もない一九四六年二月二五日～二六日に訪れた。国鉄労組をどのような組織にするかをめぐって〝穏健派〟と共産党系が対立する状況のなかで、後者が東京の省線で〝安全運転〟と称してノロノロ運転をおこなったので、東京都内は大混乱に陥り、一部では旅客の暴動までおこったのである。当然処分が問題となったが、当時は労働組合の無理がまかりとおるところがあった。それを佐藤は筋を通し、組合側の責任者三人を休職処分とし、同時に東鉄局長を引責処分とするほか幹部六名を譴責《けんせき》処分としたのであった。佐藤は後日、〝この処置は全く野放しになりかねない労働運動に対する一つの警鐘となったので、当時としては相当高く評価されたのではないかと考えている〟と書いている。[*1]

その際、佐藤は闇雲に頑張っただけではなかった。組合側は三人の責任者の処分の取り消しを求めて中央労働委員会に提訴し、そこでの審議となったが、雰囲気は経営者側に不利であった。そこで佐藤は労働総同盟の幹部であり、中労委員でもあった松岡駒吉と西尾末広に働きかけ、説得して、中央労働委員会に処分を認めさせたのであった。佐藤は大阪鉄道局長のときに西尾末広と親交を持つようになり、西尾も佐藤を高く評価していたようである。実際、一九四七年に片山内閣ができたとき、官房長官となった西尾末広は佐藤に次官就任を要請しているし、その後も西尾と佐藤の親交は続いたのであった。

しかし、佐藤は西尾の申し出を丁重にではあったがきっぱりと断った。彼は社会党の体質から社会党内閣では大した仕事はできないと判断していたのかもしれない。それに、そのころすでに佐藤は吉田茂に見込まれていた。一九四七年二月一日に予定されたゼネストは、戦後の過激な政治主義的な労働運動の頂点をなすものであり、マッカーサー元帥の中止命令によって初めておさまったのだったが、吉田は国鉄の労働運動への佐藤の対処を見ていて高く評価したのであろうか、同時期の内閣改造において佐藤を運輸大臣にしようとした。ただ、このときは佐藤が戦争犯罪人として勾留中の岸信介の兄弟で二親等にあたる、とGHQが許可しなかったため、大臣にはなれなかった。そのとき吉田茂は佐藤を官邸に呼び、事情を説明した後、次官にすると言って、礼儀をつくしたのだった。このあたりで佐藤は吉田に運命を託する気持ちになったと見ることができるだろう。

この過程で、自由党の幹部松野鶴平が佐藤を吉田茂に推奨していたことも重要で、それが吉田の佐藤への注目の始まりであったことは多分間違いない。松野が佐藤を評価するようになったのは、松野が鉄道相をしていた一九四〇（昭和一五）年におこった〝地下鉄問題〟においてであったが、それは少し先で扱うことにする。片山内閣ができた後、吉田茂は佐藤と池田勇人、岡崎勝男、大橋武夫、橋本龍伍らの官僚のトップたちを集め、ブレーンとして政策を練っていたのである。この人たちが吉田内閣を支え、〝吉田学校〟の優等生として知られるようになったのであった。

このように、佐藤官房長官の誕生は宮崎吉政が書いた通り決して唐突なものではなかった。しかしなお、それはやはり異例の抜擢であった。そのことは、大野伴睦や広川弘禅などの古くからの政党人が〝官僚上がりの若造め〟として反発したことにも現れている。[*2] 運輸大臣というのなら、戦前のシステムの名残があった当時ではまだ判る。しかし、議員にもなっていない佐藤を吉田はなぜ官房長官に持ってきたのだろうか。もちろん、吉田は思い切った人事をおこなったし、戦後間もないときはとくにそうだった。それが人物を育てるうえで大切であることも重要であり、そのことはイギリスで〝ひいきは人物養成の方法〟という言葉があることを考えれば理解されるだろう。しかし、このときの人事はそれだけでは説明できない。

吉田茂は佐藤を抜擢することによって、新人を中心に政党を作り直し、自分の政党にするという意思を表示したかったのではなかろうか。その必要は第二次吉田内閣が誕生する前におこった陰謀劇、すなわち山崎猛首班事件によって如実に示されていた。芦田内閣が昭電疑獄で辞任のやむなきに至ったとき、総司令部の民政局は彼らが〝反動〟と目した吉田茂が政権をとらないよう画策した。民自党の一部に働きかけその幹事長山崎猛を首班として立候補させ、民主党と一部の社会党がそれに賛成票を投じることで山崎猛内閣を作ろうというのである。

政党政治の原則から言えばまったく無軌道なことだが、改革者であり、強大な権力を持っていた占領軍の民政局の人々は、自分たちの改革を善とし、立場の異なる人々を悪とみていたのであろう。アクトンの名言通り、〝絶対的な権力は絶対的に腐敗する〟のである。ただ、当時の占領軍の力は強大だったから、吉田の下では政権はとれないということで、吉田を棚上げしようという〝民自党脱皮論〟が民自党のなかでも流れたし、民主党のなかでは政権の座に居座り続けたいという気持ちからほとんどが山崎猛を首班として〝挙国連立内閣を作ることが決められた。*3

もし、この陰謀が成功していたならば、日本の政党政治は容易にぬぐいえない不快な思いを背負っていたことだろう。また、総司令部がここまで日本政治に深く容喙《ようかい》すれば、日本の政治は傀儡《かいらい》化するか、あるいは占領軍への国民からの反発が強まっていたであろう。

幸せなことに、民自党の幹部は山崎猛に議員を辞職させ、投票の対象にならないようにさせることによって陰謀を流産させた。その過程で多くの人物が動いたことは間違いない。陰謀が結局は成功しなかったのは、民主党の副幹事長であった保利茂や社会党の鈴木茂三郎のように政党政治のルールを破るよりは野に下る意思を明らかにした人がいたことが重要であろう。*4それと共に、民自党の幹部の動きも重要だったし、吉田茂のブレーンとなっていた佐藤たちも努力したように思われる。佐藤はこの山崎猛首班事件のことをしみじみと語り、占領期におけるもっとも重要な事件、あるいは試練の時期とすることがあった。

鳩山一郎が追放されたため自由党の総裁として迎えられた吉田は、第一次内閣では自らの旗本を持たなかったのであり、それを作る必要を感じ、ブレーンを作るなどそのための準備を進めていた。第二次内閣の組閣にあたってそれを断行する意思を固め、もっとも頑張りのきく佐藤を官房長官に登用したのではなかっただろうか。実際、吉田茂は政権をとりかえしてから二カ月後に衆議院を解散し、一九四九年一月二三日におこなわれた総選挙で四六六議席中二六四議席をとって戦後初めて単独で過半数をとった。その際、新人は一二一名の多きを数え、戦前戦中の代議士は二五名にすぎなかったのであり、民自党改造は見事に成功したのであった。人事はその人間の意思を表明するものなのである。

2

いずれにしても、佐藤栄作にとって官房長官への任命は大抜擢であった。佐藤寛子夫人は、「そのときの我が家の興奮状態は大変なものでした。第一、官房長官がどういうものかもよく知らず、ただ、大変なポストらしいということで秘書も子供たちも驚いて眠れないほどでした」と書いている。[*5]

この反応は十分に理解できるもので、終戦までの佐藤栄作は〝鈍足〟で余り目立たなかった。まず、長兄の市郎と次兄の信介とに比べれば〝随分と見劣り〟した。再び寛子夫人によれば、「子供のころをふり返って、一番印象が強いのは栄作よりもむしろ信介さんの方です。信介さんが一高生、栄作が山口中学に在学していたころの話ですが、信介さんは親類の女の子の間で人気の的でした。一高のカシワの葉っぱの徽章をつけた帽子をかぶって兄が帰省すると、女の子たちがワーッと集まります。義兄は色が白く好男子のうえ、行動も積極的だったし、いまの言葉でいえばカッコいい青年でした。東京のみやげ話をおもしろおかしくしてくれ、随分オーバーとはわかっていても、みんなウットリと聞きほれたものでした。そんなとき栄作はどうしていたかというと、女の子には見向きもしないで、一人で山の中へキノコ取りに行ったり、川へウナギ釣りに出かけたり……およそ、少女たちが抱く夢とはかけ離れた行動ばかりしていました。とくにウナギ釣りの名人で、大きなのをよく釣ってきては、自分で裂いて料理していました」。

鉄道省に入ってからも鈍足で、一九二四（大正一三）年五月に任官してから、三四（昭和九）年六月に在外研究員として英米に派遣されるまで一〇年間も地方勤務が続いた。同期の人々がみな本省に戻っていても佐藤の地方勤務は続いた。

首相時代に〝待ちの政治〟と言われるようになったことの源流を、こうした彼の前半生と結びつけることは可能だし、また間違いとは限らない。佐藤栄作は待たざるをえなかったのだった。しかし、その面だけを取り上げるのは神話化とも言うべき誤りだし、彼の〝待ちの政治〟の性格を読み違える危険をはらんでいる。というのは一〇年の地方勤務の後、二年在外研究をして帰国した後の佐藤は〝三段跳びの栄作〟と呼ばれる人物となる。すなわち、三八年に鉄道省監督局鉄道課長になった後、四〇年に同総務課長、四一年に鉄道省監督局長、四二年に監理局長、四三年に運輸通信省自動車局長と栄進を続けたのであった。その理由を寛子夫人は「まあ、いろんな理由があったでしょうが、私はやはり、当時の鉄道省次官、鈴木清秀氏にかわいがられていたからだと思います」と書いている。[*6] それと共に、寛子夫人は地方勤務時代に転勤工作をせず、〝三段跳び〟のときも上司とはほとんど接触がなかったとも書いている。このことは、佐藤が上司から真実に見込まれ、その上司が真実に尊敬できるような人物であるときまで無理をしなかったことを示しているのではないだろうか。彼は〝チャンスを一回目につかまえようとするのはよくない。真実に意味のあるチャンスはまためぐってくる〟と語っていた。この言葉は将棋の大山名人のモットーと同じだが、要するに無理してチャンスを作り、つかまえようとしても大きな成果は得られないということである。この二人が最長不倒記録を、ほぼ同じころに作ったのは、偶然とは言え、誠に興味深い。

三段跳びの始まりとなった監督局鉄道課長時代の記録は佐藤の基本哲学と共にその行動様式を示していて興味深い。佐藤が扱った〝地下鉄問題〟は少々複雑だから、その説明から始めなければならない。まず一九三四（昭和九）年、早川徳次の東京地下鉄株式会社が上野―新橋間八キロを開通させた。これに対抗して東横電鉄の五島慶太が実権を握る東京高速鉄道株式会社が三九年に渋谷―新橋間六・三キロを開通させる。当然便利になるはずだが、両氏の角逐から新橋駅での乗り入れで揉め、相互乗り入れの話がつくまで七カ月を要した。

この経験から五島は東京地下鉄会社の買収を決意し、三割以上の株の買収に成功したが、東京地下鉄会社も反撃に出て、四〇年早春に地下鉄会社の両者が分かれて株主会を開くことを計画するに至った。そのうえ、東京地下鉄会社の従業員たちが、これほど露骨な株式買収には〝レールを枕に討ち死に覚悟でストライキ〟と合併反対に立ち上がったので、私鉄のこととはいえ、鉄道省は問題にかかわらざるをえなくなったのであり、佐藤は鉄道課長としてこの問題を扱うことになった。

しかし、東京地下鉄会社には日銀総裁の結城豊太郎、高速鉄道会社には政界に強い影響力を持つ久原房之助といった具合に政財界人が後援し、事態はまことに困難なものであった。佐藤はこのとき、株の買収により公共事業である地下鉄の経営権を握ることに反感を感じた。しかし、商法にかなった株式の正常な所得による経営権の要求は許さざるをえないとも考えていた。佐藤は両者からの強い圧力に断固として抵抗した後、調停委員会を設置させた。

「仲裁委員は喜安次官の指図もあって、東京商工会議所会頭の八田嘉明氏、日本興業銀行総裁の宝来市松氏、小田原急行社長の利光鶴松氏に依頼した。宝来総裁は耳が悪いので、実際には河上興銀副総裁が介添役で出ることをお願いした。ここが芸のこまかいところで、河上氏は喜安次官と五島慶太氏の東大の同級生だった。五島氏の説得役に回ってもらった。佐藤氏は、株式を買い占めて経営権をとることはいかにも不穏当だが、結局は商法上の権利は認めないわけにはいかないだろう、その代わり早川氏を遇する道を講じようと思った。少し冷却期間を置いて、佐藤氏自身が原案を書いた調停書を七月一七日に示した。八月一三日に双方受諾し、早川氏は地下鉄会社の、五島氏は高速鉄道会社の取締役をそれぞれ辞任した。東京地下鉄の社長には中島久万吉氏が就任し、早川氏は相談役になった」[*7]

このときの佐藤栄作の行動はその人物と哲学をよく示している。まず、彼は圧力に負けなかった。久原房之助は運輸大臣松野鶴平に解任を示唆したほどだが、佐藤は圧力に屈しなかった。松野が佐藤を評価するようになったのは、その強さのためである。次に、佐藤の秩序志向にわれわれは注目すべきであろう。公共事業であることと、商法上正当な行動という二つのことを彼は認め、その矛盾のなかで穏当な解決を求めたのであった。第三に早川・五島という二人を責任者から外し、しかも早川の処遇に配慮したように、人事を含めて問題解決の方策を考えるという姿勢が重要である。この点を抜きにして、経営の問題は解決しないし、その他の分野でも事情は基本的に変わらない。〝人事の佐藤〟と呼ばれるようになった素質はすでにここに現れている。

最後につけ加えるなら、佐藤は東京地下鉄会社の従業員など〝現場の人間〟に共感を持っていたように思われることが重要である。そして、それが鉄道省のときに彼が得た感覚のなかでもっとも重要なものであろう。高度にコンピューター化された今日のことは判らないが、少し前までの鉄道は現場と監督者の間の人間的な信頼感なしには機能しなかった。

鉄道を動かすには、一方では細部にわたる厳しい規則が必要だが、それを文字通り守っていたのでは鉄道は時間通りに動かない。先に戦後のノロノロ運転に触れたが、安全規則を十二分に守るときにはノロノロ運転になるのである。後に日本で〝順法闘争〟がおこなわれたが、その原型はイギリスにあって、イギリスではマニュアル通り運転して、列車を遅れさせることを言うのである。逆に言えば安全規則を十二分に守るといったことはせず、そのときの状況に即して重要視すべきルールをとくに守り、その他のものは軽く扱うことによって、列車の正常な運行は可能となる。つまり、信頼関係が不可欠なのである。国鉄が大家族のようなものと考えられていたのはそのためだし、佐藤はそのことを知っていた。だからこそ、戦後の続発する労働争議に際して、彼が出て行けば問題は解決したのである。[*8]

つまり、尊敬できる上司が現れ、その人に目をつけられ、頑張るに値する仕事が与えられるまで佐藤は焦らず、そうした立場についたとき困難な状況にもくじけず、圧力にも負けず、責任を果たす人物であった。逆に言えば、その条件が満たされないとき、自分でチャンスを求めない佐藤は不遇となる。実情はよく判らないが、〝三段跳び〟の後大阪鉄道局長に〝左遷〟されたのは、そのひとつである(もっとも、その前の自動車局長が左遷の始まりであったような気が私にはするのだが)。

吉田茂にかわいがられ、官房長官に始まって、政調会長、幹事長を務めた後、造船疑獄で非難され、その後の保守合同に際しては新党入党を拒否して、吉田茂、橋本登美三郎と三人で無所属となったのも同様の事情によるものである。なお、このことを決めたころ大磯の吉田邸を訪れた佐藤夫妻に対し、吉田茂は寛子夫人に〝ご主人の驥尾《きび》に付して参ります〟と言ったという。なんともすばらしいセリフであり、佐藤が吉田に心服しきったのも不思議ではない。

3

佐藤栄作は首相になる前にもう一度待つことになった。池田勇人が首相となったからである。それは当時の状況から見て自然の順番であったが、しかし、多くの意味でよい順番であった。池田の持ち味も、佐藤の持ち味もそれによって活かされたのであり、日本は黄金の六〇年代を持つことができたのであった。佐藤には池田のように経済成長を国民的目標として演出することはできなかったであろう。しかし、経済成長が一旦軌道に乗り、人々がそれを当然視するようになり、そのマイナスの面に目を向けるという状況には佐藤の方が向いていた。

七年八カ月にも及ぶ佐藤内閣の時代は政治にとって実は困難な状況であった。それは国の内外における巨大な変化の時期だったからである。内閣が成立してすぐ後に不況に見舞われはしたものの、一九六五年末から景気は上向き、七〇年まで続く〝イザナギ景気〟が訪れた。一九六〇年代は全体として高度成長の時代であり、基本的にはそれが自民党政権の安定を生んだ、ということができる。しかし、そう簡単に片づけえないほど変化は巨大であった。今日、この一〇年間について種々の統計を見るとき、一九六〇年の日本は別の国であるかのような印象を禁じえない。それが一九七五年になると、われわれが今日見ている日本とかなり同じものとなるのである。たとえば、自動車保有台数では一九六〇年にはまだ五〇万台に達していないが七五年には三〇〇〇万台に近づいている。電話は今日では個人的なものだが、一九六〇年には三〇〇万台で、電話のある家庭の方が珍しかった。大学生の数は一九六〇年には五〇万人強であったものが一九七五年には一七〇万人弱と、現在の二百数十万人とそう変わらないものとなっている。一九六〇年代は図示すれば明らかなように、右肩上がりどころか、うなぎ登りの時期であり、変化率がもっとも大きかったのである。[*9] 人口構造も同じで、この場合には一九五五年から一九七五年までの二〇年間をとった研究者によると、人口の三分の一に及ぶ三七〇〇万人が農村から太平洋ベルト地帯へと移動しているのである。[*10] 一九六〇年代は、日本を別の国にした年代であった。

それは政治に新たな課題をつきつけ、政治のあり方を変えずにはいない。もっとも見やすいのが人口構造の変化であり、農業人口の減少に並行して自民党の支持率は低下していった。自民党のリーダーの一人石田博英は一九六三年にこの傾向を指摘して、自民党の変化の必要性を説いたが、[*11] 一九六七年一月におこなわれた佐藤内閣の下での最初の総選挙で自民党は四九・五パーセントの票しかとれず、ほぼ四年前の一九六三年の総選挙と比べて五・二パーセントも票を減らしたのであった。自民党は都市部でとくに苦しい立場に立ち、一九六五年の東京都議会議員選挙で社会党に第一党の座を奪われたのを始め、一九六七年には東京都知事選挙で社会党と共産党が推す美濃部亮吉に敗れ、続いて一九七一年には大阪府でも革新系候補に知事の座を譲ったのであった。佐藤が首相のときにおこなわれた選挙で勝利をおさめたのは一九六九年の末、沖縄返還交渉をまとめて帰国後おこなった総選挙だけであるが（公認候補の当選二八八名と保守系無所属の当選者一二名の追加公認で三〇〇議席を得た）、それも多党化のなかで社会党が負けたのであって、自民党の得票率は前回と比べてわずかながら減少したのであった。

経済成長のもたらすこのような大きな変化に対応する必要を佐藤は認めなかったわけではない。池田内閣時代に佐藤が政権をとるために準備した政策の目玉は〝社会開発〟であった。華々しい経済成長の反面で国民生活上大きな〝ひずみ〟が生じている、と佐藤は考えていた。過去の日本の経済力の弱さから見て、生産第一主義への極端な傾斜にはやむをえない面があったが、しかしそこには〝人間不在〟という面があり、将来を考えるとき〝経済開発とバランスのとれた社会開発〟が必要であるというのが佐藤の主張であった。

〝社会開発〟という綱領は一九六四年に佐藤が池田と総裁選を争ったときに発表されたものだが、それは〝佐藤マシーン〟が準備したものである。すなわち、やがて佐藤内閣の首席秘書官となる楠田実が何人かの新聞記者を集めると共に、愛知揆一を佐藤派とのパイプ役とするというものであり、愛知揆一を含めて長時間熱のこもった議論が交わされた。[*11A] 千田恒の『佐藤内閣回想』（中公新書）から判断すると、憲法改正を佐藤内閣の課題とはしないことや、国際情勢の捉え方が〝社会開発〟と共に、議論の中心となり、政権をとった後の準備として役立ったように思われる。それに〝社会開発〟は宮沢喜一をはじめ、かなりの人々が意識し始めていたことであり、佐藤がその考えを発表したとき、池田陣営のスタッフが先取りされたとして〝地団駄〟をふんだという。

だから佐藤は首相となって間もなくその政策化に乗り出し、翌一九六五年二月には「社会開発懇談会」を発足させた。懇談会は七月に中間報告を出し、一二月一日には最終報告書を出しているから、作業も早かった。しかし、それは世論を動かすということもなく、やがて忘れ去られてしまったのである。そうなったのは、ひとつには、この懇談会が各界から六三人にのぼる有識者を集めたもので、そのため大胆な政策提案は出ずに、無難な総論と総花的で平凡な具体的提案しか生み出しえなかったことが指摘されるだろう。それに、日本経済は佐藤内閣成立のころから不況に入り、懇談会が最終報告書を準備するころに景気が回復の兆しを示すようになったということも、〝社会開発〟の具体案を作るのには不適当なものであった。

しかし、超大型の懇談会が成果を上げないであろうことは〝人事の佐藤〟であれば判っていたはずである。彼は沖縄の返還交渉のようになにかを実現しようと決意していたときには、そのような懇談会は作っていない。多分、佐藤はこの段階では官僚制を十分には掌握していなかったのかもしれない。少なくとも、彼の思考を助けるブレーンと官僚制をつなぐものがなかったように思われる。だから、重要施策だということで常識的に豪華スタッフからなる懇談会を作ったのではなかろうか。

だが、〝社会開発〟の失敗のもっとも重要な理由は、どの道そのための時機が熟していなかったということであろう。経済成長は社会を大きく変える。しかし、それがどのように、どの程度に変わり、そしてどのような問題をもたらすかは、経済成長が相当に進行するまで判りはしないのである。人口移動があり、都市化が進むとき、住宅が重要な問題となることは多くの人が判るだろう。社会開発懇談会も、最終報告書で住宅政策を最優先課題として強調した。しかし、経済成長はそれ自身住宅も良くする。専用住宅の畳数で言うなら、一九五八年の四・六四畳は一九七三年は六・五二畳と増加している。

だから、問題は広義の生活空間、すなわち都市のプランニングにあるのだが、大量の人間が都市へと流入し、しかも急速にクルマ社会化しつつある状況で、あるべき都市像を描くことはまず不可能である。今日からふり返れば、鉄道をさらに発展させ、駅の周囲の駐車設備と駅から住宅地への道路を整備すればよかったと言うことはできる。しかし、電車に乗って通勤し、その電車まで住宅から歩くのが常識であったときに、だれがそのようなことを考えられただろうか。

それに技術の問題がある。これまた、その可能性は予見し難かった。たしかに公害は問題として認識され始めていた。しかし、人々は経済成長に熱中していたし――大体、熱中なしに大変化はありえないのである――公害を除去するための規則と経済成長とを両立させられるかについて誰も確信がなかった。佐藤首相はこれまた早期に公害基本法の制定を政策目標としてかかげた。一九六一年には四日市ぜんそくが急増し、住民の反対運動が始まっていたし、一九六三年から六四年にかけて静岡県沼津市、三島市、清水町で石油コンビナート反対運動がおこっていた――これらは石油コンビナート建設を阻止した。私は今でも新幹線で富士市を通るとき、田子ノ浦に似つかわしくない風景を見て悲しくなる。とはいえ、成長できるときに成長しなくてはならず、多くの人々がそう思うのは社会の自然の流れである。だから、一九六七年に公害対策基本法が成立したけれども、その内容は〝経済の健全な発展との調和〟をはかりながら生活環境を保全するというものであって、そこから思い切った措置がとられるべくもなかった。だが、その不徹底さに世論が怒ったという記録もない。人々はまだ経済成長の方を重視していたのであった。

佐藤首相が公害に本腰を入れて取り組むようになったのはようやく一九七〇年五月、中央公害対策本部を作ったときである。一一月の臨時国会に多くの公害立法が提出され、翌一九七一年七月には環境庁が発足した。その業績のひとつとして世界でもっとも厳しい自動車排気ガス規制があり、それは結果として日本の自動車産業を質的に高め、世界での大きな地位を作らせることになった。しかし、そのときでもそのような規制に合致するようにすることには無理があり、日本の自動車産業は過酷な条件を押しつけられたというのが、ほとんどの関係者の意見であった。

佐藤栄作が想像力に富む人物であったならば、公害を減らすことと日本経済を質的に高め、ひいては世界での指導的地位に就かせるものだというグランド・デザインを描くことも可能であったかもしれない。しかし、その能力は佐藤にはなかったし、そうしたデザインを描くことができたのは一部のロマンティストで党派的でない人間でしかなかった。

だから、社会開発懇談会があまり意味のない作業をおこなっていたころ、佐藤内閣が懸案の処理では着々と仕事をしていたことが重要である。まず、一九六五年二月、朴政権との間で日韓国交正常化がおこなわれたし、続いて同五月にＩＬＯ八七号条約批准のために必要な公労法および地公労法の改正がおこなわれ、条約の批准もおこなわれた。共に強行採決によらざるをえなかったが、佐藤は池田が準備はしつつも結局は避けた問題を解決したのであった。中村隆英はそのことに触れて、〝事務的に懸案を処理していく佐藤の能力を見るべきであろう〟としている。[*12] その通りであって、佐藤はそのとき首相であることを実感していたと思われる。以上のことは、佐藤が目ざましい綱領やグランド・デザインを描くのではなく、時機が熟するときに問題を解決することに長けるというタイプの政治家であったことを示している。その意味で、佐藤の政治は〝待ちの政治〟であった。

しかし前もって準備した〝社会開発〟が人々を惹きつけなかったとき、彼はなにかが必要であると感じてもいた。〝社会開発〟はたしかに必要だが、自分自身具体的なイメージが浮かんでこない、と彼は考えていたようにも思われる。佐藤栄作はチャンスを焦ってつかまえようとはしない人物であった。

4

一九六〇年代の後半は国際環境も困難なものであった。池田勇人を送る祭典となった東京オリンピックが終わりに近づいたころ、ソ連でフルシチョフが解任されてブレジネフが政権をとり、続いて中国が核実験をおこなったことはその前兆であった。しかし、日本にとって最大の問題はアメリカがベトナムへの介入を深めたことであった。それは世論調査が示すように日本国内におけるアメリカのイメージを顕著に悪化させたからである。アメリカは戦後一貫して日本人がもっとも好きな国であり、一九六〇年の安保騒動はなんら影響を与えなかった。ところがアメリカに好感を抱く人の割合は一九六五年には前年の四九パーセントから四一パーセントへと一挙に低下し、その後一九七三~四年の一八パーセントまでその低下傾向は続いたのであった。[*12A]

駐日大使ライシャワーの自叙伝にもそのことが触れられている。「ベトナム情勢は五月一一~一五日の九州四県への訪問に明らかに影響した……共産党は私たちの旅行をだめにするため全力をあげることを決めていた。彼らは私に講演を依頼していた大学のすべてに、その招待を取り消すようにさせたし、どこに行っても騒がしい共産主義者の集団に出会った。……私は私の微笑に対して唾を吐きかけようとした一女性のことを覚えている。日本において、それは真実に衝撃的なことであった」[*13]。

ライシャワーは日本との対話を重視し、全府県を訪れる意思であった。しかし、この九州での経験は彼を考え直させた。「九州で、警備が過剰であるとほのめかしたとき、〝ミコヤンのときより軽いですよ〟という答えが陽気に返ってきた。しかし、それは慰めにはならなかった。友好国ではないソ連の指導者と比べられたことは、友好訪問を続ける時ではないと決心させた」。

アメリカのベトナム介入は正当性に欠けるものであったし、ゲリラ戦、とくにその鎮圧行為の残酷さが報道されて日本人を感情的に動かした。それは同盟国日本をきわめて難しい立場に置いた。アメリカの行動に疑義があるからと言って、戦っているアメリカを公然と批判することはできない。しかし、日本の世論の状況からだけでも、日本政府はアメリカを弁護するわけにもいかなかったのである。そしてアメリカのイメージが低下しつづけるとき、日米安保条約の期限が切れる一九七〇年には（条約によれば、その後の廃棄通告が可能であり、一年後に条約は消滅する）一九六〇年を上回る混乱さえ考えられた。

こうした状況のなかで佐藤栄作はきわめて困難と考えられていた沖縄問題に精力を集中

し、日米関係を固めようとしたのである。それは〝待ちの政治〟という言葉によって示される彼の慎重さとは逆のように見える。しかし、すでに紹介したいくつかの事例が示しているように、難局に際して決して逃げず正面からぶつかるのが彼の反面の素質であった。彼になかったのは、よい状況の中で積極的に構想し、人々を引っ張っていく能力なのである。逆に言えば彼は逆境には強かった。

もっとも、佐藤が沖縄返還をいつから最重要課題とするようになったかは明らかではない。それまでにも岸内閣と池田内閣がサンフランシスコ平和条約の〝潜在主権〟を根拠に、施政権の返還を探っていた。しかし、アメリカの態度は固かったし、その結果、一九六一年の池田・ケネディ会談では「住民福祉向上に対する日本の協力を歓迎する」という共同声明に示されるような〝積み重ね方式〟であった。施政権返還要求を正面から持ち出すことをせず、ほぼ完全に切れていた日本本土と沖縄とのつながりを回復し、深めていこうというものである。

だが、それは沖縄の人々を失望させ、翌一九六二年二月一日に沖縄自民党を含む全会一致で琉球立法院が復帰決議をおこない、一九六〇年の第一五回国連総会で採択された植民地解放宣言を引用し、「日本領土内で住民の意思に反し、不当な支配がなされている」という訴えを国連本部と加盟諸国に送ることとなった。それはアメリカ政府に衝撃を与えたようで、ケネディ政権は一カ月後の三月二日、琉球諸島が日本本土の一部であることをはじめて公式に認めた。沖縄返還はこのころから動きだしたと言えるであろう。

そして、ケネディ政権の沖縄新政策にはライシャワー大使の貢献が大きい。彼が自叙伝で書いているように、大使として一九六一年沖縄を訪問したとき、彼は返還の必要を悟り、翌一九六二年二月――ちょうど琉球立法院の決議のころ――日本を訪れたケネディ大統領の弟ロバート・ケネディを通じてその旨の具申をおこなったからである。「ボビイ・ケネディの訪日はワシントンにおける私の地位をかなり変えた。それ以後ワシントンに強力な友人を持った私は、話が行き詰まったとき、大統領と直接のチャネルを持つようになった」。そのライシャワーは佐藤首相など日本側の反応の遅さに苛立ちをかくしていない。

「沖縄返還が実現するには、日本側がその実現可能性をさとることが必要でしたし、そのためにもどのような形での復帰に、アメリカが同意する可能性があるかについての感触が必要でした。ところが、日本政府側はアメリカがすでに心構えを持ちつつあることが信じられず、動きはのろのろしていました。日本はアメリカがききわけのない態度を示すのではないかとおそれていましたから、佐藤栄作首相は非常に慎重で、返還の要請を口にしたがりませんでした。ことわられたときのことを考えるからです」[*14]。

もっとも、この箇所は一九八二年にNHK取材班構成ということで出された『日本への自叙伝』にはあるが、その四年後に出版された『日本とアメリカの間のわが人生』[*15]にはない。この二つの書物は構成も内容も酷似しているから、この違いは興味深い。おそらくライシャワーは草稿を基に、資料にあたり、考察を重ねて、日本側の事情を理解したのかもしれない。しかし、それまでの彼の反応が苛立ちであったことは間違いない。

日本としては慎重にならざるをえない事情があった。ひとつには、ケネディの沖縄新政策にしても沖縄が日本の一部であることを認めた後、「自由世界の安全保障上の利益が、琉球諸島を日本国の完全な主権のもとへ復帰せしめることを許す日を待望している」という文章がつけ加えられている。[*16] だとすると、冷戦が終わり、国際社会が安定することがまず必要になるが、一九六五年に国際情勢はその逆の方向に向かっていた。それに、沖縄新政策の発表後も、キャラウェイ高等弁務官はそれをほとんど無視したのであり、国務省関係者は交替について考えるほどであったが、陸軍はまったく無頓着であった。沖縄返還を実現するためには国防総省の同意が必要である以上、事態は楽観を許すようなものでは到底なかったのである。

しかも、日本のなかでも外務省が沖縄の早期返還をアメリカに対して要求することに消極的であった。私が目にした限り、佐藤内閣の沖縄返還交渉についてのもっとも優れた記述は千田恒の『佐藤内閣回想』であるが、千田は佐藤が沖縄の施政権の早期返還を求めた一九六五年一月のジョンソン大統領との会談の前に、外務省が用意し、アメリカ側に渡した〝トーキング・ペーパー〟を紹介してくれている。[*17] それは施政権の早期返還を求めるものではなく、池田・ケネディ会談以来の〝積み重ね方式〟を踏襲するものであった。「当時、外務省は、『本当にアメリカが沖縄を返すと思っているのか』という目で佐藤をみていた」(同上書)。

もっとも、早くから佐藤の決意が決まっていたとするのも多分正しくない。たしかに一九六四年、自民党総裁選挙に立候補したときの記者会見で「ソ連には南千島の返還を、アメリカには沖縄の返還を積極的に要求する。領土問題が片づかないと〝戦後は終わった〟とか〝日米パートナーシップの確立〟とか〝ソ連との平和外交の推進〟とかは言えない」と語っていた。しかし、これを聞いた記者たちは挑戦者にのみ許される大胆な発言と受け取ったようで、〝佐藤が本気でそう考えているのかマユツバだ〟と思ったのが普通だった。また、彼は一九六五年一月の佐藤・ジョンソン会談で施政権返還を正式に要求し、それは日米共同声明に盛り込まれた。しかし外務省が懐疑的であったことは先に述べた通りである。

一九六五年八月の佐藤の沖縄訪問は彼の決意のより明白な表明のように見える。彼は種々の懸案を片づけた後、アメリカがベトナムへの介入を深め、沖縄の嘉手納基地から出撃するようになった(もっとも、主たる基地はグアムであり、台風避難で沖縄に移動した後、そこからベトナム爆撃に発進したことがあった)沖縄を訪れた佐藤は「沖縄が本土から分かれて二〇年、私たち国民は沖縄九〇万の皆さんたちのことを、片時も忘れたことはない。私は沖縄の祖国復帰が実現しない限り、わが国にとって戦後が終わっていないことをよく承知しております」と言い切った。

しかし、このときに佐藤に成算があったとは思われない。彼の上述の行動は恐らく可能性を探るものであったのではなかろうか。ただ、可能性としてではあっても沖縄問題の解決を模索したのは間違いないし、それは彼の頑固とも言える意地張りがさせたものだ、と私は思う。一九六四年の自民党総裁選立候補の際の記者会見は彼をよく表している。戦後処理もきちんとおこなわれていないのに、将来に向けての外交ができるはずはない、と彼は言っているのである。彼の公式の発言は、普通に考えられているより彼の本心を表していることが注目されなくてはならない。戦後処理は主として戦勝国の責任なのであるし、それ故アメリカには戦後処理をきちんとする責任がある、と彼は考えたのかもしれない。吉田茂もそう考えていた節があるし、佐藤は吉田からそうした考えを引き継いだのかもしれない。しかし、意地張りは佐藤の天性の素質で、その点で吉田は佐藤を見込んだという方が真実に近いのではなかろうか。めざとい計算ではなく、本能的とも言える意思と判断とが、政治家の活力の源泉なのである。

5

佐藤が沖縄返還に相当の成算を持ち、それを内閣の最重要課題としたのは、一九六六年の春だったように思われる。その三月、アメリカ国務省は、施政権問題について、従来の方針を転換する沖縄基地の軍事的評価の調査を始めたし、六月には国務省の人間も加わって、国務省内に沖縄問題特別研究班が発足しているのである。もちろん、佐藤はそのことを知っていたし、官僚制のなかで長く生きてきた人間として佐藤はその意義を見逃さなかった。

そのころから佐藤の姿勢は明らかに積極化したことが記録によって裏づけられる。その三月の一〇日、佐藤首相は参議院予算委員会において、「沖縄が攻撃されれば日本も防衛に参加」と答弁し、これに野党が反発して審議が中断したので、三月一六日に再答弁し、「沖縄が米施政権下にある限り、法律、条約上、自衛隊の出動はできない」と述べた。それを裏返せば、沖縄に対する日本の主権の意味するものを語ったと言えるであろう。より明白な表れは、一九六七年一月の〝大津発言〟である。これは第二次佐藤内閣で総理府総務長官となった森清が、沖縄の全面返還が困難であることを考えると、教育、社会保障、産業政策などの分野での行政権を分離して返還するようアメリカに求めてはどうかという構想をいだき、その方向で努力するというもので〝積み重ね方式〟の延長線上にある無難なものであった。それを佐藤首相は全面的に否定したのである。森構想は疑いもなく現実的なものであったし、もし佐藤がここで無難に点を稼ぐことを意図していたならば、森構想を取り入れていたであろう。それを佐藤が否定したことは、本筋に従うことを欲する佐藤の基本姿勢と共に、ある程度の自信が生じたことを物語っている。普通、人間は〝将来の二羽のために、現在の一羽を見逃す〟ことはしないものだからである。

そして佐藤はその年の八月、森清が総務長官時代に作った沖縄問題懇談会を総理大臣の諮問機関に改組し、その座長大浜信泉の私的諮問機関として「基地問題研究会」を作ったのである。末次一郎がその事務局長となり、国際問題や安全保障問題の専門家を集めて、返還時の基地のあり方が検討されることになった。これは日本において政治家と知識人が協力し合う初めとなったものとされる。首席秘書官楠田実によると、「これまでの日本の政治は、政府と新聞、政党と新聞のキャッチボールであるというのが私の持論であった。お互いにボールを投げたり、投げかえしたりしているだけではないか。どうして学者や文化人といわれる人たちは、いつまでも〝プールサイダー〟に甘んじているのか、かねがね歯がゆく思っていた。例えばアメリカでは、大学教授が、ときの政権に参加して協力する。そして役割を果たしたら、また大学へ帰るというようなケースが往々にしてあるし、そのことがひとつも不思議に思われていない。日本の場合には、外部の人、とくに学者・知識人という人たちが、政府に協力するということは、何か異様なことのように受け取られている面がある。だから総じて、反体制というか、そういう方向で批判をすることをむねとする人たちだけの声がジャーナリズムに大きくとり上げられて、そうでない人たちの声というのは、必ずしも正確に世の中には伝わっていない。そこまで考えてみて、私はきわめて深刻にならざるを得なかった。わが国の内閣制度では、一体だれがものを考えることになっているのだろうか。……私はあらためてシンクタンクの必要性を痛感した。しかもそれは型にはまったものでなく、幅広く適宜に知識を吸収できる、スケールの大きい超大型のものでなければならないと思った」[*18]。

私もそう思う。しかし、その一人としての個人的感慨を述べさせてもらうなら、佐藤内閣のブレーンとケネディ政権のブレーンとは同じではなかった。佐藤も、ブレーン・トラストの編成を任された楠田秘書官も、ブレーンの能力を利用するという以上に、学者・知識人を尊敬してくれていた――たとえ、そのことがその学者・知識人に判ったのが後日のことであったとしてもである。そして、そのことを私は感謝する。佐藤内閣は学者・知識人の言動を政治的説得の手段として利用するのではなく、好きなことをさせ、立派な出番を与え、政策に言葉と形を与えることで満足したように思われる。大体、学者・知識人の考えたことを政治家が実行するというのでは、現実に巧くいくわけがない。しかし、政治家が目指していることの正当化あるいは理論づけを学者・知識人に依頼してもその持ち味は活かされない。〝キャッチボール〟とは言いえて妙で、両者がそれぞれ独立に考え、行動しながら、お互いに啓発されるというのがあるべき姿なのである。

なお、この作業を広い意味で統括したのが木村俊夫であった。彼は一九六六年八月官房副長官、翌年六月官房長官になり、沖縄問題懇談会を含め各方面と接触して、政策を作るうえで大きな役割を果たした。なお、木村は一九六八年一一月、保利茂が官房長官になったので再び官房副長官に舞い戻った。佐藤の懇請によるもので異例の人事だが、それは佐藤がいかに木村を買っていたかを示している。また、大物・保利茂を官房長官にしたのは、官僚制や政党との対策を考えたもので、沖縄返還がいよいよ詰めの段階に入ったことを反映している。

恐らく、このころには佐藤首相は〝核抜き本土並み返還〟を目標とすることに心を決めていたように思われる。それから間もない一九六九年一月、下田駐米大使に一時帰国を命じて話し合ったとき、佐藤は下田に対し〝核抜き〟の意思を伝えているのである。それは彼の基本的原則の帰結でもあった。その第一は一九六五年一月の佐藤・ジョンソン会談において示されたもので、それは当時注目されなかったけれども、沖縄の米軍基地が〝極東の安全のため重要〟であることを日本側として初めて公式に認め、そのうえで施政権の早期返還を求めるというものであった。当然、沖縄の軍事機能を維持しつつ返還してもらうことになり、だから困難だと考えられたのだが、しかし、それは返還への王道であった。同盟の軍事的機能を低下させつつ、戦争で失った領土を返せと言っても通ずるはずがないからである。

第二は一九六七年一一月の第二次佐藤・ジョンソン会談で小笠原諸島の返還が決まり、沖縄返還時期を両三年内に合意したいという日本の立場が共同宣言に入れられた後、国会での社会党の成田知巳の質問に答える形で示した〝非核三原則〟である。より正確にはそれを野党が国会決議としようとしたときに示した日本の核政策の四原則、すなわち〝非核三原則の堅持、日米安保条約の堅持、核軍縮の推進、核エネルギーの平和利用の推進〟である。そのころ核拡散が国際的な問題となっており、核拡散防止条約が結ばれた後だったので、核の管理や核兵器について佐藤は考えていたように思われる。

したがって、沖縄の米軍基地について言えば核兵器が必要かどうかが問題になるが、日本でも一九六八年の夏には、それが必要でないという認識が出されるようになっていた。木村官房長官も出席した基地問題研究会でも、そうした見解が表明された。戦略核兵器は前面に置く必要はなく、戦術核兵器は朝鮮戦争のときにその使用が考えられたことがあるが、ベトナム戦争ではまったく話題にもなっていないことも指摘された。それよりも日本が極東の安全にどのように寄与するのかが重要だという見解がアメリカで強いことは知られていたが、そうなると沖縄返還が日本国民に与える影響、すなわち日本国民がアメリカとの協力に積極的になるか否かがもっとも重要なのであった。もちろん〝核抜き〟は難しいというのが外務省などを中心に持たれていた常識であり、それを目標とするとき返還がおくれるという意見もあった。しかし結果を考えて妥協した提案よりも、筋の通ったものの方がかえって巧くいくこともある。

こうして、次はいつ態度を表明するかが問題となった。佐藤首相は一九六九年三月一〇日の参議院予算委員会での前川旦への答弁をその機会に選んだ。その二日前、基地問題研究会が一月末日米の専門家を集めておこなわれた「沖縄およびアジアに関する京都会議」の成果に基づいて「施政権返還後は日米安保条約を全面的に適用する」として、いわゆる〝核抜き、本土並み〟を沖縄基地のあり方とする報告書を提出し、朝刊に大きく報道されていたから、国内世論からは潮時であった。より重要であったのは、京都会議で核戦略の権威であるアルバート・ウォールステッターやトーマス・シェリングなどが〝核抜き〟に異議を唱えなかったことが報告されていたことであろう。幹事役を務めた末次一郎は「米側メンバーはワシントンにしきりに電話して打ち合わせ、われわれとの討議にのぞんでいた。国際電話の料金支払いがずいぶんかさんだものだ」と回想しているが[*19]、そうしたことも含めて話は伝わっていたように思われる。こうして佐藤はやれると判断したのであろう。

もっとも、アメリカはまだ政策を決めてはいなかった。国務国防両省が沖縄返還交渉に伴う各種政策の選択肢を列挙した報告書を完成したのは四月中旬であり、それからしばらくしてキッシンジャーの主宰する国家安全保障会議に提出された。それは沖縄返還交渉における佐藤の交渉手法をよく表している事例である。彼は状況を見つつ、ある程度の感触の下に、アメリカよりも少しだけ早くコミットし、それを最後の一押しとして、アメリカに日本の主張を認めさせたように思われる。そうした手法は、あとから理論的に解明するのはそう難しくない。しかし、状況を認識する努力、コミットするタイミングのとり方、そして最後の一押しの気迫などの点で、決して容易な方法ではないのである。佐藤栄作は沖縄返還に彼の政治生命を賭けていたのであり、それが慎重さと相まって交渉を成功させた、と言えるであろう。

実際、大筋が見えてきた後でも交渉は容易ではなかった。とくに、核はやはり困難な問題であった。京都会議では、核抜きは大して議論にならなかった。逆に、核兵器をあちこちに置くのは危険だという考えさえ示された。一九六〇年の終わりにかけて戦術核兵器を前線から引き揚げることが真剣に考慮されていたことを考えると、こうした反応は不思議ではない。われわれは当時それを知らなかったが、そうした考えは少し後マクナマラを含む何人かの人の共同論文として発表された。[*20] しかし、ヨーロッパから反対があったこともあって、理論的には戦術核兵器引き揚げは正しい政策という雰囲気でありながら、それが実行されたのは二〇年後、冷戦が終わってからであった。

一旦展開した強力な兵器を引くのは難しいのであろう。あるいは、そのような思い切った政策変更には、抵抗する力学が官僚制にはあるのかもしれない。だから佐藤は〝密使〟を使ったのであろう。佐藤は核兵器の再持ち込みに必ずしも反対しないことを個人的に約束した。[*21] それは戦略的には無意味なものであったが、官僚制の一部を説得するには必要であったのだろうと思われる。ただ、このような無意味なことに頭を煩わされずに済んでいたら、もっと積極的なことに頭を使えていたのに、という思いは禁じえない。ニクソン大統密使が扱ったもうひとつの問題は繊維製品の輸出自主規制問題であった。

領は一九六八年の大統領選挙の際、南部諸州において票をとるため、その有力産業であった繊維産業の便をはかり、日本に輸出を自主規制させることを約束させており、沖縄返還交渉の最終段階で日本政府に要求してきたのであった。いわゆる〝南部戦略〟であり、南北戦争以来南部諸州は民主党の牙城であり、共和党はまったく食い込めなかったが、一九六〇年代半ばから事態は変わり始めていた。その変化を見抜いたニクソンはたしかに炯眼《けいがん》であった。とはいえ、それを沖縄返還交渉の取り引きの対象とするのはいかにも不自然である。だから表向きに交渉するわけにはいかず、秘密の了解事項とならざるをえなかったのである。ニクソンは戦後史において世界の五指に入る外政家であり、多くの業績を成し遂げた。しかし、ときとして大政治家らしからぬ、個人的な利害得失の考慮が作用することもあったように思われる。

6

そうした微妙な不協和音を別として一九六九年一一月の佐藤・ニクソン会談は大成功であった。沖縄は日米安保条約の完全な適用を受ける形で返還されることになった。佐藤首相は会談後のナショナル・プレスクラブでの演説で、朝鮮半島における有事の際には日本として十分な責任を果たすことを明らかにしたが、それは当然のことであり、一九六五年一月の佐藤・ジョンソン会談以来、彼が重視してきたことであった。その年の末に行われた総選挙で自民党は大勝利を収めた。

しかし、その後一年経ったころから佐藤内閣は下降線を辿り始め、一九七一年秋の第六七臨時国会では、沖縄返還協定の批准にも苦労しなくてはならないようになった。ひとつには、佐藤内閣の長期政権化に伴って国民の間に飽きが生まれるとともに、自民党の結束が緩んだことがあげられるだろう。一九七〇年一〇月に四選された後、そうした傾向はにわかに強まった。この四選には木村俊夫のように反対を宣言していた人もいたし、佐藤自身、気持ちが揺れたこともあったようである。しかし、副総裁であった川島正次郎と幹事長田中角栄とがお膳立てをして、佐藤はそれに乗ることになった。なお、この川島・田中ラインは次期の指導者として田中を考えており、そのために政権交代の時期をおくらせる方が有利と判断して、佐藤の四選を勧めたのだが、佐藤自身は後継者として福田赳夫の方を考えていたようで、そのため後継の座をめぐって暗闘が始まることになった。しかも、川島正次郎は四選の一一日後死亡した。川島は佐藤よりも一一歳年上で、政治経歴もはるかに長い党人派であったが、楠田実の言うように終始〝ナンバー2としての自覚と認識と実力〟を持ち続け、それが日本の政治の安定と〝佐藤長期政権の大きな原動力〟となったのだった。*22 その死は佐藤内閣にとって大打撃であった。しかも彼が福田よりも田中を後継者と考えていたことは興味深いが、それも実現にはほとんど寄与することなく亡くなったことは後継者問題をさらに面倒なものにしたように思われる。

しかし、基本的には佐藤の使命は終わったと人々が考えたことが重要であった。一九七一年七月キッシンジャーが中国を訪問し、翌年二月にニクソン大統領が訪中するようになったことが発表されて、米中関係がにわかに動きだしたし、ちょうど一カ月後ニクソン政権は金・ドルの一時的交換停止と暫定的輸入課徴金の導入などからなる経済緊急措置を発表した。アメリカは世界経済のマネージャーの地位を放棄し、新たな国際経済体制を求めて模索が始まったのであった。それに対して佐藤内閣ははっきりした対応策を打ち出すことができず、にわかに指導力を失った。

大局的な視点に立って見る人がいたなら理論的にはこうした動きは予想できたかもしれないし、早い時期に対応策を講ずることも不可能ではなかったであろう。ベトナム戦争はアメリカに深甚な影響を与えており、一九六〇年代後半にはアメリカ社会の動揺と国際収支の赤字増大が見られた。アメリカはアジアにおけるコミットメントの整理と国際経済のなかでの位置づけの修正をおこなわなくてはならなかったのである。一九六八年初めに、ジョンソン政権はロストウ国務次官を日本に派遣して、ドル防衛策への協力を求めたし、日米貿易経済合同小委でもその問題が取り上げられた。コミットメントの整理については、一九六九年七月、グアム・ドクトリンが出されていた。「その中心となる原理はアメリカは同盟国や友好国の防衛や発展には参加するが、そのためのすべての計画を発案したり、すべてのプログラムを作成したり、すべての決定を実行したり、また世界の自由諸国の防衛をすべて引き受けたりすることはできもしないし、またそうする意思もないということである。われわれは、実際にそうすれば効果があり、またそれがアメリカの利益になると考えられる場合に援助するであろう」[*23]。

基地の問題を超えて、日米両国がそれぞれどのような役割をになうのかを考えてもよかったはずである。しかし、人間は新しい状況を早期に的確に把握する能力にそうは恵まれていない。為替レートについては、輸出至上主義が人々を強く支配していた。日本の国際収支が安定して黒字になってまだ数年しか経っていなかったことを考えるとやむをえないかもしれない。円切り上げに対しては財界を中心に反対が強く、円切り上げ論議は一九七〇年代に入っても官庁においてタブーとされていた[*24]。小幅の円切り上げを繰り返していくべきだという〝クローリング・ペッグ論〟が近代経済学者グループによって発表されたのが一九七〇年五月という状況であった。

グアム・ドクトリンに対して注意が払われなかったわけではなかったが、どうしても沖縄返還という文脈で考えてしまうところがあったし、沖縄返還後日米関係を着実に発展させていけばよいと考えるのが普通であった。それというのも、中国は一九六〇年代後半に文化大革命に入り、一時は外交も行われないという状況だったし、中ソ関係が著しく緊張するようになっていた。そこにかえってチャンスを見たのはニクソンとキッシンジャーのすごいところだが、もちろん、米中関係の変化は理論的には十分考えられた。一九七〇年に国連総会で北京政府を中国の代表とする〝アルバニア型決議案〟がはじめて過半数を占めたように国際情勢も変化し始めていた（ただ中国の代表権を変更するいかなる提案も、国連憲章第一八条により重要問題であるとして三分の二の多数を必要とする、いわゆる重要問題指定決議案をアメリカが成立させていたので、アルバニア決議案は成立しなかった）。しかし、事態があれほど急速に展開するとは思われなかった。私自身も含めて国際情勢の全体像を描く能力の欠如を情けなくも思うが、転換期はそうしたものなのであろう。それに〝沖縄疲れ〟とも言うべきものがあったことも事実である。

だから、私は佐藤首相が急変に際して動じなかったことを評価する。人間の予見力と行動力が限られている以上、それまた政治家にとって重要な素質なのである。ショックの続いた一九七一年の秋、国連総会で日本が逆重要事項指定方式と二重代表制とに関し、今まで通りアメリカと共同提案国となるか否かが問題となった。世論は〝時代逆行的〟として批判的であり、自民党のなかにも批判的な意見が出されたが、佐藤は共同提案国になることに踏み切った。そして中華人民共和国政府の国連代表権を確認し、安保理事会常任理事国の議席を与えると共に〝経過的な措置〟として中華民国政府の国連代表権を維持させようというのは十分成立するひとつの考え方である。少なくとも、ショックがあってもあわてて急変するのは避けるべきことで、スジを通すことによって信用を保つことができたとも言えるだろう。それはその後の日中国交正常化交渉において日本の立場を有利にこそすれ、決してマイナスにならなかった。
佐藤首相は一九七一年夏の二つの〝ニクソン・ショック〟の後、あわてもせず、アメリカに腹を立てることもしなかったことで、最後の重要な仕事をしたとさえ言えるかもしれない。その年の末、『ウォールストリート・ジャーナル』はアメリカの外交の乱暴な急転回に対して、日本が〝もっとも文明国らしい態度で〟対応したと書いた。私はその評価は間違っていないと思う。

注

＊1　佐藤栄作『今日は明日の前日』（フェイス、一九六四）
＊2　宮崎吉政『宰相・佐藤栄作』（新産業経済研究会、一九八〇）一九頁
＊3　升味準之輔『戦後政治』（東大出版会、一九八三）二六〇－六五頁
＊4　保利茂によると、こうした陰謀は「政党として全く無軌道なこと」であり、賛成できなかった。鈴木茂三郎は総司令部から「社会党内の左派と右派の一部と自由党内の吉田派を除外した勢力によって連立政権」を作ってはどうかと勧誘されたが断った（同右書）。
＊5　『佐藤寛子の宰相夫人秘録』（朝日新聞社、一九七四）四七頁
＊6　同右書三二頁
＊7　『鉄道人・佐藤栄作』一六三－五頁
＊8　同右書二九四頁

＊9　中村隆英『昭和史』（東洋経済新報社、一九九三）第七章
＊10　千田恒『佐藤内閣回想』（中公新書、一九八七）二二五頁
＊11　石田博英「保守政党のビジョン」（『中央公論』一九六三年一月号）
＊11Ａ　社会開発については楠田実編著『佐藤政権・２７９７日』（行政問題研究所、一九八三）参照。
＊12　中村隆英、前掲書五四〇頁
＊12Ａ　ＮＨＫ放送世論研究所『図説　戦後世論史』（日本放送出版協会、一九七五）一七九頁
＊13　エドウィン・Ｏ・ライシャワー『日本への自叙伝』（日本放送出版協会、一九八二）四二〇頁　Edwin O. Reischauer, *My Life between Japan and America* (Harper and Row, 1986) P. 287
＊14『日本への自叙伝』第九章第七節
＊15　*op. cit.*
＊16　千田恒、前掲書一一頁
＊17　同右書五七－五八頁
＊18　楠田実『首席秘書官』（文藝春秋、一九七五）四三頁
＊19　千田恒、前掲書六五頁
＊20『フォーリン・アフェアーズ』においてマクナマラの戦術核兵器引き揚げ論が示され、それへの反論もなされた。
＊21　若泉敬『他策ナカリシヲ信ゼムト欲ス』（文藝春秋、一九九四）

＊22　楠田実、前掲書五四頁
＊23　大統領外交教書一九七〇年
＊24　中村隆英、前掲書五七九頁

田中角栄——開発政治の到達点
Tanaka Kakuei

(1918～1993)

在職期間
S 47. 7 . 7 ～12.22
S 47.12.22～ S 49.12. 9

御 厨　貴
(東京大学名誉教授)

1

毀誉褒貶という言葉がある。戦後宰相の中では、吉田茂と田中角栄（大正七年五月四日生―平成五年一二月一六日没）がこの言葉にピタリ当てはまる存在であろうか。もっともその評価のむきは正反対だ。吉田の場合、首相を石もて追われた後、池田―佐藤の時代に高度成長期を準備した戦後復興期の担い手として評価が高まった。その意味では雨のち晴れなのである。

ところが田中の場合はまったく逆だ。池田―佐藤の時代に高度成長期の有力な担い手として評価が高まり、「今太閤《いまたいこう》」ともてはやされた首相就任時の評価がピークをなす。世論調査での支持率は何と六二パーセント。これは細川内閣まで破られたことのない高値である。だが「満つれば欠くるのならい」とはよく言ったもので、田中人気はこれ以後坂道をころがり落ちるように低下の一途をたどる。

田中内閣（昭和四七年七月七日―四九年一二月九日）は「決断と実行」をスローガンに、外交では日中国交回復を、内政では日本列島改造を各々政治課題に掲げた。結果は既に明らかである。外交は成功し内政は失敗した。とどめをさしたのは、首相田中個人の金脈問題であった。かくて田中の評価は快晴転じて大雨となった。

首相退陣後なお派閥を維持した田中は、昭和五一年八月、ロッキード事件の被告となりながら田中派の膨張につとめ、「闇将軍」「キングメーカー」の地位を恣《ほしいまま》にし、「田中支配」とよばれる政治の二重権力状況を創り出した。これは昭和六〇年二月、竹下登を中心とする創政会結成という田中派内部の反乱と、その直後の田中の発病による事実上の政治活動の停止によって、終止符をうたれることになる。

首相退陣後「田中支配」を確立した一〇年間、田中の評価については逆ドーナツ現象がおこる。田中の実務能力をよく知りその利益にあずかる新潟三区―永田町―霞が関におけるいわゆる政治のプロの評価は変わることなく高く、それ以外のマスコミ世論におけるいわゆる政治のアマの低い評価と、著しいコントラストをなした。局地的に晴れで、全体としては雨ということか。

「棺を蓋《おお》いて事定まる」と言う。しかし田中に関する限り、世を去って八年、到底評価が定まるという状況にはない。マスコミの多くは今でも功罪相半ばするというよりは、罪の方が大きいが功もあるという言いまわしを好む。その点で田中角栄の死後、新潟日報のインタヴューに答えて、元国土庁事務次官の下河辺淳が次のように述べているのは、まことに言いえて妙である。

「田中さんがちょっと危ないという（病状悪化の）情報が流れた時に、新聞社が何社か私のとこに来た。共通しているのは『死んだときは褒めなくちゃいけないんで褒め方を教えてくれ』と言うんです。『褒め方が分からない』と」（「発掘田中角栄」〈54〉『新潟日報』一

九九四年）

マスコミがオウム返しに唱えてきた「田中金権悪者説」に、マスコミ自らがあまりにもどっぷりつかってしまった揚げ句に、気がついてみたら褒め方すら忘れてしまったというのは、これはブラックユーモア以外の何ものでもあるまい。他方で読売新聞の世論調査（九五年一月五日）によれば、戦後五〇年で「日本の発展に功績があった人」には、田中角栄（二三パーセント）が吉田茂（二二パーセント）を鼻の差でおさえてベスト・ワンに輝いている。しかも吉田茂の支持率が五〇歳代から六〇歳代にかけての高齢者世代で三五パーセントという高値を示すのに対して、田中角栄の支持率は三〇歳代から五〇歳代まで平均して二五パーセントという安定ぶりを示す。すなわち働きざかりの世代による支持率を、田中角栄はみごとに獲得している。

このように今なお田中角栄への評価がまっ二つに分かれるのは、評価する側の政治観の相違によるというの他はない。政治家田中角栄の中にいかなる政治的価値を見出すのか――政治を実技〈ホンネ〉とみるのか、それとも倫理〈タテマエ〉とみるのか。田中角栄は、まことによきリトマス試験紙となる。しかもどうやらこの二つの価値観は、相互にオール・オア・ナッシングであって中間領域を形成しない。そもそも価値観として両立しないのであれば、あとは良いか悪いかだけの多分に感情的な結論に辿りつくことで事足れりとなってしまう。田中角栄論が常に堂々巡りになり、政治論としてはいっこうに深められないのは、このためではないだろうか。

2

もっとも政治と文学を共に言葉を操る世界という観点から捉え直す試み（江藤淳『日本よ、亡びるのか』文藝春秋刊、一九九五年）の中で、江藤淳と石原慎太郎は次のような注目すべき対話を行っている。

「**江藤**　いったいいつ頃まで、政治家が言葉に重きを置いて、一言一句を慎重に喋ろうとしていたのか。また政治家がものを読まなくなったり、書かなくなったのはいつからだろうか。

石原　そうね……ポスト佐藤だな。

江藤　そうだろうな、やっぱり。

石原　田中角栄が出てきて絢爛として空疎な饒舌を振りまいた。みんなげんなりしながらも、それに引きずられていったけれどね」

江藤はここで、明治大正期の政治家と同じく「自分の考えを文字に書きつけて人に読ませる」書翰によって、自己の政治を展開した吉田茂を田中角栄に対置する。他方石原はここで、「言葉がないことも一つの感性の表出になる」「表現にならない表現力を持った政治家」佐藤栄作を田中に対置する。政治家に江藤や石原が考えるような自己表現能力──それがとりもなおさず知性と教養ということになる——が要求されるならば、田中角栄はそれから最も遠い所にいたことは確かだ。ところで政治をこのような自己表現の世界と仮定した場合、吉田にせよ佐藤にせよ、情報はすべてストックとして捉えられた。したがって集められた情報は質量の差異によって様々の坩堝《るつぼ》の中で溶解され、発酵までの時を待つことになる。そして熟成されたものから少しずつ形を変えて、自己の表現装置を通して相手に伝えられていく。これこそが、吉田や佐藤の言葉による政治の真骨頂なのだ。そこでの情報は、ストックされる時間の長さに意味があるわけである。

しかし一角《ひとかど》の政治家になるためには、いずれにせよ自己表現のレトリックがなくてはならぬ。はたして田中にとってそれは何であったか。石原がはしなくも「絢爛として空疎な饒舌」と称したのは、田中の自己表現のスタイルと中身の両方だったに違いない。スタイルとは、常にダイアローグがモノローグと化す田中の饒舌の生態そのものに他ならなかった。また中身とは、田中が東京帝国大学法学部出身の福田赳夫と勝負するのに、自らの名を冠した本で戦うと大見えを切った『日本列島改造論』以外にはありえなかった。

ここで田中にとって、情報はすべてストックならぬフローでなければならなかった。田中の秘書は皆口を揃えて言う。常に田中に見せる情報は、一枚紙（カード）に「○○の件」と書き、あらかじめ具体的な対応策を書いたうえ、理由を三つないしは五つに絞って箇条書きに書く。どんな案件でも理由は三つないし五つは存在するが、それ以上の理由は絶対にないとの田中の信念に基づくからだ。こうしてありとあらゆる情報が一枚紙にフラットにされて田中に呑みこまれる。しかる後、ファクツと数字はそのままフローの形で田中の頭の中で記憶され、一たん口を開くとエンドレスとも言うべき一方的なオシャベリとなって洪水のごとく噴出してくる。

さらに情報がフローであることの意味は、田中にとっての政治課題の多くが公共事業・社会資本・インフラストラクチュアに関連していることにある。はしなくも娘の田中真紀子は次のように述懐している。

「父の場合、巨視的な政治と微視的政治を両立させることはなんの負担でもなかったようです。地元の小さな橋の改修も、四国と本土を道路で結ぶことも、ソ連と北方四島返還交渉をすることも、すべては日本のためになるという意味で同じだったのです。ごく自然体で問題意識に取り組んでいた、という感じがいたします」(「発掘田中角栄」〈3〉『新潟日報』一九九四年)

田中の場合、インプットされる情報が常にフローの状態にあるから、アウトプットされる提言なり見解なり自己表現されるものもまたフローであった。ミクロの選挙区の政治からマクロの日本全体の政治、それに国際政治までのすべてが、立体的にレベルの異なる問題として把握されるのではなく、フラットな同心円上に拡大する問題として把握された。逆にいうと、田中の政治家としての地位が上昇し、関わる問題がマクロへと広がっていっても、田中の対処には質的な変化はなく、量的拡大がすすむだけなのである。田中はそのことを、自らを『ガリバー旅行記』に出てくるガリバーになぞらえて次のように断言する。「ガリバー的といったって、わたしが巨人になって日本を上から見おろしてるわけじゃない。政治家にとって大切なのは、ものごとを鳥瞰的、俯瞰的に見るということだ。それをガリバー的といってるのさ。上から全体を見れば、広く見渡すことができる。『あーこの道はどん詰りだ』『この山の向こうには水がある。これは砂糖水だ。財源になるぞ』と、ひと目ですぐわかる。それを目前のことにとらわれて、地べたを這い回っていたんでは、全体を見渡した政治はできない」(『早坂茂三の「田中角栄」回想録』小学館、一九八七年)

同時に田中は、政治家の国民に対する責任は政策を実行するか否かであり、政治家は政策を実行しなければ存在価値はゼロと言い切った。だからこそ田中の自己表現としてのアウトプットは、いつも具体的解決案であり、それ以上でもそれ以下でもなかった。批判は誰にでもできるが、政治家の使命は具体案に尽きるというのが、田中の信条だったからである。

3

しかし田中は、政治家による大なり小なり具体的解決案としての政策を実行に移すという行為が、すべての国民を満足させるものではないということを知っていた。否、解決案が具体的であればあるほど、むしろそれは対立をひきおこす契機となることがしばしばであった。だから逆説的ではあるが、政治家は何もしない方が安泰と言うことにもなる。何もしなければ、分裂や対立はおこらないからだ。田中は秘書の早坂茂三に、「たとえば川の真ン中に橋をつくると、上流と下流の連中が文句を言う。下流につくると、中流と上流が苦情を持ってくる。上流をやれば、またしかり。何かやれば——仕事をすれば、必ず文句はどこからかでてくる」と語っている（早坂茂三『オヤジとわたし』集英社、一九八七年）。

そうした困難をすべて見こしたうえで、なお平地に波瀾をおこすのが政治家の役目であると田中は考えていた。したがってただ単に陳情を受けたから補助金獲得に動くといった消極的な姿勢に終始しない。昭和二〇年代のかけ出し代議士の頃から、田中は一つ一つの陳情について過剰なまでに学習しインプットしていった。やがてそれは自分の方から陳情の先読みをし、先手を打って攻勢をかけていく姿勢へと変わっていく。佐藤内閣の下で田中が自民党幹事長にあった頃の陳情風景について、秘書の佐藤昭子は次のようにヴィヴィッドに描写している。

「田中はそれ（全国の各都道府県の人脈）を全部頭の中に入れている。陳情に来た県会議員はみな一様に『まあ私たちの知らないことを、先生はよく知っていなさるなあ』と驚く。一回頭の中に入れたことは絶対忘れない。一度でも視察に行って、ここは直さなきゃいけないな、と思ったらそれは頭の中のノートに記載される。だから、即座に具体的な質問をする。『おい君の県のあそこの場所は、川の幅をもう少し、何メートルに伸さなきゃいけないんじゃないか』とか『あそこの道路はどうなったかい』とか聞く。こう言われると、県会議員でもすぐには答えられない」（佐藤昭子『私の田中角栄日記』新潮社、一九九四年）

こうして幹事長時代を通じて先手主義に磨きをかけた田中は、首相になっても変わることなく陳情の処理に忙殺された。その際田中の陳情処理は、政治技術からもはや政治芸術といってもよい境地に達していたと言わねばならない。当時首相秘書官だった小長啓一は往時をふり返って、その名人ぶりをこう語る。

「『（陳情を受ける）応接間の入り口に入る顔を見たら、きょう何を陳情に来たかがわかる』と田中さんは言っていました。（中略）『だから相手がひと言しゃべれば何を陳情しに来たのかがわかる。わからないのに〝わかった〟と言っているわけじゃないんだ』といつも言っておられた。すぐに秘書の山田泰司さんに処理を言いつけて、二、三分のうちに一件の陳情ができ上がっちゃう。一時間の陳情で何十件の陳情が仕上がる」（小長啓一「発掘田中角栄」〈16〉『新潟日報』一九九四年）

だが田中は単に先読みと先手主義だけで対応していたのではない。陳情を含めて田中が政策の実行にあたって強調したのは、固定観念に捕らわれた官僚的発想や現行法墨守主義をこえることであった。すなわち現実と法律や制度を対照させ、政策としてできることとできないことをはっきりわける。この点に着目して、田中内閣の官房副長官だった後藤田正晴は、田中を「異能の政治家」と評した（後藤田正晴『政と官』講談社、一九九四年）。ただしその際、一見できなくみえることでも、現行法の拡大解釈、現行法の改廃、新法の制定というこの三段階のいずれかで可能ということになれば、あとは田中の「決断と実行」を待つのみであった。ミクロからマクロまでの政治のいくつかの実例を見てみよう。

田中の選挙区での例（早野透『田中角栄と「戦後」の精神』朝日文庫、一九九五年）。栃尾と長岡をトンネルで結ぶ予定の快速道路建設は、地元負担では到底無理であった。そこで田中はまず県道をつなぎ合わせて国の予算のつく国道三五一号を建設したうえで、そのバイパスとして快速道路を建設したのであった。

首相時代の沖縄の高速道路の例（高橋国一郎「発掘田中角栄」〈66〉『新潟日報』一九九四年）。三年後の沖縄海洋博までに高速道路建設を間にあわせたいという屋良知事の要請に対して、これまで一番早かった名神高速でも六年かかったのだから、三年では到底無理と建設省は否定的だった。だが田中は「どうすれば三年でできるか」と問い直し、大胆な土地買収を行った結果、わずか三年で高速道路はできあがった。

通産相時代の日米繊維交渉の例（小長啓一「発掘田中角栄」〈11〉〈12〉『新潟日報』一九九四年）。田中はまず対米折衝において、「被害のないところに規制なし」「二国間の貿易のバランスはマルチベースで考えるべし」との通産省の論理を前面に押し出し、コワモテに出ることによって通産官僚の信頼を勝ちとった。そのうえで大平・宮沢と二代の大臣で解決できなかったこの交渉にも潮時が来たと判断し、国内交渉と対外折衝をワンセットにして解決への道筋をつける。すなわち大蔵省と折衝して二千億円を上まわる業界に対する対策費を出させると同時に、対米全面譲歩に踏み切るというものだった。

田中は、このために官僚を徹底的に使いこなすのである。後藤田は、続けて次のように総理時代の田中と接した時の特長を述べる。

「また、田中さんは役人を使うのが抜群に優れていた。官庁の中で『これは使える、これは使えない』と全部チェックを入れていた。そして使える役人については、郷里はどこか、経歴はどうか、役所の中の風評はどうか、など全て知っていた。そういう知識を背景にして、必要なときにタイミングよく役人を使うのである」(『政と官』講談社、一九九四年)

当時田中に仕えた官僚たちは、いずれも異口同音に、従来のルールを変えられずまた変えてはならない行政と比較した場合、田中が確立した、従来のルールにとらわれず新しいルールを打ち立てる政治のあり方を高く評価する。そしてそれこそが、政治と行政とを分かつメルクマールとさえ言い切るのである。実はこのことは官僚側のみならず政治家の側でも認めている。たとえば田中角栄の下で育った橋本龍太郎(「発掘田中角栄」〈82〉『新潟日報』一九九四年)は、田中の教えとして官僚の知恵を大事にしながら官僚と違った切り口を考える点をあげている。

しかしその橋本が同時に苦い思い出として、首相になってからの田中がなお時折「突拍子もない発想」を出して積み上げた予算が崩れて困ったことがあると述懐しているのは印象的である。このことは、政治が行政を率いるといっても、その政治家の判断がある一線をこえた場合、とてつもない恣意の政治と化していく危険性を示唆しているからだ。

橋本は、田中の政治が常に量で勝負することの危うさを感じとっていたと見てよい。田中は質に転化するすきも与えぬほどのスピードで、ともかくも量をこなしていく。いわば無限の陳情や要求に、無限の具体的解決案で対応することが、田中にとっての民主主義の原点であった。だから田中は政敵であろうが反対派であろうが、自分に接近してきた者には必ず積極的に対応した。その結果としていたる所に〝カクレ田中派〟が増えていった。

したがって「頂上をめざすには、敵をできるだけ減らすことだ。自分に好意を持ってくれる広大な中間地帯をつくることだ」（『早坂茂三の「田中角栄」回想録』小学館、一九八七年）という田中の有名なセリフは、意図と結果が逆なのではあるまいかと思われる。つまり昭和二〇年代以来の田中の政治手法の積み重ねの結果として、田中に好意的な中間地帯がいつのまにか増えていった。そのことに気づいた田中は、頂上を意識し始めたある段階（昭和三〇年代後半か）から、今度は意図的にそれを増やすように努めたのであろう。

4

そもそも田中の政治家としてのスタートは「土方代議士」であった。昭和八年に新潟の高等小学校を卒業し九年に上京して以来、理化学研究所の大河内正敏との関係に与《あずか》りながら、一八年には田中土建工業を設立。敗戦と共に朝鮮の現場から引き揚げ、旧民政党の大物、大麻唯男のすすめで日本進歩党に入党し、衆議院議員総選挙に立候補するも二一年四月は落選。翌二二年四月新憲法下初の総選挙に民主党から立候補して初当選。国土計画委員会常任委員となり政治家としての具体的活動を開始。炭鉱国管案に反対して幣原派として脱党し、二三年吉田茂の自由党と合同。以後、昭和二〇年代は一貫して吉田自由党に所属し、建設・土木関係の主要立法のすべてに関与。

昭和二〇年代のかけ出し代議士としての田中は、決して当初からハデな存在ではなかった。今日あまりに強烈な存在感をもつようになった田中のイメージを、無造作にこの時代まで逆照射すると、その点をまちがう。本人ならびに周辺の回顧も、その辺を割り引いておかねばなるまい。同期当選ながら反吉田で終始し改進党革新派だった中曾根康弘は、「私は言論で吉田茂さんを攻撃し、スポットライトを浴びていたが、そのころ角さんは次の時代の弾込めというか肥料をやっていた時代でしょうね。炭管疑獄（二審で無罪）がハンディになって、昭和三十年ごろまであんまり表に出られなかった」（新潟日報報道部『宰相田中角栄の真実』講談社、一九九四年）と、正直に回顧している。

もっともすでにして最初の衆議院議員任期中に疑獄の主役となって、法務政務次官をわずか一カ月で棒にふったにもかかわらず、田中は後のロッキード疑獄の場合と同じく選挙戦そのものは勝ち抜き、政治生命を断たれることはなかった。田中はやはり独自の嗅覚をもって、土建業出身の自分を国会の中でいかにしたら生かせるかということに、当初から気がついていた。しかも当時の国会と言えば新旧相乱れたうえにGHQまでからんでややらとメモランダムが発せられ、それこそ無秩序そのものの状況にあった。そのような中で田中は、GHQのメモランダムに基づく法文化作業に携わったり、逆にこれに反する議員立法をすすめるなど、水を得た魚のごとく立法活動に活躍の場を見出したのである。そのうえ帝国議会時代の本会議中心主義から、戦後の国会はアメリカ式の常任委員会中心主義に変わったため、田中は逸早《いちはや》く自分の最も得意とするフィールドである国土計画委員会、次いで建設委員会をホームグラウンドとすることができた。田中および彼の周辺が、自らを戦後民主主義の申し子になぞらえるのは、その意味では正しい。

しかし昭和二〇年代の政治をふり返る時、政治家田中のメインターゲットがこれまた一貫して建設・土木関係にあったことは特筆に値する。むろん建設・土木は地元利益と結びつく問題であるから、戦前から少し目端のきく政治家ならば誰でも関心を持たなかったわけではない。地方ではこれをめぐる政争もしばしばおこった。だがいったんこれが国会の場にもちこまれた時も、それはあくまでもアンダーグラウンドの仕事と見なされていた。多くの政治家にとって、まずは国会議場での天下国家をめぐる言論戦、次いで大物代議士の下での院外団的な活動が、メインの仕事だったからである。

田中は国土計画委員会に所属した当初から、内務省解体後の土木局を単なる建設院ではなく、建設省に昇格させることを訴えていた。「私は土木建築業者でございまして、しかも建設省の設置に対しましては、過去一〇年間を通じまして設置論者であります」との昭和二二年の委員会における発言（早坂茂三『政治家田中角栄』中央公論社、一九八七年）は、簡にして要を得ており臆するところがまるでない。ではなぜ建設省創設なのか。田中は戦後復興を衣食住の生活レベルで捉え、とりわけ住宅問題の解決こそが喫緊の課題と考えており、そのためには母体となる建設省が是非とも必要なのであった。

こうして逸早くまだ見ぬ建設省（設置は昭和二三年）のパトロンとなった田中は、この後、国土総合開発法、公営住宅法、道路三法などの立法活動に精力的にとりくんでいく。同じ時期に只見川の新潟への分水問題など地元利益のためにももちろん働いているのであるが、田中を他の凡百の利権屋的政治家と分かつ最大のメルクマールはここにあった。

すなわち田中は、特殊一地方に限定された利益供与の問題を、全国一律の法体系を作り上げその中に位置づけて解決する。ここでは制度化された全国大の法文のネットワークに対して財源がつくから、構造的に利益供与の体系が確立していく。その結果自分の地元はむろんのこと、他の地域も財源の許す限り余慶に与りうることになる。しかも田中は、こうした議員立法のたびごとに、全国レベルの様々な国土情報に接することができたばかりか、建設省との絆を一層深めることになった。

具体的に示そう。二五年の国土総合開発法の制定に際し、田中は全国の水系関連情報を入手し、二七年の国総法改正と電源開発促進法制定とにより、田中は只見川水系開発を確実なものにすると共に、全国の電源開発体系を掌握してしまうのである。さらに二六年の公営住宅法の制定では、救貧者住宅からサラリーマン住宅への流れを田中が生み出し、これはやがて三〇年の住宅公団へと結実していく。結局二七—二八年の道路三法制定において、田中がガソリン税を道路整備のために特定財源化したことは、田中と建設省との関係の構造化に役立ったと言ってよい。

後年田中がまことに誇らしげに次のように語った所以である。「いつだったたか、正確さを自慢にする朝日新聞が、わたしの経歴紹介のなかに『建設大臣』と書いたことがあるんだ。世間では、わたしが建設大臣をやったと思っているようだが、実はやったことはない。それでもわたしが建設大臣をやったように思われているのは、昭和二十七年に議員立法で道路三法をつくったからなんだな」（『早坂茂三の「田中角栄」回想録』小学館、一九八七年）。

まだ見ぬ建設省のパトロンをつとめた田中は、いつしか幻の建設大臣になっていたのである。「田中もまた、部屋（議員会館）にいることはあまりなかった。暇さえあれば建設省の事務次官室などへ行っていたので、田中への電話があれば居場所をさがすことになる」との秘書の佐藤昭子の回想（『私の田中角栄日記』新潮社、一九九四年）も、このことを裏書きしている。

さらに田中は建設省人脈の培養のために、公的資金のパイプを公的に建設省につなぐに止まらず、公的資金のパイプを私的関係に持ちこむこともあえて辞さなかった。昭和三〇年田中の選挙区内の三島郡で、補助金つきの初めての舗装道路中永線が完成した時のことだ（新潟日報編『ザ・越山会』一九八三年）。地元小津村の小熊村長によれば、竣工式予算六〇万のうち半分の三〇万を田中が流用し、建設省の役人とその夫人への贈答用の反物を買いまくったという。しかも夫人の年齢や体格など細かなパーソナルデータまで覚えていて選んだというから、何をか言わんやだ。

かくて田中は昭和三三年、岸内閣郵政大臣当時の総選挙の選挙公報で、次のように述べた。「私は世界的政治家や総理総裁になって一党をひきいようというような派手な夢や考えは持ちません。私が道路や橋や川や港、土地改良等に力を入れるので一部のかたがたは『田中は土方代議士だ』といわれるが、私は原水爆禁止運動も世界連邦運動も結構だが『まず足元から』という気持ちであえてこの批判に甘んじておるわけであります」（早野透『田中角栄と「戦後」の精神』朝日文庫、一九九五年）。

「土方代議士」としてのアイデンティティーを堂々と主張して憚からぬ田中は、イデオロギー重視型のハイポリティックスに対して、生活密着型の国土開発の政治が存在することを、ここで高らかに宣言したのであった。

5

それにしてもやがては「コンピューター付きブルドーザー」との異名をとるまでになる田中の政治への動機づけは、いったい何だったのであろうか。昭和四六年、通産大臣田中の秘書官になったばかりの岡山生まれの小長啓一に対して、田中は開口一番「岡山というのは雪というのはロマンの対象なんだろうな」と先制攻撃をかけた。そして川端康成の『雪国』に言及したのち、「君なんかにとっては雪はロマンの対象なんだ。ところが、おれたち裏日本に住んでいる連中にとっては、雪というのは生活との戦いなのだよ、それがおれの国土開発の原点なんだよ」と強烈な言葉を口にしている（NIRA研究報告書『戦後国土政策の検証』総合研究開発機構、一九九五年）。

裏日本のルサンチマン――煎じ詰めていえば田中の場合もこれに尽きる。確かにすでに述べたように、政治家田中角栄は出世の階梯を一段上がるたびにフローの情報を増やし、同心円を一つまた一つと増やしていった。量を量で凌駕する田中の政治には、頑なまでに質への転化を拒絶する姿勢があった。しかしその田中にして、迸《ほとばし》るような激情がつきあげるのは、ふと政治で生きることを思いたったその動機に思いがいたり、幼少時の思い出にまで記憶が戻る時だ。人は誰でも自らの幼少時の思い出だけは、フローではなくストックの形で情報を残している。そして幼少時の思い出の坩堝から、その人の成長の段階に応じて、すぎさりし過去のこととしてではなく、まさに今ある自分の確認行為として情報が引き出され、語られる。

田中の場合、まとまった自己表現としてこれが語られたのは、長い政治生活の中でたった一回きりであった。すなわち天下盗りを射程におさめ始めた昭和四一年、自民党幹事長時代に、田中にとって一瞬なぎのような時間が訪れた。今日でいう人間ドック、検査入院である。その時を利用して『私の履歴書』(日本経済新聞社)が書かれた。連載途中に小林秀雄がほめたという勲章つきのものである(早坂茂三『オヤジとわたし』集英社、一九八七年)。

これは確かに田中にとって唯一のまとまって昔をふり返るよすがであった。事実、政治そのものではなく政治への思いを語って、これほど切なる自己表現はなかった。常に情報におけるフローの旗手だった田中が、一瞬たりとは言え、ストックの旗手としての姿を垣間見せたと言えるのかもしれない。

関東大震災で東京から新潟へ人々が逃げ帰ってきたところで、田中はこう述べる。「私の叔父、叔母たちも焼け出されて帰ってきた。祖父が山の木やたんぼを売って金を作ってやろうと奔走した。東京の連中は、米やみそも、よくもまああんなに持てるものと思うくらいたくさんかついで帰って行った。私は子供心に『東京の人たちはいやな人たちだ』と思った。私の母は朝、真っ暗なうちから起きて、たんぼにはいって働いている。牛や馬の世話もある。毎日、仕事の連続だ。そんな努力の集積を、東京の人たちは何食わぬ顔して持っていく。母親に対する愛情からか、私は無性に悲しくなった」。

これはもう裏日本（新潟）の表日本（東京）に対するルサンチマン以外の何ものでもない。子供心に抱いた収奪する東京、収奪される新潟という構図こそが、格差是正という田中の政治への思いにつながったことはまちがいない。田中は、はしなくもこれとまったく同じ構図を、昭和五八年ロッキード裁判で一審有罪となった直後の総選挙で空前絶後の二二万票を獲得した時、興奮さめやらぬ中で口にしている。「東京に出した弟や妹が里に戻っては、コメだ、野菜だと持っていく。長男とその嫁は実家を守って、ほお囲いして、土方仕事に出る。そのつらい思いが爆発したんだ。二二万票は百姓一揆だ」（早野透『田中角栄と「戦後」の精神』朝日文庫、一九九五年）。

田中にとって、フローだったのは情報に限られない。カネ（政治資金）もまたそうであった。したがって椎名悦三郎や後藤田正晴は、田中のロッキードのカネを受け取っていないとの主張を忖度《そんたく》して、少なくとも田中の場合、カネはいつもフローで自分の前を通りすぎていくだけだから、入りも出も本当にわからないのではないかとの見解を示した（新潟日報報道部『宰相田中角栄の真実』講談社、一九九五年）。

そして実は田中の幼少時を語る『私の履歴書』に、田中自身のそうした金銭感覚を彷彿とさせる話が出てくるのだ。母から祖父のサイフから金を盗らなかったかと、少年田中が詰問される場面でのこと。「私はとらない。しかし茶だんすの上に五十銭玉が二つあった。むき出しに出ていたから、だれが使ってもよいおかねだと思った。だからミカンを一箱買ってきて、近所の子供たちにふるまった。『財布からとったわけではないが、使ったのはたしかに私である』と答えたら、母親は複雑な顔をしていた。祖父はにこにこ笑って、『お前ならよいよ』といった」。

松本健一は慧眼にも、最初にこの話の暗喩を読み取り、「少年時代のエピソードをつづった文章が、図らずもロッキード事件の構造とかれの執拗な抵抗の根拠を物語っているような気がする」(『戦後政治家の文章』第三文明社、一九八八年)と記したのであった。いずれにせよ、裏日本のルサンチマンとフローとしての金銭感覚、幼少時のこの二つの体験が田中における政治の動因となったことは疑いえないであろう。

6

ところで戦後日本の内閣は、田中内閣まで歴代ハイポリティックスのレベルで大きな課題を処理してきた。今それを図式的にならべてみると、吉田内閣—講和独立、鳩山内閣—日ソ国交回復、岸内閣—安保改定、佐藤内閣—沖縄返還となり、池田内閣だけが大きな課題を持たなかった。戦後政治史の流れの中では、メインストリームであるこのハイポリティックスの系譜に対して、もう一つ公共事業・社会資本・国土開発の政治の系譜がしだいに浮上してくる。

既に述べたように後者の系譜は、田中をパイオニアとするものであった。もっとも吉田内閣の時は未だ明確なテーマの形をとるには至らず、議員立法の形で各種法制度の整備が進められたにすぎない。このような中で、吉田と田中の関係はいかなるものであったか。もちろん吉田と田中は生まれも育ちもまるっきり正反対であった。しかも吉田は政策面で計画政治に否定的であったのみならず、国土開発の政治にも消極的であった。なぜなら下河辺淳が指摘するように（『戦後国土計画への証言』日本経済評論社、一九九四年）、吉田は政治論として地域格差の是正など認めなかったからである。しかし同時に吉田と田中はともに官僚的発想や現行法制度の枠に捕らわれずに、それらをこえて工夫する点に政治の意味を見出していた。しかも吉田からみると田中は池田・佐藤よりも若く孫の世代だから、気軽につきあえる面があったことは否めない。それだからこそ、性格的にも政策的にもまったく合わなかったにもかかわらず、田中は吉田にかわいがられ吉田内閣の末期には、吉田一三人衆の末席に列する存在になっていたのであろう。

では池田・佐藤と田中の関係はどうであったか。病気で倒れる一年前（八四年三月）、最晩年の回顧（「田中角栄独白録・わが戦後秘史」『現代』九四年二月号）の中で、田中は二人との関係についてかなりあけすけに語り、池田とは人事面（大蔵大臣就任）での助力、佐藤とは資金面（長岡鉄道顧問料）での助力がポイントだったと述べている。しかし単にそれのみならず、「個人的にも事業的にもいろんなつき合いがあったのが、佐藤と池田とぼくとの関係です」とサラリと述べている点が、むしろ重要である。

つまり池田・佐藤と田中は、吉田内閣の下で政策面での共闘もしくは競闘関係にあったこと、言い換えれば田中の開発政治で共に議論をした共通体験があることを示唆している。確かに田中は大蔵大臣の池田と公営住宅法で、建設大臣の佐藤と道路三法で、委員会の席上にて議論を交えている（早坂茂三『政治家田中角栄』中央公論社、一九八七年）。そこでの田中は、ことさらに開発政治の正統性を主張して、池田も佐藤もまきこもうとしている節がある。たとえば田中は道路について佐藤に次のように畳みかける。「特に表日本重点主義がとられたために、表日本出身の議員の方々も特にそういう発言をせられるのでありますが、明治初年からの長い官僚政治で特に都市集中、表日本集中の政治が行われましたので、裏日本、北海道等は国費の恩典に浴さないことは私が言うまでもない事であります。（中略）表日本中心の舗装に重点を置かれるのであっては、多少異論がありますので、特に一言、発言を求めて注意を促しておきます」。

裏日本のルサンチマンをこのように真正面からぶつけられては、佐藤としても「ただいまの御発言しごくごもっともでございます。別に表日本偏重の道路政策をとる考え方は毛頭ございません。（中略）万遍のない方策を一般道路といたしましてはぜひともとりたいものだと思います」と答えざるをえなかった。そしてこうしたやりとりの中で田中は、池田の経済主義と脱イデオロギー志向と佐藤のハイポリティックス重視志向とを早くも読み切っていた。

五五年体制の成立を間に含む鳩山・岸両内閣は、ハイポリティックスが前面に押し出されてはいたものの、開発政治も吉田時代の創生期を脱し、個別のテーマが明確化し始めた点に特徴がある（下河辺淳『戦後国土計画への証言』日本経済評論社、一九九四年）。まず鳩山内閣は、戦後初めて住宅政策をテーマとして確立した。そして住宅を社会政策ではなく社会資本として捉えるコンセプト作りに成功する。吉田時代から田中がこの方向を示唆していたのはすでに述べた通りだ。さらに社会資本整備の見地から、住宅公団・愛知用水公団・道路公団の三公団をスタートさせる。

続く岸内閣は、鳩山内閣の延長線上に各省からプロジェクト型のテーマが出され、それを追求していく形をとった。特定多目的ダム法、東北開発促進法、道路整備緊急措置法、工業用水道事業法、首都高速道路公団法、治山治水緊急措置法などなど。田中は第一次岸改造内閣（昭和三二年七月）の下で、最年少で郵政大臣としての初入閣を果たす。もっとも岸と田中の関係は微妙だった。秘書の佐藤昭子は、田中から「第一回目は運動するもんだよ」との感想をえている（『私の田中角栄日記』新潮社、一九九四年）。他方岸は後年、「私は三十代の田中君を郵政大臣に抜擢したことを間違ったことをやったとは思っていない。またその後の田中は党の幹事長や大蔵大臣といった重要な職について、てきぱきとやるし才能もあると思うんだ。人間的にもなかなか面白い人物ですよ」（『岸信介の回想』文藝春秋、一九八一年）と回顧している。

岸は田中に対して、明らかにｙｅｓ、ｂｕｔの心境にあった。果たして田中は、郵政大臣として全国四三に及ぶテレビ局の大量予備免許を許可して勇名をはせる。岸内閣のプロジェクト大臣としてまずはｙｅｓに相違なかった。

ハイポリティックスの極限を迎えた安保改定の岸内閣の後、田中自身も助力した池田内閣の出現は、田中と開発政治の双方にとって何よりの僥倖だった。元来、脱イデオロギー的体質であった池田は、大平正芳・黒金泰美・宮沢喜一・伊藤昌哉ら秘書官グループの演出によって「寛容と忍耐」をキャッチフレーズに、所得倍増計画を政策課題の中心にすえた。ハイポリティックスを後退させ、これまでは考えられなかったむき出しの経済主義路線を登場させたことは、田中にとってはそれの裏付けとなる開発政治を前面に押し出す恰好のチャンスの到来を意味した。

水資源特別委員長（三五年）、政調会長（三六年）、大蔵大臣（三七年）という未曾有の出世は、トランジスターラジオで毎日株価の動向を聞くという池田の存在なくしてはありえなかった。たとえ池田が「車夫馬丁のたぐい」とそしったことがあったとしても（新潟日報社編『角栄の風土』一九八三年）、池田政治もまた田中ぬきには考えられない。しかも所得倍増計画の中核をなす太平洋ベルト地帯構想に対して、裏日本のルサンチマンが噴出した結果、田中が関与した国土総合開発法の制定以来実に一二年、ここに「全国総合開発計画」が策定されるに至る。新産業都市の指定を含めて、開発の全国的ネットワークが成立したのである。田中が自らの将来と開発政治の将来とを重ね合わせて、日本全体の改造計画を一つの体系にまで高めるとの構想を、後に早坂とともども秘書となる麓邦明に洩らしたのもこの頃のことだ（新潟日報社編『ザ・越山会』一九八三年）。

池田の後をうけた佐藤内閣は、沖縄返還・日韓問題・台湾問題などハイポリティックスの復活をはかった。そのうえで開発政治も愛知揆一の助力を得て、社会開発といったある種のイデオロギー的了解の下に秩序化することを佐藤はねらっていたのである。これらを通して佐藤は、田中の力を利用しつつ田中の力を削ぐことを考えていた。他方田中はといえば、八年近くの佐藤内閣のうち無役に甘んじた一年半と初期の蔵相（一年）、および末期の通産相（一年）を除けば、前後あわせて四年間を幹事長としてすごした。

実は田中は幹事長として佐藤内閣を支えている間に、しだいに佐藤とのフェイス・トゥ・フェイスコミュニケーションを避けるようになった。その徹底ぶりは、田中の側近・二階堂進が、佐藤から「田中君はなにしているかね」といわれたほどだった（「発掘田中角栄」〈59〉『新潟日報』一九九四年）。いったいそれはなぜか。まずわき道にそれての説明から始めよう。大平正芳は、池田内閣で田中とそれぞれ外相と蔵相のポストを獲得して以来、田中との盟友関係を強化していた。もっとも田中とは大平が昭和二〇年代、経済安定本部の公共事業課長をつとめていた時からのつき合いではあるが。その大平が事を決める時には田中と会わずに決めないと、会えば田中の言いなりになるとの恐れを抱いていた。なぜか。すでに述べたように、田中は問われればたちどころに具体的解決案を出すので、それとは異なる決定をしにくくなるからだ。したがって会えば政敵にでも解決案を与えてしまう田中のこの態度が、逆に田中周辺の人間を、ある段階から近づきにくくさせた。佐藤もそのことを熟知しており、そのため側近には「田中に会ってはダメだ。会うとだまされる」と言っていた。

では佐藤は田中にどのように接したのか。再び石原慎太郎の言葉を借りよう。「表現にならない表現力を持った」佐藤は、「絢爛として空疎な饒舌」を振りまく田中に対して、頭ごなしに一発かませて機先を制する行為に出る。要するにどなりつけて黙らせるのだ。後に田中は、「しかし、一発かまされたところで、わたしはそんなもの何とも思っちゃいないからね。ぜんぜん効きめがない」と強弁しているものの、田中の雄弁が通じない相手はやはり嫌だったろう(『早坂茂三の「田中角栄」回想録』小学館、一九八七年)。その証拠に、田中は終始官房長官への要請を拒み通した。官房長官ともなれば毎日佐藤と顔を合わせねばならないからである。田中がよく冗談めかして「官房長官なんかになったら、殺されるよ」と話した所以である(山田栄三『正伝佐藤栄作』下、新潮社、一九八八年)。

田中は、こうして佐藤の存在そのものから発せられる圧力をかわしつつ、開発政治の主導権を確保するため、いよいよ体系的な国土政策構想の樹立を考えた（御厨貴「国土計画と開発政治」『年報・政治学一九九五年・現代日本の政官関係』岩波書店、一九九五年）。昭和四二年、田中は党都市政策調査会長に就任し、官僚主導の縦割り行政の弊害を取り除き、党主導の政策立案を実現するため、衆参両院議員のほか下河辺淳ら関係官庁の若手官僚と有識者を結集し、一年間で『都市政策大綱』を作り上げた。後の『日本列島改造論』と同じく、田中の長時間のモノローグを土台にして肉づけしたものだ。最終的には田中の秘書となった麓邦明が主となり早坂茂三が助ける形で仕上げたのである。

かくして出来上がった『都市政策大綱』は、朝日新聞を始めとするマスコミで高い評価を受けた。同時に田中も革新的なセンスをもつ新しい感覚の政治家として認知され、首相への距離を縮めることになった。一方で「開発法体系の整備」や「開発体制の一元化」の提言によって、縦割り行政の是正に踏みこみ、他方で「土地利用における公益優先」の提言によって、憲法の条文の読み直しを迫った。なるほど「公益優先の基本理念をうちたてる。土地の私権は公共の福祉のために道をゆずらなければならない」との表現には妙な説得力がある。

結局『都市政策大綱』は自民党の出版物としては異例にもベストセラーになり、増刷をくり返しロングセラー化していった。折から佐藤内閣の下で「新全国総合開発計画」の策定作業が進められていたので、両者相俟って国土計画・開発政治を戦略的かつイデオロギー的に広く国民に印象づける効果をもたらした。そして佐藤内閣末期になると、この両者に加えて公害問題や土地利用問題が現実に深刻化し始めたこともあり、開発政治は次第にハイポリティックスのレベルに上昇しつつあった。

ちょうど内政も、中国・ドルの二つのいわゆるニクソン・ショックに見舞われた外交も、いずれの面でも上昇カーブを切った時点で、ポスト佐藤の争いが現実化することになった。四六年、佐藤からより困難な課題である日米繊維交渉を任された通産相の田中は、すでに述べたような形で解決し、福田後継を迫る佐藤の力を逆に削ぐことに成功する。機を見るに敏な田中は、外交・内政ともに明確な政策課題を示す。周知のように外交はハイポリティックスの系譜で日中国交回復。内政は開発政治の系譜で『日本列島改造論』。

だがそもそも田中はマスコミ受けする『都市政策大綱』を持っていながら、なぜ新たに『日本列島改造論』を必要としたのか（御厨貴「国土計画と開発政治」『年報・政治学一九九五年・現代日本の政官関係』岩波書店、一九九五年）。実は田中は『都市政策大綱』に違和感を覚えていた。そのことを田中は、『都市政策大綱』は党の著作であって自分の著作ではないとか、専門家の話としてはわかるが庶民にはわかりにくいといった形で、秘書たちに述べている。田中はどこに不満をもっていたのか。どうやら田中は『都市政策大綱』のポイントたる私権制限と公益優先のイデオロギーそのものをも、必ずしも積極的に受け入れたわけではなかった。文章一つとっても大学紛争当時の世相を反映してかある種のイデオロギー臭をもっている。「われわれがこれからなそうとしている仕事は千里の道の一里塚である」とか、「新しい日本の創造はここに始まる」といった文章は、やはりどう見ても田中の臭いではあるまい。すでに述べた『私の履歴書』の文章とあまりにも違いすぎるのではないか。

つまり国土政策体系を作りたいという動機は同じであるにもかかわらず、中身と表現の双方において、『都市政策大綱』は、田中と麓ら側近グループとが、同床異夢であったことを結果として明らかにしてしまったのである。何よりも田中にとって開発政治は、イデオロギー的なハイポリティックスではありえないのであった。抽象的な政策論ではなく、具体的な解決策でなくてはおかしいのだ。かくて『日本列島改造論』は、できるだけ具体的な解決案を書きこむという方針の下に、今度は早坂茂三と小長啓一ら通産省グループとの合作によって、自民党総裁戦に間にあわせるため一挙に作成された。いくら田中得意のフローの情報の集積とはいえ、わずか半年というかなり荒ごなしの作業であったことは否めない。

しかし「序にかえて」と「むすび」には『私の履歴書』以来久しぶりに田中のストック情報がにじみ出ることになった。それは『都市政策大綱』には決して見られなかった田中の政治への思いを語る裏日本のルサンチマンにほかならない。田中はこう書いている。「人口と産業の大都市集中は、繁栄する今日の日本をつくりあげる原動力であった。しかし、この巨大な流れは、同時に、大都会の二間のアパートだけを郷里とする人びとを輩出させ、地方から若者の姿を消し、いなかに年寄りと重労働に苦しむ主婦を取り残す結果となった」。そして「過密と過疎の弊害の同時解消」という、日本列島改造の具体的なフレーズからは、「人とカネとものの流れを巨大都市から地方に逆流させる」こと、つまり、表日本から裏日本へ還流させることが、イメージされる。

『日本列島改造論』は、ハイポリティックスとは別の文脈で文字通り二人三脚のように進んできた田中と開発政治とにおける一つの到達点であった。そのことを反映して「むすび」は次のようにむすばれる。「私は政治家として二十五年、均衡がとれた住みよい日本の実現をめざして微力をつくしてきた。私は残る自分の人生を、この仕事の総仕あげに捧げたい。そして、日本じゅうの家庭に団らんの笑い声があふれ、年寄りがやすらぎの余生を送り、青年の目に希望の光りが輝やく社会をつくりあげたいと思う」。

7

四七年七月の総裁選で福田を破った田中は、「決断と実行」をスローガンに首相の座につく。だがこのスローガンに忠実であるためには、田中内閣自体の人事構造そのものに絶対的な矛盾があった。第一に総裁選を争った三木武夫・中曾根康弘・大平正芳そして後には最大のライバル福田赳夫と、すきあらば次の首相をうかがう四人が全員入閣したことである。佐藤のように一強五弱の中で一頭地を抜いた存在には、田中は到底なりえなかった。したがって首相のリーダーシップの確立は困難をきわめたと言ってよい。やがて田中の力が衰えていく中で、なお「狂乱物価」と言い放った福田も「企業ぐるみ選挙」と批判した三木をも、彼等が自ら辞職するまでは抱えこまざるをえなかったのだから。

第二に田中内閣には、池田・佐藤両内閣における田中の役割を果たす人材が見あたらなかった。そこで田中は事実上、首相でありながら幹事長的な仕事もやらねばならず、それはただでさえ忙しい田中を絶望的なまでに多忙にしてしまった。常に人に囲まれている田中の様子を、秘書の佐藤昭子は、「総理になってから、田中の顔つきはだいぶ変わったように思う。以前ほどにこやかな感じがなくなり、総理らしく毅然たる表情になった。時にはピリピリした厳しささえ伝わってくる」と描写している（『私の田中角栄日記』新潮社、一九九四年）。

そもそも首相とは何か、何をなすべき存在なのか。それをしも田中にはゆっくり考えるゆとりがなかったのではないか。Presidency makes President という有名な言葉がある。田中の場合は首相になってなお、量を量で凌駕する政治を続けその質的転換をはかることができなかったため、首相らしくなれなかった。ｙｅｓ、ｂｕｔの岸は田中を次のように看破する。「田中は幹事長もしくは党総裁としては第一人者かもしれない。しかし総理として、つまり日本の顔として世界に押し出すとなれば、あの行動を含めて、やはり教養が足りない。柄が悪いね。……総理ということになると、人間的な教養というものが必要だ」（原彬久『岸信介』岩波新書、一九九五年）。

田中が掲げた政策課題で成功したのは、短期決戦で臨んだ日中国交回復だけである。田中の四半世紀に及ぶ記念すべき政治生活の結晶たる『日本列島改造論』は、手法・環境ともに時と所を得ず失敗に終わる。そもそも爆発的な田中ブームの中で、『日本列島改造論』がミリオンセラーになってしまったことが誤算であった。それが具体的解決案の積み上げだったばかりに、開発政治の実用書として売れてしまい、結果としてすさまじい土地高騰を招く誘因となった。

田中はあくまでも直接会った特定の個人に即座に具体的解決案を提示するのを得意中の得意としていた。事前に手の内を全部見せる形での万人を相手とする万人のための具体的解決案は、田中といえどもとてもよくなしうるところではなかった。自らの著作にこだわった田中は、結局自らの著作に足をすくわれてしまったのである。

四八年一一月、オイルショック後急死した愛知揆一蔵相の後任となった福田赳夫は「日本列島改造論は田中総理の個人的見解にすぎない」と言い切って、同じく列島改造計画破綻ということで攻勢をかける野党ともども『日本列島改造論』をついに棚上げにしてしまった。

もっとも田中内閣論ということで言えば、この他にも小選挙区制、新中東政策、国民生活安定緊急措置法、後藤田委員会、国土利用計画法、国土庁設置など解明すべき問題が多々あるが、資料の問題もあり次回を期したい。

ところで金脈問題を追及されて後、四九年一二月田中は政権をおりる。内閣総辞職の表明後、記者団に「今日は珍しく仏壇に参った。田舎の母親に電話した」「(母親は)ご苦労さんと言っていた。やはり母は母だ」と田中はしんみり語った(新潟日報社編『角栄残像』一九八八年)。この感慨に対して田中が自ら筆をとった『日本列島改造論』の次の一節を、重ね合わせることで小論のしめくくりとしたい。

「明治、大正生まれの人びとには自分の郷里にたいする深い愛着と誇りがあった。故郷はたとえ貧しくとも、そこには、きびしい父とやさしい母がおり、幼な友達と、山、川、海、緑の大地があった。志を立てて郷関をでた人びとは、離れた土地で学び、働き、家庭をもち、変転の人生を送ったであろう。室生犀星は『故里は遠くに在りて思うもの』と歌った。成功した人も、失敗した人も、折にふれて思い出し、心の支えとしたのは、つねに変わらない郷土の人びとと、その風物であった」

関連文献

NIRA研究報告書『戦後国土政策の検証―政策担当者からの証言を中心に―』(総合研究開発機構、一九九五年)

御厨貴「国土計画と開発政治―日本列島改造と高度成長の時代―」『年報・政治学一九九五年・現代日本の政官関係』(岩波書店、一九九五年)

三木武夫——理念と世論による政治

Miki Takeo

（1907～1988）

在職期間

S 49.12. 9 ～ S 51.12.24

新川敏光

（法政大学教授）

1

三木内閣は一九七四年一二月九日に発足し、一九七六年九月一五日に一度改造を行った後、一二月二四日衆議院選敗北の責任をとる形で幕を閉じている。自民党内にあって傍流といわれた三木武夫が党総裁＝首相に指名された背景には、田中角栄に象徴される金権政治への世論の厳しい批判があり、三木はこれにもっとも遠い「クリーン」な政治家というイメージをもって政権についた。しかし「クリーン」のイメージは、権力政治のなかにあっては「ひ弱さ」とも結びつく。三木内閣がロッキード疑惑追及をめぐる党内対立を収拾できずに瓦解したこともあって、三木内閣は「クリーン」イメージで自民党の危機を救ったものの、積極的実績に乏しい「繕《つくろ》い内閣」であったといわれる。[*1] しかしこの「繕い内閣」論では、保守政治の転轍《てんてつ》手として三木内閣が果たした役割が軽視されている。一九七四〜七六年という国内のみならず国際的にみても流動的な時代にあって、三木内閣は曲がりなりにも（三木の自民党内における権力基盤の脆弱性から、不十分な形に止まったとはいえ）保守政治の新たな指針を提示したといえるのではないか。

三木内閣の方向性を示す政策・活動を挙げれば、政治粛正（選挙二法の改正）、社会的公正の追求（独禁法改正と福祉充実）、高度経済成長から安定経済成長へのソフト・ランディング（一九七五年春闘および「スト権スト」対策）であり、やや注目度は落ちるが防衛政策大綱の作成であった。

以下これらの政策を紹介し、それが三木の政治理念・指導力とどのように関わっていたのかを検討しながら、三木政治の特徴と限界について考えてみたい。

⑴　政治粛正

金権政治批判を背景に登場した三木内閣は、無原則な集金方法や選挙活動に歯止めをかけることを最大課題とした。一九七五年四月には政治資金規正法・公職選挙法の改正法案を相次いで衆議院に提出し、両法案は七月四日に参議院本会議で可決成立している。改正のポイントを見ると、公職選挙法については、定数是正や供託金の引き上げとともに、文書図書や機関紙などの配布について規制を強化したこと等が目につく。また三木内閣の目玉商品ともいえる政治資金規制については、まず第一に政党や政治資金団体、政治団体の定義を明確にすることによって規制の対象を限定し、各団体に選挙管理委員会もしくは自治省への収支報告を義務づけ、政党や政治資金団体は年間一件一万円、政治団体の場合一件百万円を超える献金について献金者の氏名を公開することとした。また各団体への企業、団体、個人からの献金額に上限を定めている。[*2]

このように政治資金について三木内閣は質的・量的規制を強化することになったが、改正の内容は自民党内の反対によって大幅に譲歩を強いられた。そもそも三木は当初「企業献金を三年以内に全廃する」意向であったが、これには自民党内での反撥が強く、断念を余儀なくされている。また改正の質的規制面をみると、献金を行う側に報告義務がなく、政治団体の氏名公開義務が百万円以下と政党や政治資金団体の場合と比べ、著しく緩和されていたという問題がある。さらに量的規制からみても、一人の政治家が持つ政治団体の数に制限がなく、企業や労働組合の政治献金は本則では最高年間総額一億円と定められたにもかかわらず、附則において「当面の措置」としてこれを政党や政治資金団体への寄付分とし、その他の政治団体への寄付をその半額まで認めるといった抜け道が用意されるなど、多くの問題点が残った。

しかし政治浄化を生涯訴え続けた三木にとって、政治改革は一過性のものではなく、継続して取り組むべき課題であった。首相を辞した後、三木は私案「選挙浄化特別措置法要綱」を作成し、選挙の公営化の拡大、選挙運動の規制強化、法定選挙費用の引き下げ、連座性の強化、選挙違反者の公民権停止期間の延長等を訴えている（下、二九四－三〇二頁）[*3]。三木内閣における選挙二法の改正が不十分であったことは、その後の「リクルート、佐川」問題から政治改革に至る経緯をみれば明らかであるが、三木の政治粛正への姿勢が改革の流れを先取りしたものであった点は正当に評価すべきであろう。

(2)　社会的公正の追求

三木首相は、一九七五年一月第七五回国会における施政方針演説において、物価鎮静を急務としながらも、社会的公正の実現を訴え、生活基盤の充実と社会的弱者の救済、自由経済の公正なルールの確立を訴えている（上、三一、三三頁）。前者の福祉計画については、故村上泰亮東大教授を中心に「生涯設計（ライフ・サイクル）計画」が作成され、自助・相互扶助を原則としながらも、政府が国民の生涯の各々の段階で必要なナショナル・ミニマムを提供するという構想が示された。三木は、この構想に基づき、一九七六年一月二三日施政方針演説において、「英国型、北欧型でもない日本型福祉政策を目指」すと語っている（上、五七頁）。「ライフ・サイクル論」は、三木内閣ではさしたる政策的な進展をみなかったが、日本型福祉の考えは一九八〇年代の行政改革の中に受け継がれていくことになる。

社会的公正実現のために三木が強調した今一つの点が、「競争の公正化、消費者利益の擁護」のための独禁法改正であった。一九七三年石油危機を契機とした反社会的企業行動（便乗値上げや売り惜しみ）への強い世論の批判があり、これに対して公正取引委員会（委員長・高橋俊英）は独禁法改正試案を作成したが、三木はこの公正取引委員会試案を基に「新しい自由主義経済のルールづくり」として独禁法改正に取り組む決意を示す。改正内容をみれば、違法カルテルによって得た利潤に対する課徴金制度、独占的状態の排除措置、金融機関の株式保有制限など日本経済の根幹に関わる条項が含まれていた。この改正の動きに対しては自民党のみならず、経済界からも厳しい批判の声があがる。三木内閣の生みの親・椎名悦三郎（元商工省官僚）は、「三木は自民党と財界をつぶす気か」と気色ばんだといわれ、[*4]この問題を契機に三木と椎名との関係は次第に悪化していくことになる。企業献金への規制強化には静観の構えの財界であったが、独禁法改正については企業の国際競争力を減退させ、不景気を長引かせることになると断固反対の態度を示した。[*5]

結局、独禁法改正案は「実害はない」との声が聞かれるまでに後退するものの、三木の「左寄り」姿勢を警戒する財界の入れるところとはならず、椎名副総裁の意向を受けた中曾根幹事長は一九七五年六月一九日独禁法改正の見送りを示唆する。しかし三木は党三役の頭越しに山中貞則自民党独禁法問題調査会長、田中六助商工委理事に調整を依頼、さらに自ら野党と連絡をとって挽回に乗り出す。こうした三木の決意と情熱によって独禁法改正案は六月二四日衆議院を通過、参議院へ送られる。しかし参議院自民党議員総会では三木の機関手続きを無視した「野党寄り」の手法に対する反撥の声が続出し、財界代表の元新日鉄副社長藤井丙午を中心に「独禁法阻止一三人衆」なるものまで結成される事態となり、結局参議院商工委員会では実質的な審議がなされないまま、独禁法改正案は廃案となった。[*6]

一九八〇年代以降、新保守主義者による市場原則の導入による「大きな政府」解体論の台頭が著しい。しかし公共サーヴィスの民営化にしろ規制緩和にしろ、公正な競争を実現するルール、消費者保護のルールがなければ、単なる「弱肉強食」の世界を招くことになる。その意味で独禁法の改正・強化は、実は新保守主義戦略の不可欠の前提となるものであり（無論それが公正な社会を保証するわけではないが）、三木の試みは保守の流れから逸脱するものではなく、むしろ新保守主義の時代を先取りするものであった。

(3)　労働政策

三木政権成立時になると、一九七三年石油危機以後の景気後退が単なる一過性のものではなく、高度経済成長はもはや過去のものになったという認識から、「安定成長へのソフト・ランディング」が問われるようになっていた。三木は初の所信表明演説以来、繰り返し「安定成長路線への切り替え」を説いている。そこでまず問題になったのが、一九七五年春闘であった。高度経済成長を前提とした「前年実績プラス・アルファ」という従来の賃上げ方式の変更は、安定成長路線への切り替えのために不可避の課題と見なされたのである。

政府は賃上げ抑制を最優先課題と考えていたため、物価が鎮静化し、通産省や日商から景気の冷え込みを懸念する声があがっても、なお総需要抑制策を春闘終了まで堅持した。こうした「オーバーキル」政策によってほとんどの企業では大幅賃上げの気運がそがれ、また経団連・日経連を中心にした財界一丸となっての取り組みや同盟・金属労協の協力もあって、この年の平均賃上げは前年の半分以下、一三パーセント程度に抑えこまれることになった。これを境に一九七〇年代後半の賃上げは、一桁台に抑えられることになる。労使の協力体制は賃金「自粛」に止まらず、経営合理化にも及ぶが、こうした安定成長下における労使協調関係を演出したのは、三木内閣の労働政策であった。[*7]

春闘で問題になったのは、単なる賃上げではない。保守政権と経営側に対して対決路線をとる総評の（疑似）階級主義的運動を封じ込め、労使協調型の交渉ルールを徹底することが最終目標であった。しかし一九七五年春闘では「大幅賃上げ」を要求する総評の攻勢は阻止されたものの、総評の対決路線をリードする公労協の力は温存されたままであった。その公労協の力を削ぐ絶好のチャンスとなったのが、「スト権スト」である。

総評の対決路線は生産第一主義への広範な批判を背景に、一九七四年春闘で大きな盛り上がりを見せたが、この年公労協念願の「スト権奪回」闘争にも注目される前進が見られた。すなわち総評側大木春闘共闘委事務局長と二階堂官房長官の間で「五項目了解事項」がまとめられ、公共企業体等関係閣僚協議会の下で「三公社五現業のあるべき性格と公企体等の労働基本権問題」の検討が開始されることになったのである。協議会は、七五年秋頃までに結論を出すとされていたが、総評・公労協は自民党内最左派と目される三木政権の成立によって、スト権奪回の可能性が一層高まったと判断したようである。こうした期待を裏付けるように三木首相・長谷川峻労相は「ストと処分の悪循環を断ち切る」意向を表明していた。

しかし一九七五年秋が近づくにつれて、政府・自民党内では田中派を中心に「現行経営形態を維持したままの公企体へのスト権は認めない」という強硬論が台頭してくる。こうした流れに反撥した公労協は、一一月二六日「スト権スト」に突入するが、結局政府から何ら譲歩を得られないまま、一二月三日ストは自主的に中止されることになる。日本経済が不況からの脱出を模索している最中の公労協の大型ストは、マスコミや同盟・民社党から「親方日の丸」の甘えとして批判され、総評内の民間労組からも積極的支持を得ることができなかった。世論からの厳しい批判に加えて政府当局からの最大規模の処分、損害賠償請求に晒された総評は、その後組織防衛に追われ、大型ストを打つ力を失っていく。また路線自体も執行部の交替によって現実主義化していく。民間の階級主義的労働運動が三池闘争をもって終結したように、公共部門における階級主義的運動は「スト権スト」の失敗によって実質的に崩壊することになった。[*8]

(4)　防衛政策

一九七〇年代前半は、国際政治からみればニクソン訪中に象徴されるデタントが進行した時期であり、日本としてもこれに対応した日中国交正常化を進めていた。三木は、日中国交正常化を条件に一九七二年七月自民党総裁選の決選投票において田中角栄を支持したという経緯もあり、日中平和条約締結に強い意欲を示していたが、覇権条項をめぐって交渉は難航し、結局この問題は福田内閣に持ち越された。しかし防衛面では、デタントに対応した政策の確立に成功している。

一九七〇年代に入って、デタント認識の上に立った自主的防衛、「平和時の防衛力」はいかにあるべきかという議論が防衛庁や自民党を中心に展開されたが、三木内閣ではこうした議論を背景に一九七五年一〇月「侵略を誘発しない〔基盤的防衛力〕」構想がまとめられた。そしてその一年後七六年一〇月、基盤的防衛力構想に基づいて「防衛計画の大綱」がまとめられた。さらに一一月には、高度経済成長を背景に長らく防衛費がGNP比一パーセント以内に止まっていたという経緯に配慮し、GNP一パーセントを防衛予算額の上限枠とすることを閣議決定する。

大嶽秀夫は三木内閣の防衛政策を「デタント路線の完成であるとともに、軍拡へのターニング・ポイント」として位置づけている。[*9] つまり「基盤的防衛力」構想は、デタントを前提とし、軍事大国化を否定した自主防衛力構想の完成であったが、それは世論の中に自衛隊の存在を前提とした防衛政策論を定着させ、また日米防衛協力体制の強化を導いたという点で、軍拡への前提条件を整えたものともいえるのである。したがって、中曾根内閣によるGNP一パーセント枠の撤去は、三木内閣の防衛政策に反するものではなく、その正当な発展と考えられる。

以上、三木政権の主要な活動・政策を概観したわけであるが、次に三木の政治理念・指導力と三木内閣の業績がどのように関わっていたのかを検討してみよう。

2

三木武夫は一九〇七（明治四〇）年三月一七日、徳島県板野郡土成町（現在の阿波市）で、父久吉、母タカノの長男として生をうけた。生家は農民相手の肥料商を営んでおり、一人息子三木は両親の溺愛を受けて育ったといわれる。父久吉に後継ぎとして期待された三木であったが、早くから弁舌に才を発揮し、明治大学時代は弁論部で活躍、欧米留学で見聞を広めながら政治家を志すようになる。一九三七（昭和一二）年四月衆議院に最年少で初当選を果たした三木は、爾来一九八八年一一月の死去にいたるまで実に五〇年を超える議員生活を送っている。最初の選挙で三木は、「政党浄化、官僚超然内閣打破」を訴えているが、これが三木の終生変わらぬ信念となった。[*10]

三木は一九六三年一〇月に「党近代化に関する組織調査会答申」（いわゆる「三木答申」）を自民党総裁池田勇人に提出しているが、答申は派閥を解消し政策中心の政党へ脱皮すること、政治資金を党一本に集中化することを訴えている（下、一九五－二〇一頁）。党の政策能力を高め、官僚政治打破の必要性を三木は繰り返し説いているが、それは官僚がいかに有能であっても、創造的な力や長期的な洞察力を欠く存在であり、政治が官僚に支配されるようになれば、政治は国民との血のつながりを喪失し、形式主義・権力主義へと陥ると考えられるからである（下、二四八－二四九頁）。三木は自民党内で官僚出身者が保守本流を占め、生粋の政党政治家である自分が傍流と呼ばれることに異議を唱え、政党政治の中で伊藤博文を中心として生まれた官僚政治は亜流であり、大隈重信と板垣退助の流れを汲む自分こそが保守本流であるとの自負を示している（下、二六七―二六八頁）。

「政治浄化」、「官僚政治打破」と並ぶ三木政治の柱は、「中道主義」であった。翼賛選挙を非公認で乗り切った三木は、戦後山本実彦等の唱える協同組合主義に共鳴し、協同民主党の設立に加わる。協同組合主義とは、ロバート・オーエンやフーリエの空想的社会主義の影響を受け、資本と富を集中する大生産者、大経営者に対抗して、小生産者が相互に資本、土地、労働力を提供しあって、利潤と搾取のない協同社会をつくることを目的としていた。その後、協同民主党が他の小党との合同を繰り返していくなかで、協同組合主義からまず組合の言葉が抜け、さらに協同主義の旗印も消えていくことになるが、協同組合主義に三木が見出した「中道主義」、つまり資本主義的搾取と左翼的階級主義を共に否定し、資本主義枠内で社会的公正を追求する姿勢は、生涯変わることがなかった。田中金権体質を批判して閣外にでた三木は、「今日、日本の経済は資本主義の形をとっているが、資本主義の悪いところはどんどん切り捨てるべきだ……革新的保守の立場を私はとる」と語っているが、これはまさに中道主義者三木の理念の発露といえよう（下、二六七頁）。

　こうした理想主義者としての顔を持つ反面、三木はしたたかな現実主義者として知られ、時には「バルカン政治家」と呼ばれた。「バルカン政治家」とは、三鬼陽之助によれば、社会党の水谷長三郎が命名したもので、「三木が一握りの〝少数政党〟を背景に出発しながら、その時々の政権をたくみにあやつって自己成長していく」様を評したものであり、「平たくいうと、三木は要領のよい政治家」ということになる。[*11] こうして三木は「左派でクリーン」という表の顔を持ちながら、裏では策略を弄し、巧みに権力中枢に接近するリアリストであるという評価が定着することになる。[*12]

三木内閣の二年間の活動を、こうした三木の二面性から説く見方がある。すなわち第一期において、三木は理想主義を前面に出し、選挙二法と独禁法の改正にあたる。しかし、とりわけ独禁法改正で党内から強い反撥を受けた三木は、理想主義者、党内最左派としての顔を引っ込め、リアリストとして自民党内のタカ派に妥協するようになる。独禁法の国会再提出を諦め、日台空路を再開し、靖国神社へ参拝し、スト権問題では自らは「条件つきスト権付与」の立場にありながら、田中角栄や椎名悦三郎の強硬路線に迎合する。これが第二期「妥協の季節」である。しかしロッキード事件を契機として、三木は再び攻勢にでる。世論を背景に、検察に徹底究明を指示し、米側資料の提供を求め、みずから親書を認《したた》める。この第三期において、三木は第一期で不十分に終わった政治粛正をさらに推し進めようとした。結局これが椎名の決定的離反を招き、自民党内に「三木おろし」の動きが急となり、三木はこれへの対応に汲々とするなかで退陣に追い込まれる。[*13]

こうした整理は十分妥当なものといえるが、いくつかの点で補足が必要である。まず第一に、先に紹介した三木内閣の活動のなかには、こうした整理に必ずしも適合しない事例がある。たとえば「スト権スト」への対応であるが、これは労使協調路線の再編強化という点では、第一期の「一九七五年春闘」から一貫した政策と考えられる。つまりこの場合、第一期と第二期との間に大きな変化が見られない。またロッキード疑惑追及に終始したといわれる第三期においても、防衛政策上重要な決定がなされている。これらの事例を考えるとき、三木内閣の活動と三木の指導力とを分けて考える必要がある。

一九七五年春闘を安定成長路線への転換点として位置づけ、財界・穏健派労働組合と協力して賃上げ抑制を図る戦略は、実は田中内閣時に既に「福田蔵相―長谷川労相ライン」によって確立されていた。三木内閣においても福田は副総理として「経済対策閣僚会議」を統括する立場にあったし、長谷川もまた労働大臣に返り咲いている。三木自らも労使の自粛を訴えたものの、春闘対策を直接指導したのは「福田―長谷川ライン」であって、三木ではなかった。

同様に「防衛計画の大綱」についても、指導力を発揮したのは三木自身ではなく、坂田道太防衛庁長官であった。三木は吉田政権時に既に「自主防衛、集団安全保障」原則を論ずるなど防衛政策への見識を示していたが（下、一五九頁）、自らの内閣では坂田を全面的に信頼し、坂田が二年間にわたって防衛政策を主導することになった。坂田は民間有識者による「防衛を考える会」の設置、『防衛白書』の発行によって世論の喚起を行う一方、国防会議の充実や防衛委員会の設置による国政の場での防衛論議の活性化を通じて、自主的防衛政策の体系化を図ったのである。*14

このように一九七五年春闘対策および防衛政策は、共に三木内閣の重要な活動であったことに間違いはないが、そこで三木があえて指導力を発揮しようとした形跡はなく、彼の指導力を考えるうえで適切な事例とはいえない。スト権問題については、一期と二期との間に政策的な一貫性がみられるとはいえ、三木が指導力を発揮しようとして失敗した事例といわざるをえない。三木は「スト—処分—スト」の悪循環を断ち切る意向を示し、「条件つきスト権付与」に意欲的な立場を明らかにしていた。これに対して田中派が、強硬論をもって「三木いじめ」に乗り出し、三木は譲歩を余儀なくされた。二階堂進、井出一太郎ともに田中派、三木派の大番頭であり、それぞれ田中・三木内閣の官房長官を務めているが、二階堂は、スト権問題について「井出にオレの尻拭いをさせてやる」と息巻いたといわれる。*15

しかし三木の「条件つきスト権付与」論が、そもそも公労協の穏健化を前提にしたものであった点には留意する必要がある。「スト権スト」後の国会施政方針演説において、三木は「悪循環」を断ち切るためには、労組はまず違法ストを自制すべきであると説いているが（上、五二頁）、これを単なる事後的な正当化と捉えるのは酷であろう。一九五四年改進党幹事長であった三木は、国会の場で労働組合の争議権の濫用を諌め、社会的自覚を促していたし（下、一五七頁）、総理となった一九七五年一月にも企業と組合に対して、労使対決関係からの脱皮を訴えていた（上、三六頁）。したがって「スト権」問題で三木が田中派に譲歩したことは否定できないが、「スト権スト」への三木の対応が、「労使双方の妥協」を求める彼の中道主義から大きく逸脱していたとまではいえない。[*16]

3

以上、若干の留保つきながら、三木内閣の政策・活動を三木の指導力から考えた場合、「理想主義―現実との妥協―理想主義」というパターンで捉えることは可能である。ただその振幅を三木という政治家個人の二面性に還元すべきではない。そもそも政治家が実践家である以上、理想を実現するための能力（権力）を求めるのは当然である。権力志向を所与として、「権力に方向性を与えるために理想が必要であり、理想を見失い現実に埋没してしまったとき、民主政治は堕落してしまう」[*17]というのが三木の信念なのであり、三木はあくまで政治家として理想主義者なのである。従って権力を得るために時には妥協し、時には策略を弄することは、権力政治の渦中にあった三木にとって当然のことであった。それは三木にとって、理想主義と矛盾するものではなく、いわんや別の顔でもなかった。

理想主義と現実主義の振幅は、理想主義者三木が、理想を実現しようとするなかでいかなる構造的制約に直面し、それを克服しようとしたのかという問いから、すなわち理想を実現するための権力資源動員の視座から理解する必要がある。その際まず着目したいのは、三木が異例の手続きによって自民党総裁の座についたということである。「椎名裁定」とは、党則や総裁公選規則、党三役や顧問会議、党内各派閥実力者の意向すら無視した超然的決定であった。こうした異例の手続きが認められたのは、自民党の組織統合パターン（金権政治、もしくは金銭的利益誘導・分配が「村的身内関係」を装ってなされるという意味で「金と情の政治」）が、危機に瀕していたためであった。

田中内閣は末期には支持率一二パーセント（朝日新聞世論調査、以下同様）に落ち込んでいたし、三木自身は否定していたものの、当時三木を中心とした脱党・政界再編の動きがあったといわれる。「椎名裁定」はこうした自民党の危機を乗り切る一石二鳥の妙案であった。すなわち、党内にあって最左派として政治浄化を訴え続ける姿は、三木を金権批判をかわすうえで最適の総裁候補としたし、また三木を総裁に据えることは党の分裂を避ける方策でもあった。要するに三木は、自己の権力基盤（派閥）を拡大することによって権力を奪取したわけではない。自民党という組織システムが、環境適応上組織の周辺（傍流）に位置していた三木を緊急避難的にトップに据えたにすぎない。この場合三木に本来の権力中枢（保守本流）が期待したのは、組織維持のための危機管理であった。

しかし三木は理想に燃える「目的追求型」の政治家であって、調整・管理型指導者ではなかった。したがって状況的には三木が党総裁＝首相として最適任であったにしろ、自民党本流が期待した「管財人」としては三木は不適格であった。こうした齟齬は、三木が自民党の組織統合パターンを変革しようとしたことによって、一気に顕在化する。政治粛正については、世論への配慮として（環境適応として）、一定の譲歩を行うコンセンサスが自民党内にあったように思われる。しかし企業献金の全面廃止は明らかに「一定の譲歩」の枠を超えるものであったし、独禁法改正・強化は政財界の「カルテル体質」に挑戦するものであったため、党内のみならず財界からも猛反対を受ける。

さて党内基盤が弱く、緊急避難的に政権を委ねられたにすぎない三木が、自己の政治理念を追求するためには、二つの方法が考えられた。まず第一は紛争アリーナ（舞台）の拡大である。自民党という限定された紛争アリーナのなかでは弱小派閥の長にすぎない三木であるが、紛争を拡大することによって、すなわち新たな権力資源を動員することによって、党内での脆弱な権力基盤を補うことができる。三木の世論重視、野党との連携プレーは、こうした紛争拡大戦略と考えられる。三木内閣発足当初の支持率四五パーセントは、歴代内閣の当初支持率のなかで特に高いものではないが、田中政権末期の惨憺たる数字からみると一気に盛り返した形となり、三木はこうした世論の支持を背景に、かねてからの主張である政治浄化と公正な社会のルール作りに取り組むことになった。

独禁法改正では、党内の通常手続きを無視し、三木が直接野党に呼び掛け、政府原案修正を実現している。また参議院における政治資金規正法改正案の可決が、河野謙三議長の決裁によってなされたことも、注目に値する。議長決裁に持ち込まれた場合、現状維持というのが通説であるが、河野はこれに逆らい、あえて改正を可とした。その理由を考えると、河野が参議院改革を訴え、自民党参議院の最高実力者であった重宗雄三議長に反旗を翻し、野党や三木派の支持を得て一九七一年七月参議院議長に就いたという事情に突き当たるのである。つまり河野裁定も、間接的にではあるが、三木の野党との連携プレーが生んだ成果といえる。[*18]

脆弱な権力基盤を補う今一つの戦略は、所与のアリーナ内において連合を形成することである。当時の三木派以外の主要派閥は、田中派、大平派、福田派、中曾根派であるが、反田中を旗印に政権についた三木が、田中派およびそれと盟友関係にある大平派と連合を組む道は閉ざされていた。連合の最有力候補は、田中内閣当時三木と共に田中政治を批判して閣外に去った福田赳夫率いる福田派であった。三木は福田を経済運営全般を統括する副総理に任命することで、協力を取りつけている。また党運営の要・幹事長には、中曾根康弘を任命している。このように三木は、明らかに三木に距離を置く田中・大平派に対抗して、三木・福田・中曾根派による三派連合を形成しようとした。しかし福田・中曾根ともに、三木が期待する全面協力の態度は示さなかった。福田は経済に専念し、三木の「理念政治」には距離を置いたし、中曾根も党内の動向を注意深く見極めようとしていた。「多勢に無勢」とみた独禁法改正では、椎名副総裁の意向を受けて、早々と改正断念を打ち出すなど、中曾根は到底三木の信頼しうる連合パートナーではなかった。

党内における三木派の最大の弱点は、目的追求型指導者としての三木の資質を補う調整・管理能力をもった補佐が存在しなかったことにある。したがって福田派に属しながらも一匹狼的な、「寝業師」とも呼ばれた松野頼三を政調会長として重用することになる。稲葉法相の憲法改正集会出席問題で国会が紛糾した際、事態収拾に走り回る松野は、総理秘書官に向かって、「オイ、三木派議員はどうしているんだ。海部《かいふ》はなにをしているんだ。私は三木派ではないんだよ」と嘆いたといわれる。*19 三木派の調整力不足を物語るエピソードである。

さて三木の紛争アリーナの拡大と党内における連合形成という二面作戦は、後者が上手くいかず、理念の上で妥協を迫られ、結局前者も失敗に終わる。当初三木に拍手喝采を送った世論も、妥協を重ねる三木に幻滅を感じるようになり、一九七五年六月には内閣支持率が三四パーセントに落ち、その後下降を続け、翌年三月には二六パーセントにまで落ち込んだ。つまり第二期「妥協の季節」は、党内基盤強化に失敗した三木にとってやむを得ない選択であったとはいえ、その結果世論から見放され、紛争アリーナ拡大戦略もまた破綻する。このように二面作戦が完全に破綻した段階で、三木政権の命運は尽きていたといってよい。しかしここで三木に起死回生のチャンスが訪れる。一九七六年二月五日、米上院外交委員会多国籍企業小委員会の場において、ロッキード社側から同社の裏金が日本政府高官に渡ったとの証言がなされたとの情報が日本に伝わり、いわゆるロッキード疑惑が日本の政局を揺るがすことになったのである。

三木はただちに疑惑徹底究明の立場を表明し、フォード米大統領にいわゆる「三木親書」を送付、関係資料の引き渡しを求める。三木はここで、紛争アリーナの拡大＝「世論による政治」を徹底することによって指導力を強化する賭けに出た。徹底究明の道が、党内に波紋を巻き起こし、やがて「金と情の政治」との全面対決に至るであろうことは必至であった。三木親書は、予想されたようにただちに党内からの反撥を招く。「三木独走」、「三木ひとりがいい子になっている」との非難の声が上がり、椎名副総裁は、田中派・大平派と謀って「三木退陣」を画策することになる。いわゆる「第一次三木おろし」である。この動きには三木政権を支えてきた福田派も加わっており、三木の党内における立場は一層苦しいものとなる。しかし、世論は「椎名工作」をロッキード隠しと批判、三木の徹底究明の立場を支持したため、この「第一次三木おろし」は頓挫する。三木の「世論による政治」は、この段階では一応の勝利を収めたのである。

「三木おろし」の第二段階は、一九七六年七月二七日田中前首相の逮捕とともに始まる。田中派は前首相の逮捕を許した三木に怨念を燃やし、これに「ポスト三木」を狙う大平・福田両派が同調し、八月一九日挙党体制確立協議会（挙党協）が発足する。三木が徹底した「世論による政治」の推進を決意した以上、これへの対応策は、自民党分裂＝政界再編をも射程にいれながら、解散・総選挙に打ってでる以外にありえなかった。事実三木は、田中逮捕後の自民党顧問会議（八月一六日）の場で、「ロッキード事件の政治的決着は総選挙にある」と解散総選挙の可能性を示唆していた（上、四四〇頁）。

解散総選挙に打って出ようとする三木と、それを阻止しようとする挙党協との駆け引き・緊張が最高潮に達したのが、九月一〇日の閣議である。臨時国会召集を解散総選挙のステップにしようとする三木と、これに反対する挙党協メンバーの閣僚たち（二〇名の閣僚中一五名に及んだ）が激しく対立、閣議は延々五時間に及んだ末、翌日に持ち越された。実は三木は閣議前には「一五閣僚罷免、解散総選挙」の腹を固め、その意向にそって井出官房長官は閣僚罷免の場合の法律上・手続き上の問題点を調べあげていたといわれる。[*20] しかし結局三木は決断しえなかった。挙党協との妥協によって、解散は行わず九月一五日に内閣改造を行うだけで、一二月の任期満了に伴う総選挙を待つことになったのである。

三木は千載一遇のチャンスを逸した。「もし、三木が九月解散を断行していたら、田中派は壊滅し、三木政権はその年の暮れに野垂れ死にすることはなかったかもしれない」との声が田中派サイドからさえ聞かれたし、橋本龍太郎は、「あの選挙（一二月選挙）がもう三カ月はやかったら、私は落選していただろう」と首筋をなでたといわれる。[*21] たしかに一二月の任期満了をまっての総選挙では、「ロッキード徹底追及の三木」と「ロッキード隠しの挙党協」という構図が、既に色褪せたものとなっていた。

三木が決定的瞬間で見せた逡巡は、彼の指導者としての資質と限界を知るうえで興味深い。三木は「一五人もの閣僚の首を切れば、ファッショになる」と後に語ったといわれる[*22]が、三木の選択した紛争アリーナの拡大＝「世論による政治」は、言論の力を活性化することによって自民党の統合パターン＝「金と情の政治」の変革を目指すものであり、ロッキード疑惑徹底究明を表明したとき、三木はルビコンを渡ったのである。したがって三木にもはや退路はなく、あえて前進を続ける「蛮勇」が要求される局面に達していた。にもかかわらず、三木が最終的にこうした「蛮勇」を「ファッショ」として退けたということは、彼の健全なバランス感覚を示すものともいえるが、「目的追求型指導者」としての見通しと決断力の欠如ともいえる。「男は一回勝負する」と三度総裁選に挑んだ三木であったが、真の「一度の勝負」の時は逸した。

三木内閣は安定経済成長路線を定着させ、政治改革に先鞭をつけ、自主防衛力構想を定着させることによって、保守政治の転換点となった。一九八〇年代に入って内外の新保守主義者たちは、「小さく、強力な国家」（福祉国家の解体と軍事力の再編強化）をめざしたが、三木内閣はわが国における新保守主義の流れを先取りしたといえる。防衛力については既に述べた通りであるが、社会的公正実現のための政策、独禁法改正と「ライフ・サイクル計画」をみても、それぞれ手続き・ルールによる公正、ライフ・チャンスの平等を重視するものであって、実質的公正や分配の平等を強調する社会民主主義よりは新保守主義と親近性を持つ。中道主義を標榜する三木の協同組合主義から新保守主義的方向への行程は、戦後思想状況の移り変わりを反映するものである。

三木が戦後日本の保守政治のなかで異彩を放つのは、その思想内容以上に手法によるところが大きい。三木の「世論による政治」は、確かに彼の党内基盤の脆弱性に規定されたものであった。しかしその手法の背景には、弁論をもって政治家となった三木の「言論（の力）への信頼」があったように思われる。そしてまさにここに三木が自民党内で傍流に甘んじなければならなかった最大の理由がある。三木が理想主義者であった所以は、彼の語った理想にではなく、理想を語る彼の言論への信頼のなかにこそ求められる。

注　※紙幅の都合上、注は直接参照した文献に限定した。

＊1　後藤基夫・内田健三・石川真澄『戦後保守政治の軌跡』（岩波書店、一九八二）、二九九－三〇〇頁。

＊2　岩井奉信『「政治資金」の研究』（日本経済新聞社、一九九〇）、七四－七九頁。

＊3　以下、三木武夫『議会政治とともに（上・下巻）』（一九八四）からの引用等については、上下と頁数のみで記す。

＊4　一七会編『われは傍流にあらず』（人間の科学社、一九九一）、二七五頁。

＊5　冨森叡児『戦後保守党史』（日本評論社、一九七七）、二〇三－二〇四頁。

＊6　中村慶一郎『三木政権・７４７日』（行政問題研究所、一九八一）、六三－七〇頁。

＊7　新川敏光『日本型福祉の政治経済学』（三一書房、一九九三）、二〇三－二一四頁参照。

＊8　熊沢誠「スト権スト、一九七五年日本」清水慎三編著『戦後労働組合運動史論』（日本評論社、一九八二）、高木郁朗「公労協『スト権スト』（一九七五年）―政治ストの論理と結末―」労働争議史研究会編『日本の労働争議（一九四五～八〇年）』（東京大学出版会、一九九一）。

＊9　大嶽秀夫『日本の防衛と国内政治』（三一書房、一九八三）、一三九頁。

＊10　三木の生い立ち、政権に就くまでの活動については、三鬼陽之助『三木武夫―交友五十年の素顔』（サンケイ新聞社、一九七五）、増田卓二『実録三木武夫』（ホーチキ出版、一九七五）参照。

＊11　三鬼、前掲書、二五－二六頁。

＊12　後藤・内田・石川、前掲書、三〇六頁、冨森叡児「『抵抗から妥協へ』を武器として」（『朝日ジャーナル』一九七五・一二・一五）、一七会編、前掲書、八章、等々参照。

＊13　代表的な論稿として、冨森、前掲書、八章、中村、前掲書。

＊14　大嶽、前掲書、一二六頁。

＊15　鯨井憲『自民党総裁選の裏舞台』（人間の科学社、一九七八）、一三四頁。

＊16　三木睦子『三木と歩いた半世紀』（東京新聞出版局、一九九三）、七八－七九頁参照。

＊17　大江可之『元総理三木武夫―議員五十年史』（一九八七）、三八〇頁。

＊18　河野謙三『議長一代』（朝日新聞社、一九七八）、一六－三七頁。

＊19　中村、前掲書、四九頁。

＊20　一七会編、前掲書、二七六頁。

＊21　中村、前掲書、二七六頁。

＊22　同右、二七五頁。

福田赳夫——政策の勝者、政争の敗者

Fukuda Takeo

(1905〜1995)

在職期間

S 51.12.24〜S 53.12. 7

五百旗頭真

(神戸大学名誉教授)

1

福田赳夫がようやく首相の座にたどりついたのは一九七六（昭和五一）年、齢七一歳に達した時であった。しかも時代環境は暗かった。石油危機後の不況のなかで、日本経済はなおあえいでいた。日本政治は荒廃し、田中角栄と三木武夫の両政権はともに選挙に敗れて保革逆転の足音が背後に迫るのを感じつつそれぞれに個人的怨念を残して退陣した。それでも、両政権とも発足当初には「世論とのハネムーン期」と呼ばれる高人気・高支持率の時期があった。福田政権にはそれすらなかった。しぶい個人的イメージに加えて、「三木おろし」の原罪性を帯びて誕生した福田内閣ははじめから不人気であった。

そんなことを福田首相は意に介さず、「さあ働こう内閣」と称して意気軒昂たるものがあった。はじめから不人気であった点で例外的であった福田内閣は、さらに驚くべき政権となった。はじめ高く、やがて低落という通例とは逆の型を示した。福田内閣は経済の立て直しに成功し、内政では成田空港の開港に持ち込み、外交でも福田ドクトリンや日中平和友好条約などめざましい実績をあげた。この好実績を追うように福田内閣支持率はしり上がりとなったのである。しかも、それは短期サイクルの内閣支持率の上昇に留まらず、「保守回帰」と呼ばれる長期構造的な保守支持の上昇と結びついていた。この分では、福田内閣は久しぶりの長期安定政権となるかもしれない。そう思われるようになった矢先、福福田首相は自民党総裁予備選挙で大平正芳に敗れて、あっけなく退陣した。

なんともチグハグな、不完全燃焼の思いを残す福田政権の二年間であった。実力・実績はさすがである。池田勇人、佐藤栄作以後の世代のなかで、福田は間違いなく政策的対処の術《すべ》を知る政治家であった。人物も立派であった。だが、どこか政略の強風に奔弄され、違った場所に吹き飛ばされて、それでも意に介さず飄々と仕事をしている感がないではない。よほど大物なのか、どこか虚弱なのか、にわかに判じ難い思いを禁じえないのである。九〇年の生涯を閉じた福田赳夫の政治家像とその内閣の歴史的位置を探ねてみたい。

2

ようやく次期総裁に推された一九七六年一〇月、福田は「私は明治三八歳」と挨拶した。すでに七〇代に入っていたが、明治三八年の生まれをかけて減額し、「年をとらない万年青年」をアピールしたのである。以後この言葉が、毎年のように福田の口から繰り返されることになる。

有名になった多くの福田語録の背後には、一般うけせずすぐに忘れ去られたもっと多くの語録があるだろう。そうしたものの一つに、政治家としての心境を記者に聞かれた際に「旅順陥ちて水師営へ、ってとこだな」と答えたことがあった。一九七〇年代後半の記者にも日本人にもピンとこないこの比喩はどこかおかしくほほえましく感じられた。いかにもこの人らしい。ナショナリズムがあの戦争によって処女性を失い、多分にマイナス・イメージとなった戦後社会にあっても、この人は伝統的使命観をまとって政治家をやっている。飄々とした風貌と洒脱な人柄が持ち味であるが、ここ一番気張ろうとすると、明治国家の用語が口をついて出る。それが福田の妙に時流に迎合しないで真面目に政策的対処に没頭する良いところであり、同時にマスコミうけも一般うけもせず、微妙な所で時代感覚にそぐわない政治家のおかしさでもある。

福田語録にカタカナものはない。「昭和元禄」にせよ、「天が再び福田を必要とする」にせよ、あるいは「世界の福田」を語る時ですら、西洋的教養を発想の母胎とはしていない。むしろ日本の伝統文化からの用語法である。それも東洋と日本のエリート文化というよりは、「昭和の黄門、世界の黄門」というように庶民性豊かな講談的教養からの言葉が多い。福田は大正から昭和にかけて高等教育を受けた東京帝国大学法科卒の秀才であり、一九二九（昭和四）年にトップで大蔵省入省後、ほどなくイギリスへ三年あまり留学した超エリートである。西洋的知識と教養が体をつけて歩いている国際派の人物になってもよかったはずである。

しかるに「明治三八歳」である。実は「明治三八年」は近代日本にとってたいへんな年であった。新興国日本の命運を賭した日露戦争のさなかであり、意外にもアジアの一小国が西洋列強のなかの軍事大国ロシアを打ち破った年であった。西洋世界には驚きと称讃、そして黄禍論的警戒心が交錯した。中国、インド、ベトナムなどアジアの民族主義者は電流にうたれたような衝撃を受けた。西洋と白人の支配は永遠ではない。「アジア的停滞」も不変ではない。一九世紀が「西洋文明の世界史」であったとすれば、二〇世紀はアジアとアメリカを加えた「世界の世界史」となる。そのことを事実によって告げた時こそ「明治三八」年であった。「世界の福田」をテーマとするにふさわしい出世の年であった。

この年の正月、一月一日に旅順は陥ちた。乃木将軍が敗将ステッセルの名誉を守りつつ降伏規約調印式を水師営で行い、日本軍が旅順に入城したのが一月一三日。その翌日の一四日に福田は生を得た。「旅順陥ちて水師営へ」の聞き慣れない喩えは、実は福田の誕生時の歴史ドラマそのものなのである。この時期に生まれ合わせたことに福田は誇りを覚えていた。そういう自然な明治的ナショナリズムの時代精神を福田は原点としているのではなかろうか。

群馬県金古《かねこ》町（現在の高崎市）に父善治と母ツタの次男として生まれた子に「赳夫」の名を『詩経』から選んだのは祖父の幸助であった。語意は蛇が鎌首をもたげて叫びつつ進むとのことで、臆することなく志を高く掲げて突き進む国士の意であろう。福田家は古くからの名望家として徳川時代は庄屋であり、明治には祖父幸助が初代の金古町長となり、その後父善治も長男平四郎も町長をつとめた。郷土の主のような家に生まれ育ったのである（柳川卓也「福田赳夫―反骨の人の九十年」）。

郷里で一番の家の生まれであることは、おそらく福田の負けず嫌いで気位が高く、わが道を往く気概を重んじる性格と無縁ではあるまい。それに、小柄でパッとしない外見ながら心身強健であったし、なにしろめっぽう頭のいい秀才であった。学校時代からいつしか中心的存在になるのを当然としていたようである。損得を度外視して真っ向から筋を通したがるのは、上州の気風であるとも言われている。福田の場合、大義についてそうした気張った頑張り屋でありながら、個人的には飄々としたなかに暖かい思いやりがあった。福田を敬愛するようになった政治家や記者らは一致して福田の魅力をそのように語る。

3

財政家・経済政策家福田がいかに形成されたか、これだけは見ておかねばなるまい。

戦後日本の経済政策家といえる政治家が何人いたであろうか。池田勇人、石橋湛山、福田の三者にほぼつきるのではなかろうか。石橋、池田が積極財政主義の成長路線であるのに対し、福田は高度成長批判の安定成長論者とイメージされている。だがそれは必ずしも正しくないであろう。池田の場合も、吉田内閣の蔵相時代はドッジ・ラインの超緊縮・均衡財政の実施に蛮勇を振るい、一九五四年の引き締めにも関与した。時代の要請と吉田首相の好みが、こうした緊縮路線を強いたとはいえ、池田本来の好みは積極拡大成長路線にあった。そして池田自身が政権を得た時には地金の成長政策を派手に展開する機会を得る強運の人であった。

それはいい。福田の場合である。池田と田中の高度成長論を厳しく批判したことをもって福田を安定成長論者と規定するのが一般的であるが、それは半面でしかない。福田自身、晩年に出版した『回顧九十年』のなかで、秀れた積極財政家高橋是清と自らを一体化して語っている。むしろ福田は「山高ければ谷深し」という景気循環の道理を踏まえて、山を高くし過ぎぬよう好況時には抑え、他方、谷を速やかに脱するよう不況時には積極財政主義をとり赤字国債をも辞さない、という意識的な二刀流を使いこなす達人だったのではなかろうか（一木豊『蔵相』）。

さて、財政家福田の形成である。東大に残るよう憲法の上杉慎吉教授から声をかけられたり、内務省から誘われたりしながら、福田は大蔵省を選んだ。一九二九（昭和四）年入省で前尾繁三郎と一緒であった。福田はトップの成績だったので面接も形ばかり、いきなり大臣官房文書課に配属された。福田自身回想に記しているように、文書課は省の要に位置し、課長は次官とともに大臣の補佐にあたる重要なポストであった。蔵相の参謀部といえようか、大臣の政策の起案や調査にあたるスタッフであり、「城でいえば本丸」であった（以下特に断らない引用は、福田の回想『回顧九十年』）。

入省後七月に政変があった。政友会の田中義一内閣が総辞職し、民政党の浜口雄幸内閣が成立した。浜口内閣は幣原喜重郎を外相、井上準之助を蔵相に据えて、国際協調主義の下での経済再編を強力に推進しようとした。金本位制の復活により日本経済を国際化し、国際経済の荒波に耐えうる日本経済に向かって船出しようとした。久しぶりに総合政策を示し責任感に満ちたリーダーシップのある政権であった。

当然ながら文書課への新入りスタッフ福田も、好位置にあって、金解禁という「一国の財政経済政策の一大案件がどのように処理されていくのか、実情を目のあたりに」する機会を与えられ、意気に感じてこの政策実施に力を尽くした。井上蔵相の口述を受けつつ『国民生活の建て直しと金解禁』と題するパンフレットの作成にあたり、それは千倉書房から大量に出版された。小汀《おばま》利得、高橋亀吉、石橋湛山ら著名なエコノミストが新平価での解禁を説いて大経済論争が捲き起こるなか、井上蔵相を中心に政府が広報パンフレットまで出して真正面から受けて立ち、旧平価解禁を主張した。国民には、難しい経済政策の当否は分からないが、政府の自信と姿勢は分かった。翌一九三〇年二月の総選挙で浜口民政党は二七三対一七四で政友会に圧勝した。

この勝利の報を、福田はロンドンへ向かう船中で聞いた。「一大案件の成功のためには宣伝がいかに大事なものか、その威力を思い知らされた」と大蔵省での初仕事の手応えを回想している。「かくして国民の支持も受け、成功間違いなしとも見られた」。もし金解禁政策が成功していれば、福田は井上財政の徒となっていたかもしれない。事実は、一九二九年秋のウォール街株式大暴落に端を発する世界大恐慌の妖怪に日本経済をさらす結果となった。金解禁は日本経済の国際経済への連動政策である。いずれにせよ日本経済は妖怪から逃れられなかったが、井上財政は日本への妖怪の出入りを自由にし、日本を進んでその餌食とした感があった。金の流出に拍車がかかっただけではなかった。超均衡緊縮財政は不況で身動きの悪くなった日本経済を凍傷に陥らせる結果となった。「ドクター浜口、手術は本当に成功するのですか?」「大丈夫、手術は必ず成功する。ただ命がもつかどうかは分からん」と当時の新聞漫画に諷刺される事態となった。

浜口・井上コンビの責任感に満ちた決意や姿勢は立派であり、福田も力を尽くした国民への説得手続きにも遺漏《いろう》はなかった。形式要件はすべてよかったが、内外の大不況に対する政策内容が間違っていた。一九三一（昭和六）年一二月に登場した政友会の犬養毅内閣の高橋是清蔵相が行ったように、冷えこんだ景気に対しては財政均衡に拘泥するよりも積極財政によって早く上向きに転じることが急務であった。井上が国際金融と財政のプロであったのに対し、高橋はそれに加えて生きた経済を知る実業家でもあった。高橋は蔵相就任と同時に金輸出を再禁止した。その三カ月前の九月二一日、世界大恐慌の突風をまともに受けポンド危機に陥ったイギリスは、マクドナルドの挙国内閣の下で金本位制からすでに離脱していた。その後、世界各国が直接金《きん》との結びつきによって自国経済の信用を裏付ける時代は二度と来なかった。浜口内閣の金本位制への復帰決断は、すでに歴史的生命がついえる瞬間にようやくなされた遅すぎた不幸な決定であった。

この時期、福田はロンドンを拠点にヨーロッパ各国が大恐慌に侵されて国際協調政策を維持できなくなり、ファシズム・ナチズムの怪獣を呼び起こすのを目の当たりにした。「遠く離れて望見する祖国の姿には、よりくっきりと私の眼の底に焼き付けられるものがあった。……浜口・井上の名コンビはこの危局の乗り切りに成功するかと期待されたのだが、不幸にして世界恐慌の荒波は日本を圏外に置いてはくれなかった。日本経済は最悪の事態となった。……米価は半値に下落し、……生糸価格は六割減である。農家は困窮の果て娘を売る。夜逃げが流行する。経済恐慌を通り越して、深刻な社会不安である」。国際経済の荒波が政治社会全体の枠組みを侵して破壊していく様を見て、福田は井上財政の誤りを知るとともに、日本が国際経済から離れて存立しえないことを痛感せざるを得なかった。「世界の福田」を生むうえでの原体験である。

浜口も井上もテロに倒れたあと、軍部支配が時代の潮流となる。もはや対処の術はないのか。イギリスから帰国の翌年、一九三四（昭和九）年七月に大蔵本省に戻り、主計局陸軍省担当事務官となった福田は、今度は高橋是清蔵相の闘いを間近に見ることになった。

意外なことであるが、日本は世界大恐慌から最も早く立ち直った。一九三二年には底を打ち、三三年には本格的な回復軌道に乗った。なぜか。一つには高橋の積極財政の結果であり、二つには没落した生糸輸出に代わって、綿製品が浜口・井上時代の合理化によって競争力を高め、集中豪雨的輸出を軌道に乗せたからであり、そして最後に満州事変以後の軍需拡大であった。一般には因果関係を短絡して、ひとえに満州事変が光明をもたらしたかのように受け取められた。「功労者」の軍も予算要求を拡大し続けた。とりわけ、一九三六（昭和一一）年度予算をめぐって、陸軍と高橋蔵相とは真剣に対決した。軍事を政治という全体性の下に留めるか否かが、三日にわたる「三六時間閣議」によって争われた。福田主計官に用意させた世界地図を拡げて国際関係から説き起こした老蔵相が三日目の朝、財政合理主義を守って首相官邸から帰還した時、省員と新聞記者の間に「万歳」の声が湧き起こった。

井上財政は政治的に勝利したにもかかわらず、政策的不適合により悲劇に終わった。高橋財政も予算案をめぐって軍に勝利した。しかも政策的に正しかった。にもかかわらず政治的リアクションによって悲劇に終わった。二・二六事件により「昭和維新の敵」とみなされた高橋蔵相は暗殺されたのである。ダルマさんと呼ばれた高橋蔵相という重しを失った翌一九三七年度予算では、軍事費は一挙に三倍となった。

陸軍担当の福田主計官は、その時代に軍事予算を査定した。「軍刀で脅されたこともあれば、お世辞を言われたり、ネコなで声で丁寧に陳情されたこともある」。「明らかに使い方が適当でないものは削ったが」、概していえば福田はよく勉強し、ものの分かる大物主計官であった。日本国内はおろか満州、中国、ベトナムにまで現地視察する福田主計官を、下にも置かぬもてなしで案内する軍人の姿が見られた。政治の場での勝敗はすでに決していた。軍はこの時代の勝者であり、一官僚である福田が高橋蔵相のように体を張って戦う筋合いはなかった。与えられた大状況のなかで官僚としての技術能力を提供し、それなりの合理性を守っていくほかなかった。それは南京政府の財政担当顧問として汪兆銘主席から格別の信頼を得た一九四一（昭和一六）年からの二年間も同じであったろう。福田は戦争に狂った時代にあっても、けっこうそれぞれの任務を楽しみ、よく働いた。それを通して福田は省内に力量を示し、信望を高め、確実にトップ・エリートの階段をほぼ独走に近い状況で登って行った。一九四三（昭和一八）年に文書課長に就任、賀屋興宣、石渡荘太郎、津島寿一、広瀬豊作の各大臣を支えて終戦を迎えた。

終戦とともに津島蔵相が返り咲いた。ロンドン時代以来のおつき合いである敬愛する先輩蔵相の下で、福田は官房長という総務局長を改めた新ポストにつき力を振るった。津島蔵相は軍票阻止に成功し、幣原内閣の渋沢敬三蔵相は大内兵衛教授の意見に耳を傾けながら「社会的公正」のための財産税を構想し、インフレ抑制と食糧確保をにらんで預金封鎖と新円発行を断行する「金融緊急措置令」を公布した。福田官房長はこれを推進したあと、銀行局長に転じ、貯蓄運動の旗を振った。一九四七（昭和二二）年には主計局長となり、大蔵省の実質的な最高実力者の感すらする躍進を重ねた。その矢先、芦田均内閣を襲った「昭電疑獄」にまき込まれ逮捕、裁判となった。判決は灰色でなく、「検事の所論は、まさにかの鷺《さぎ》をカラスと言いくるめる論法に似たもの」と福田の無実を断定した。だからといって、覆水が返るわけではない。一九五〇（昭和二五）年大蔵省を辞めた福田は政治家への転進を決意していた。

4

福田が政界入りを決意した頃、大蔵省の先輩池田勇人は吉田茂首相の腹心として長期にわたって大蔵大臣をつとめ、今や断然たる実力者と目されていた。大蔵省出身の代議士二三名全員が吉田の自由党に属した。つまりは池田蔵相の下に集まっていた。池田は五二年の総選挙に立候補した福田に対してもいち早く勧誘し、カネの面倒を見ようとした。福田はピシャリと断り、大蔵省出身者のうち唯一人無所属を通した。もし福田が池田派に入っておれば、前尾や大平の及ぶところでなく、間違いなく池田の後継者に収まっていたであろう。なぜそれを避けたのか。一つにはプライドであろう。今をときめく池田蔵相といっても、大蔵省の側から見れば主税局畑を歩いた傍流であり地方ドサまわりをしていた者が、たまたま敗戦によって浮上し、吉田に拾われて舞い上がっているに過ぎない。緻密な福田から見れば、あい変わらず粗忽《そこつ》なところがあって「貧乏人は麦を」とか、「中小企業の二つ三つ倒産しても」とかの発言で無用の物議をかもしている。自分は違う。大蔵省の文書課―主計局と中枢を歩んで来たのであり、池田のお世話にはならない。そういった自負が働いたのではなかろうか。

二つにはナショナリズムをめぐる路線もしくは感覚の違いがあったように思われる。福田は五二年の立候補に際し、二つの目標を掲げた。「日本経済の復興」と「政界の刷新」である。前者は福田の培ってきた技術能力がとりわけ活かされる場であろうが、この目標自体は吉田も池田も石橋も誰しもが共有するものであった。ただ、福田はあえて違いを強調した。「池田財政も石橋財政も大企業を中心に上から固めていこうとする、いわば傾斜生産方式である。福田財政は違う。裾野である農業と中小企業から育てていく」。そう力説したが、そこには渋沢蔵相時代に大内教授が強調した社会改革的観点が採用されているのかもしれない。また吉田以後の鳩山、岸時代のポピュリスト的経済政策に実際に結びついたところがいくらかあるかもしれない。しかしこうした経済政策の力点は二者択一的問題でなく、状況に応じて使い分けるべきものであろう。袂を分かたねばならぬほどの本質的相違が池田や石橋との間にあるとも思えない。

それでは後者の「政界の刷新」は何を意味するのか。独立の日を迎えつつある日本は、「占領軍に頼るという考え方から完全に脱却した政治体制が必要である」と考えた、福田はそう回想している。福田は生来のナショナリストである。激しい反米ではないが、対米自主路線を求めた。戦争末期五月の第三次東京大空襲で背中に火がつき九死に一生を得た体験は戦争中のことでやむを得ないにせよ、津島蔵相の占領軍に対する軍票阻止の戦いに感動し、福田官房長自身、四日後に大蔵省の建物を明け渡せという占領軍の非常識な突然の要求に奔走させられ、石橋蔵相の占領軍との対立に同情と共感を寄せた福田である。冷静にして飄々たる才子であるから、解体に追い込まれた内務省と違って総司令部の人と一度としてケンカなどせず、かつての陸軍に対してと同じく協調関係を保った。しかし驕《おご》れる支配者、とりわけ外部支配者からの自立を福田が忘れたことはない。そこから見れば、吉田と池田は占領期の政活家でしかなかった。勝者につかえ、「占領軍に頼」りすぎであった。それから「完全に脱却した政治体制」が樹立されねばならない。自らの手で憲法を作らず、安全保障を米国に依存するばかりでよいのか。自主の志をもった新たな政治勢力が生まれねばならない。

「政界の刷新」と聞けば、われわれは金権腐敗や派閥政治からの脱却を思い浮かべるが、それは福田が六〇年代以降、とりわけ田中角栄と対決するなかで力説するに至ったところである。この時点では、独立国家の条件を具備する新日本をリードしうるような新勢力の創出を課題としていたように思われる。それは吉田―池田の対米協調路線と区別される、対米自主路線の模索を意味した（添谷芳秀『日本外交と中国』を参照）。

このナショナリスティックな福田の好みに応える政治家がいた。岸信介である。一九四八（昭和二三）年末に巣鴨を出た岸と、福田は間もなく引き合わされ、年に二、三回碁を打って会食する間柄となった。「日本再建連盟」を掲げて新党結成を志す岸に、福田は惹かれた。岸の五大政策には、「国民の総意に基づき、憲法を改正し、独立国家としての体制を整備する」とのスローガンがあった。福田は、小選挙区制の下での二大政党制を主張する岸の政治理念に共鳴したと回想している。イギリス政治をモデルと意識する福田が、この点で賛同するのは自然であるが、当時のポイントは国家の背骨としての自主路線を貫くことにあったと思われる。

福田が池田を嫌い、岸と行動を共にしたことは、福田の政治的生涯を宿命的に規定した。まず、保守合同以後の五〇年代後半は、反吉田の風潮のもと、鳩山・岸ら伝統的国家観の持ち主が主導権を握った時代であった。その意味で、福田が「岸の時代」を予感したのは誤っていなかった。福田は同期の前尾や、若い世代の中曾根、田中らよりも遅れていた政界入りの分をとり戻し、前に出たといってよい。石橋内閣では政調副会長、岸内閣発足とともに党副幹事長、政調会長、幹事長、農相と異例のスピード出世をとげた。

岸首相の信頼と抜擢によるものであったが、福田は首相の期待を裏切らなかった。「福田君は政策的な考えのところですごい」(『岸信介の回想』)と岸が回想したように、政策に通じている点で川島正次郎、赤城宗徳、椎名悦三郎といった岸をとりまく長老たちにひけをとらなかった。永田町政治についても捨てたものではなかった。輝ける保守政治の星とみられた福田の自邸には大勢の記者たちが夜討ち朝駆けに集まった。そこで交換される情報は質量とも群を抜いていたという(楠田実談話)。岸首相は毎朝、福田から世界と政策についての報告を受け、しばしば福田に政策や人事の案を用意するよう求めた。岸内閣期の官房長官は赤城、椎名らが務めたが、次第に福田の方が実質的に官房長官の働きをするようになった。とりわけ安保闘争が過熱し、首相が官邸に籠城する事態となった時、岸の側にいたのは、官房長官ではなく、弟の佐藤であり、愛弟子の福田であった。

幹事長のポストが将来の総理・総裁への早道切符であることを証明してみせたのは岸自身であった。保守合同後の初代自民党幹事長となった岸は、二年後には首相となっていた。福田も五九年一月、はやくも幹事長となった。四月の統一地方選挙、六月の参議院選挙をにらんでの任命であろう。福田幹事長は「岩戸景気」という経済的順風にも恵まれて両選挙を自民党の圧勝に導く。最低賃金法や国民年金法も成立させた。岸・福田路線が成長のパイを国民福祉に還元するポピュリスト的な社会改革に無関心でないことを示した。

充実した五〇年代後半を岸と共にした福田であったが、二つの意味で反作用を招く。一つは三段跳びのような福田の出世が、岸側近の先輩である川島や椎名に複雑な思いを懐かせ、その後の福田の政治的機会を阻む要因となる。二つには岸内閣が強行した六〇年安保改定をめぐる戦いの苛烈さが、ある種の反省の気運を日本政治に呼び起こした。その気運を代表した池田内閣の下で「非岸化」が展開される。そのことは福田にとって陽の当たらぬ時代の到来を意味した。

六〇年代前半は改憲と対決法案が棚上げされ、コンセンサス政治が追求された。「所得倍増」のもと経済成長ばかりが謳歌された。それは暗に岸批判を意味し、福田には不愉快な流れであった。

岸内閣崩壊後、岸派は藤山、川島、福田のグループに三分された。四年余りの池田内閣時代、他の二派の入閣は頻繁であったが、福田派の入閣は皆無であった。唯一の機会が六〇年末の第二次池田内閣における福田の政調会長就任であった。しかし、半年後の「京都談話」が破局をもたらす。福田は「山高ければ谷深し」の持論に基づいて、極端な成長政策を「安定成長路線に切り替えるべきだ」と語って、池田首相の高度成長路線を明瞭に批判した。現職政調会長の謀反に池田は怒り、翌月の改造以降、福田派は完全な党内野党となった。野沢の福田邸に集まる記者もめっきり少なくなった。福田は屈することなく、しっかり党内野党を働く。派閥解消と小選挙区制を掲げて「党風刷新連盟」を組織し、反池田の旗を掲げた。池田政治の何が悪いのか。——制御を知らぬ経済成長路線、その下ではびこる物質至上主義、消費謳歌、無責任な享楽主義、一言でいえば「元禄調」である。伝統派保守政治家の面目躍如である。

五〇年代、六〇年代、七〇年代、いずれについても前半は不遇をかこつ冬の時代、後半はほとんど出ずっぱりの躍進という陽の当たる時代、それが福田の政治的サイクルである。

池田が病に倒れ、東京オリンピックのあと佐藤栄作に首相の座を明け渡したことにより、福田の季節がめぐってきた。佐藤首相はかつての岸首相に輪をかけて、その長期政権を通じ福田を重用し続けた。まず大蔵大臣である。時あたかも一九六四年から翌年（昭和四〇年）にかけての「四〇年不況」の最中であった。福田は「不況克服は君に任せる」との佐藤首相の言葉により、池田の節度なき高度成長主義がもたらした深刻な事態の後始末に当たることになった。福田は大恐慌に対処した高橋是清の財政政策で行くと佐藤首相に説明した。不況脱出に国債を発行し、景気が回復した時点で公債漸減政策をとるというのである。福田蔵相は大蔵省も社会党も反発する赤字国債の発行を断行した。「公債政策は悪用すると大変な過ちとなるが、これを適切に運用すると景気を平準化する機能を持つという妙味」を福田は戦前三〇年代の高橋財政から学んだのである。

日本経済に勢いがあった六〇年代である。政策の励ましを得るとたちまち不況を脱し、「いざなぎ景気」と呼ばれる五年のブームが続くことになった。福田は安定成長論者でありながら、蔵相になると池田時代以上に高度成長を演ずることになった。それは皮肉であり、福田理論の破綻であるとの見方もある。そうとも言えないであろう。経済体にもバイオリズムがある。勢いよく跳び上がろうとする時は無茶をしないよう過熱を抑え、元気をなくした時は栄養剤を与えて立ち上がらせる。跳躍主義者か休養論者かと二分するのでは、福田財政は分からない。福田蔵相は日本経済の脈をとるドクターとして手応えを感じていた。公債をも操作しての財政による景気調整はほぼ思った通りの効果をもった。節度をもって抑えつつ健康体がなお高成長をとげるのだから仕方がない。

景気が軌道に乗った頃、佐藤内閣は政治危機に直面した。「黒い霧」事件である。そこで六六年末、佐藤首相は幹事長を田中から福田にかえた。与党の政治スキャンダルで解散・総選挙が不可避となったが、福田幹事長の采配で惨敗をくい止めてもらいたいとの要請である。福田は自民党として反省の姿勢を示すとともに候補者を厳しく絞って戦い、二七七議席の現状に近い数を得た。期待値に対しては大勝利であった。これにより佐藤政権は基盤を強化し、沖縄返還という佐藤政権最大の課題に取り組む態勢を整えた。

一九六九年一一月の佐藤・ニクソン会談で「核抜き・本土並み」沖縄返還が決まった。師走の総選挙は、自民党が追加公認一二名を加えて三〇〇議席の大勝利であった。これを置き土産として、もし佐藤首相が勇退していれば、佐藤は米国初代大統領ワシントンのような令名を得ることになったかもしれない。戦後保守政治の最盛期を築き、沖縄返還をなしとげたうえ、最大勢力を後進に残して潔く去った。余力は後継者指名権を意味し、誰もが予想した通り福田が次期首相となる……。

佐藤首相による後継者指名のシナリオに断乎として挑戦したのが、師走選挙の勝利を指揮した田中角栄幹事長であった。かっての岸派の幹部で福田を好まない川島正次郎副総裁が田中に与《くみ》した。二人は「佐藤四選」戦略を展開する。これを否定できるのは佐藤首相本人のみであった。まだやれるのに降りるのは政治家にとって不道義なのだろうか、あるいは沖縄返還交渉の際に若泉敬教授を密使として約束した日米繊維協定の始末をつけねばやめられないと思っていたのであろうか。佐藤首相も田中・川島工作に乗り、一九七〇年一〇月、自民党総裁として四選された。講和条約をなしとげて勇退せず末期症状をさらした師の吉田茂と同じく、四選後の佐藤政権には呪いがかかったのではないかと思われるほど災いが束になって襲来した。七一年夏の二つのニクソン・ショック、とりわけ中国問題が佐藤政権を敗残者と化し、それとともに「プリンス福田」からも光彩が消え去った。

反比例するように、田中の多数派工作は猛烈をきわめた。七一年七月には参議院の佐藤・福田体制の牙城であった「重宗《しげむね》王国」を突きくずした。また田中は、七二年一月の佐藤の訪米に随行しながら、首相に後継問題について意思表示する機会を与えなかった。同年七月の自民党総裁選挙が近づくと、政策の面では中国問題をテコに、また裏では豊富な軍資金を大胆に投入して、田中は盟友の大平派だけでなく、中曾根派、三木派とも提携し、福田を二八二対一九〇で圧倒した。

こうして福田は一三歳若い田中に惨敗した。政争の面で福田にはたくましさがなく、田中には一度も勝てなかったと言ってもいいだろう。人柄・人品の問題だろうか、エリート育ちの宿命であろうか、金力の差か、政治的意志の欠如であろうか。「昭電疑獄」体験の呪縛であろうか。「総裁は推されてなるもの」とか、「君子」の振る舞いとかを語って、なりふり構わぬ政争に踏み込まず、やはり敗れ、なお「天が福田を必要とする日が必ず来る」と昂然としていた。そして政界刷新や党改革を説き続け、ついにそれを実現できなかった。

政治は政策と政争の双方によって織りなされる。政策を背負った政治家が政争に勝たない限り、政策は実現できない。そうであれば、福田が政争に弱いことは重大な政治家としての脆弱性と見られるだろう。しかし、自民党政治の金権腐敗が「死に至る病」であることを歴史が実証した今となっては、田中のように節度と品位を捨てて政争を仕かけて来る者に対し、同じ手法で応酬などできないし、すべきでもなかった。政界の刷新と党改革を語り続けた福田の識見に党が従わなかったことの方が誤りだったとの再評価も有力となろう。

政争で勝利した田中首相が、政策の福田に頭を下げる瞬間が訪れた。列島改造ブームと石油危機の相乗作用が福田の言う「狂乱物価」をもたらした七三年一一月、愛知揆一蔵相が急死した。田中首相は福田に蔵相就任を求めた。誰が見ても、この危篤状態の日本経済を任せられるドクターは福田しかいないであろう。福田は日本列島改造論という「超高度成長的な考え方を改めない限り」直しようがないと拒絶した。翌日、首相は日本列島改造論を撤回すると約した。無条件降伏である。福田は蔵相を受諾した。池田の高度成長の始末には一年とかからなかった。今回はインフレも国際要因も深刻であり「全治三カ年」を福田蔵相は宣言した。前回は「赤字国債」を切札として景気回復したが、今回はまず「総需要抑制政策」により超インフレの収束と国際収支の改善を図らねばならなかった。そして結局のところ、日本経済は一年余分にかかったものの、国際的にはいち早く第一次石油危機を克服し、世界最強の経済社会を作り出すことになった。「高橋是清＝福田赳夫」と本人が称するのも、あながち的外れとはいえまい。こうして「政策における偉大さ」と「政争における敗者」という二つの旋律を福田の政治的生涯は奏で続ける。

田中内閣は日中国交回復に成功したものの、狂乱物価を招き、金力を総動員した衆参両選挙で議席を大きく失ったうえ、金脈問題が問われて、七四年一二月総辞職した。

今度こそ福田か。そうではなかった。かつての岸派の幹部で福田を好まなかった椎名副総裁の裁定は、三木武夫に下った。

5

権力を握るという一点に目標を定め、そのためにあらゆる手段を動員・集中できるのが、政治家田中角栄の凄味である。福田にはその権力意志があいまいであった。権力を握ることが唯一至上の目的ではない、そう福田はおりこうに言うであろう。言葉で否定しても、気迫と行動が不退転の権力意志を告げている、それが本物の政治家ではなかろうか。政治家として成しとげるべき目的を持ち、使命感を持つのなら、権力を握ることは責務となるはずである。福田は飄々としすぎていた。

田中に先を越されたにせよ、その後継者になることは可能であった。七四年七月の参議院選挙で田中内閣の自民党が敗北したあと、三木副総理は辞任した。福田蔵相も閣外へ去ろうとした時、保利茂は福田内閣実現のため留まれと体を張って止めた。田中内閣は早晩崩壊する。そうなれば福田か大平しかない。田中の盟友大平への継承は田中が泥にまみれる末期症状のなかで困難となろう。大平との間で、福田、大平の順でやろうとの了解さえ作れば、それ以外のシナリオはありえない。永野重雄らが斡旋したにもかかわらず、福田に鮮明な権力意志はなかった。これまでの政治的生涯において福田が戦ってきた二人のライバル、池田と田中の忠実な協力者が大平であり、この男と手を握る気持ちになれなかったのであろうか。福田はむしろ三木の方に親近感を覚えていた。田中の金権政治を抑える同盟者としての共感もあった。福田は椎名裁定に対し快く、というより裁定案にあらかじめ了承を与えた（本人の回想）。この人は政治家なのであろうか。

それでいて、三木首相が田中逮捕に踏み切った時、福田は驚愕し、田中に「自分は知らなかった。本当だ」と電話するとともに、三木首相が自分に相談なくやったことに対して不快を覚えた（安倍晋太郎の解釈、『自由民主党史―証言・写真編』）。のみならず党幹部仲間の「首を切った血刀をぶら下げて」政治はできないから「責任をとって総辞職」するよう三木首相に求めた。古いエリート仲間の協力と自制が福田の求める政治指導者のモラルなのであろうか。福田の説く政界の刷新や党改革は選良たちの自発的な努力に待つべきものであり、それができず目に余る時にも司直の手に委ねてはならない程度なのであろうか。田中逮捕の結果、日本政治が血で血を洗う地獄絵になってしまうと予感し、おびえたのであろうか。

いずれにせよ、福田は田中逮捕のあと「三木おろし」に動き、そのなかで大平との盟友関係をはじめて築くことになる。その結晶が、七六年一一月の品川ホテル・パシフィックでの密約である。福田と大平に、園田直と鈴木善幸が付き添い、事実上の演出者・保利茂が立ち会った。合意は三項目で、⑴ポスト三木は福田が総理総裁となる、⑵党務は大平に委ねる、⑶総裁の任期を二年に改める、「右について福田、大平の両氏は相互信頼のもとに合意した」として、四者が署名・押印している（渡部亮次郎『園田直・全人像』）。園田の回想によれば、第三項について、福田政権が二年目を迎えた時どうするかが話題になった。大平が初めて口を開き、今決めなくてよい、二年後に話し合えばよいと確約を求めなかったという。園田はこの大平の態度に感動し、「大平さんに負けました。これじゃ二年後、私たちは大平政権樹立のために走りまわること」になると保利に嘆息して言ったという（川内一誠『大平政権・五五四日』）。

こうして、福田―大平提携により誕生が確定した福田政権であった。一九七六年一二月、保革伯仲下の国会で、福田は過半数を上回ること一票のきわどさで首相に指名された。「はしゃぎ過ぎ」た三木首相に対する挙党協の見たくもない「三木おろし」劇の下手な主役を演じたあと、福田はようやく政権を手にすることができた。福田の政争劇は見られたものではない。しかし首相になれば政策で勝負ができる。政権に就くまでのプロセスが何であれ、政治環境、経済環境がいかほど厳しかろうと、自分の舞台を与えられたのだ。正規の職権をもって政策の仕事ができるのだ。

当然ながら（合意第二項により）幹事長は大平であった。福田・大平提携は愛情による結婚ではなく、利益の分配のための協定であった。総裁選を通して自力でもぎ取った場合は自分の腹心を幹事長に任命できるが、談合により同等の派閥が組んで政権を作った場合は、総理・総裁の分離にまで至らないにせよ、幹事長は他派閥からとする慣行が三木内閣（幹事長・中曾根）から始まった。福田首相にとって大平幹事長は協力者であるとともにライバルでもある。

結論から言えば、概して大平幹事長はこの人らしく誠実に福田内閣を支えた。保革伯仲から逆転への流れが不可避と見える事態にあって、大平は「部分連合《パーシャル》」などと口走って保守党内タカ派の顰蹙《ひんしゅく》を買いつつも、諸野党との国会運営に愚直に力を致した。七七年七月の参議院選挙では長期低落を続けてきた自民党議席を下げ止めることに成功した。福田と大平の提携は「第二の保守合同」（伊藤昌哉『宰相盗り』）であり、七〇年代における唯一の平穏期を生み出し得たのである。

だがこの相対的安定期も薄板一枚はがせば地獄の炎が燃えさかっていた。保利作の密約の際、大平は二年間福田政権に協力すれば必ず自分に譲る明示的約束を求めなかった。だが、大平は福田が自発的にそうする道義的責務があると思い、そうであればこそ進んで協力していた。この関係が破綻するのは、しかし先の問題である。

福田内閣は大平幹事長を軸に、江崎真澄（田中派）と河本敏夫（三木派）の二長老によって党三役を組んだ。当時の派閥勢力は衆参合わせて田中派八六、福田派七五、大平派五九、中曾根派四五、三木派四一であった。閣僚ポストの配分は三木派が二であった以外、中曾根派以上の大派閥は平等に三名ずつであった。最大の田中派は総務会長を得ており、ひとり抑えられた三木派も政調会長を得ている（党三役は大臣ポストよりも重く扱われたのは周知の通りである）。中小の椎名、水田、船田の各派から一人ずつ入閣し、無派閥にして初入閣の鳩山威一郎外相と石原慎太郎環境庁長官はいずれも首相の意向によるものであり、首相と福田派の自由もそれなりにあった。巧みに派閥均衡を踏まえつつ、ベテラン実力者と、初入閣には上記二名のほか渡辺美智雄厚相や海部俊樹文相など有望新人を組み合わせた（数字やリストは、松崎哲久・佐藤誠三郎『自民党政権』による）。

難しかったのは官房長官であった。福田自身は岸信介からも要請のあった安倍晋太郎を望んだが、大福提携の密約に立ち会い、福田政権に強い思い入れを懐く園田直が押しかけ気味に獲得した。福田派は総理・総裁の持ち味なのか、団結して支える結集力にもの足りなさがあった。マイナス面ばかり語られる派閥の効用を言うなら、それは政権を内部から支えるチームとなる点であろう。福田派はその点で淡白であるだけでなく、タカ派の個性派人材はいても、たとえば大蔵・通産のような重要ポストをこなせる人材は派内に潤沢ではなかった。軍団にして総合病院である田中派とも、軍団性はないが人材豊富な大平派とも違った福田派であった。傑出した福田赳夫というオヤジを敬愛するゆるやかなグループといった感の派閥であった。

「さあ働こう内閣だ」と首相の檄で船出したが、環境は誠に厳しかった。石油危機の後、「全治三カ年」と宣言して「総需要抑制政策」により超インフレ抑制にとりかかった福田であったが、すでに力点を景気浮揚に移し、例によって公債発行を思い切って断行する局面に入っていた。自らの政権を船出させた一九七七年が「三カ年」目に当たっていたにもかかわらず、なお経済は苦吟していた（実際には「全治四カ年」を要した）。政治面ではロッキード事件と「三木おろし」によって国民の政治への信頼は地に堕ちていた。福田内閣発足時の支持率は史上最低であった。加えて保革伯仲国会である。不況で税収不足のため三三パーセントを国債に依存する予算案に対し、足下を見た野党は「一兆円減税」を迫った。財政に自信のある福田が論駁しても、安定多数を失った政権の悲しさ、予算委員会は野党の方が多い逆転委員会であった。結局、七〇〇〇億円余の減税を差し出し、予算案を実質修正するという未曾有の協調ぶりを「責任野党」に対して示して、ようやく四月一六日に予算案は成立した。法案については、海洋二法、日韓大陸棚協定、独禁法改正案など以前からの懸案を処理したが、国鉄再建法案、健保改正法案などいくつか重要案件が不成立に終わった。政府与党提出法案の成立率は八五・四パーセントであり、七〇年代では久しぶりに高い数字であった（松崎ほか前掲書）。大平執行部が概して伯仲国会の現実をふまえた穏やかな姿勢で臨んだ結果といえよう。それによって何とかしのいでいる、というのが福田内閣当初の姿であった（清宮龍『福田政権・七一四日』、宮崎吉政『№２の人―自民党幹事長』）。

七月には「保革逆転必至」と予期された参議院選挙が行われた。自民党改選議席六五に対し、六〇議席を割れば発足早々の福田政権への不信任と受けとられると観測された。結果は六三議席を獲得し、三名の追加公認を加えて六六名と改選数を上回った。最悪の事態のなかで、なぜ、福田と大平は踏みとどまれたのか。

一つには、福田内閣が今度こそ政治浄化と党改革を行うと語っていくつかの措置をとったことが、それなりの効果を持ったであろう。福田は自民党が政治腐敗により国民的非難を浴び、七六年総選挙で惨敗した事態を逆に改革実現のチャンスととらえた。そこで政権発足直後「一気に派閥解消を実現しようと」、まず福田派を解消するから全派閥を解消するよう要請した。これは形のうえで実行された。さらに「党改革本部」を設けて首相自ら本部長となり、二カ月で改革案をまとめた。このいわゆる「出直し改革」は、⑴三木内閣時に提案された全党員による総裁予備選挙を行う、⑵二〇〇万の党員を集め、年会費を三〇〇〇円とする、⑶派閥解消、の三点から成っていた。この新制度は、二年後の第一回予備選挙実施のなかで、派閥の全国拡大と福田政権の終焉をもたらすという悲惨な結果に終わるが、この時点では、少なくとも自民党支持者とシンパには期待を懐かせる効果を持ち得た。それと、全予算の三割以上を公債に依存してでも景気浮揚を図る積極財政主義もある希望を与えたであろう。少なくとも、この不況のなかで社会党に経済運営を任そうと考える国民はまずいない。経済の悪い時にはむしろ自民党にという気運を誘う材料となりえた。福田自身は、全国を巡って「自民党による安定か、求心力なき野党連合か」を迫ったのが成功したと回想している。政治評論家には、首相が総選挙や改造を示唆して、議員と党員を本気で走らせることに成功したと説く者もいる（清宮前掲書）。

その間、福田は後述する外交的成果を順調に重ねてイメージアップに成功していたが、内政面では手痛いつまずきもあった。八月に福田は大幅な行政改革を断行すると宣言してセンセーションを起こしたが、大平幹事長に反対され、官僚群の猛反撃を受けて龍頭蛇尾に終わった。九月には日航機が日本赤軍にハイジャックされ、ダッカに着陸した。彼等は日本赤軍の九名を釈放し、六〇〇万ドルの身代金を出さねば乗客を処刑すると脅迫した。徹夜の閣議での激論のはてに、福田が下した断は「人命は地球よりも重い」であり、超法規的措置をとって日本赤軍の要求をのんだ。この首相の言葉は国内世論にうけ政権批判を和らげたが、危機管理なき経済国家日本の脆弱性が痛ましく露呈された。

一一月、福田は「人心一新」を語って内閣改造を行った。ねらいは安倍官房長官の実現であった。園田は外相にまわった。日中平和友好条約布陣である。新機軸として元駐米大使の牛場信彦を対外経済担当相に任命した。対外経済・貿易関係の重大化を読み込んだ稀にみる適切な措置であった。党三役には三木派に代わって中曾根派が入った（中曾根総務会長）が、全党的バランスのとり方は相変わらずであった。

もともと経済政策の達人をもって任じてきた福田としては、何としても景気回復をもたらさねば存在理由を疑われかねなかった。そこで、一九七七年末、翌年度予算案作成にあたって再度の補正予算を合わせ、「一五カ月予算」を組むことになった。国債依存率三七・八パーセントという無理をして七パーセントの経済成長率をめざす野心的にして必死のものであった。この予算案も、前年同様に伯仲国会の下、戻し税を中心に三四〇〇億の修正を野党に強いられたうえ、四月四日に成立した。この予算執行過程の一九七八年に日本経済は力強く浮上することになる。

この年はじめ、福田は風邪をこじらせ、疲れが一気に噴き出したのか三カ月もの間病身を続けた。ガン説、結核説が飛び交ったが、春とともにようやく回復した。

他方、福田政権そのものも浮上を始めた。過激派の管制塔破壊により開港の危ぶまれていた成田空港を強い決意により五月二〇日開港に漕ぎつけたことが福田政権にたくましさを与えた。八月には後述するように日中平和友好条約に成功する。経済の回復とあいまって、福田内閣は力強い足どりで自信に満ちて進むようになった。通《つう》の評価も、国民の支持率も高まり、長期政権すら期待できる状況となった。

福田政権がいい仕事をして、成果をあげることは首相と党にとって幸いであるだけでなく、国民にとってもようやく訪れつつある光明である。このような事態において、福田首相は例の密約ゆえに総辞職し、大平に譲るべきであろうか。両人と仲介をした関係者にはそれが信義かもしれないが、それは国民に対する背信行為に他ならない。政治家のモラルにも様々なレベルがあるが、個人的信義や永田町の約束と国民的必要がぶつかる時、後者に徹するのが政治家の職業上の責務であるといえよう。

一般にこの種の紙きれによって政治力学を支配することはできない。密約があろうとなかろうと、政治状況が政権を葬ったり生み出したりする。それだからこそ、大平が確約を強いなかったのは聡明であった。それでも園田や保利のような情理に厚い有力者を立ち会わせている以上、かなりの効力を持ちうる。福田もある時期までは大平の雅量を多とし、二年を超えて政権を続けるつもりはなかったであろう。しかし、福田・大平提携が福田政権の安定と保守回帰をもたらし始めると、薄板一枚に裂け目が入る。福田首相は解散・総選挙を行って勝利し、自民党安定政権の回復＝福田政権の長期化を図ろうと画策を始める。大平はそれは約束と違うと、体を張って首相の解散権を殺そうとする。政争に弱い福田は、やはり政争に強くはないが少しは鍛えられてしぶとい大平に封じられ、総選挙ができない。それでも福田は圧倒的な政策実績を背景に、禅譲はせず自民党総裁予備選挙への出馬を電話で大平に通告する。大平は怒って選挙戦に突入し、田中派の支援を得て福田を打ち破る。

国民的観点からすれば、ようやく本来の政治を回復させることに成功した福田政権を変えるべき理由は何もなかった。全く政権の無駄遣いに過ぎず、無用の抗争で七〇年代いっぱいを汚す事態を招来することになる。

6

「吉田学校」の優等生であり、対米協調主義者である六〇年代の二人の首相――池田勇人と佐藤栄作――はともにアメリカ合衆国を首相になって最初の訪問国とした。その点では「三角大福」と呼びならわされた七〇年代の四人の首相についても変わらない。「ワシントンへの参勤交代」は変わることなき日米関係の重要性と日本の対米依存を反映する事実と解されるかもしれない。

しかし実のところ、意味は同じでない。池田と佐藤はアメリカこそが比類なき重要性を持つ故に、まっしぐらにワシントンへ向かった。田中首相と福田首相の場合は逆である。田中首相は日中国交正常化をやりたかったから、その前にニクソン大統領とハワイで会い、了解を作っておく手順を踏んだ。いわば車を左へ大きく切る前に、小さく右へ振って左をのぞきやすくする措置であった。日本外交がアジアの地へ突進する前に、外交的地平を拡大します、とアメリカに挨拶したのである。

この七〇年代日本の「自主外交」を可能にしたのは、経済の高度成長による日本の国際的地位の上昇であるが、これを呼び醒ましたのは、アメリカ自身の二つの行為であった。一つには、ベトナム戦争に傷ついたアメリカが、ニクソン大統領のグアム・ドクトリンによってアジアへの関与の限界を宣言した。それは日本がアジアの地で自前の政策と活動を展開せねばならないことを含意した。二つには、ニクソン・ショックによる米中頭越し接近である。米国政府は日本の対中自由行動を縛っておきながら、自ら一方的に対中接近を行った。この裏切りによって佐藤政権は政治的生命を断たれたが、佐藤首相は対米非難もせず、沈黙をもって耐えた。こちらだってやらせていただこうではないか、と動き始めたのが、次の田中政権であった。田中外交はワシントンの予測よりも早く日中国交回復をなしとげただけでなく、石油危機が起こると親アラブ外交に転じ、さらにアメリカに依存しない独自の資源外交をグローバルに展開した。日本の自立を促したニクソン政権であったが、田中の自主外交の行方を危惧するに至った。日本の存立と利益のためならば、どんなことでもやりかねない、田中外交はそうワシントンからは見えたのかもしれない。

福田外交はそれよりもはるかに洗練されたものであった。しかし、アジアへターンするために、まずアメリカへ振った点で田中と同型である。アメリカがベトナムから撤退したあと、日本がアジアで地域外交を展開する必要性を福田は自覚していた。そのためにもワシントンとの間に深い相互理解を築いておく必要があり、まず訪米しカーター大統領と会談した。田中と違って福田はアメリカとの協調関係それ自体の重要性を認識していた。それゆえ、一九七七年三月の福田・カーター会談は七二年九月の田中・ニクソン会談よりはるかに心のこもったものであった。

福田は「日本外交の枠組みをいかに拡大していくか」を基本課題と考え、「全方位平和外交」(通称「全方位外交」)をキャッチフレーズに掲げた。それは日米関係を相対化し、世界各国に「等距離外交」を試みるものではなかった。むしろ日米基軸を強化しつつ、外交地平を各地域に拡大せんとするものであった。アメリカからアジアへスイッチするといった浮薄なものではなかったのである。

福田が政界入りに際し、吉田と池田を避けて岸を選んだ頃、ある種の生硬なナショナリズムと精神主義をまじえた新体制論を語っていた。それは、池田や田中の政治を、福田が伝統的モラルに立って批判するなかで息づき続けていたであろう。しかし、佐藤政権の主柱として蔵相と幹事長だけでなく、外相をも務めるなかで、生硬なナショナリズムは成熟した国際主義に吸収され消化された。

七〇年代に入った時期の外相として、福田は二つのニクソン・ショックに代表される激動と日米間のささくれだった関係に苦しんだ。そこで福田は日米間のコミュニケーション・ギャップを克服するため、両国間の人的・文化的交流を広げようと「国際交流基金」の創設を一九七二年に提案し実現した。のち福田の後継者の安倍晋太郎の提案により、一九九一年に「日米センター」が併設され、知的交流と草の根交流が強化された。このような幅広い国際相互理解の促進を「わが国外交に課せられた大きな課題の一つ」と外交演説する国際派に、福田は体験を通して成長していたのである。

七七年三月の訪米で福田首相は、在韓米軍の撤退問題でカーター大統領に注文をつけ、逆にカーター大統領は使用済み核燃料の再処理問題で突然強硬な反対方針を語って福田をめんくらわせた。しかし福田は大統領との間で基本的な信頼関係を築くことに成功した。そのことは「全方位外交」展開のために不可欠の基盤であった。

その効用は、五月のロンドン・サミットにまず活かされた。対米基軸を踏まえて欧州へ行けば、グローバルな三極となる。サミットは一九七五年、三木首相の時に始まったので、福田は日本の首相として二人目である。福田は石油危機後の混乱した国際経済を立ち直らせることが、日本と世界にとって急務との確信をもって出席した。ロンドンでの福田は日本の首相として稀なことに首脳たちのなかでもリーダー的な役割を果たした。サミットの精神的方向性を主として福田首相が示したのである。福田は戦間期の歴史、大恐慌から第二次大戦に転落して行った世界の悲劇とその要因を、当時の実体験を踏まえて語った。ロンドンは福田が最初の赴任地として国際政治経済を観察し実体験した地であった。福田翁の話を各国首脳は感銘深く聞き、三〇年代の誤りを人類が繰り返さぬため、ここにいる世界のリーダーが協調して、保護主義を排し自由貿易体制を守ろうではないかと訴える日本の老首相に賛同し敬愛の念を懐いたのである（結局、先進国サミットにおいてリーダー的役割まで果たし得た日本の首相は、福田と中曾根の二人であろう)。
日独が世界経済をひっぱる「機関車論」が受けいれられた。ロンドン・サミットでの成功に、福田は自信を強めた。しかし、三カ月後の東南アジア訪問はさらに劇的な成果をあげることになった。

七七年八月、福田首相はクアラルンプールで開かれたASEAN首脳会議に招かれて出席した。当時の東南アジアではベトナムから米軍が撤退し、先行きどうなるのかエアーポケットに入ったような心理状況にあった。平和と秩序と発展はありうるのか。アメリカなき後、誰がそれを支えうるのか。一つの可能解としてアジアの経済的巨人・日本という新要因に目が向き、これを確かめるために異例の日本の首相の招待となった。

福田には東南アジアに格別の思い入れがあった。この地には政治的師匠の岸信介が親密な関係を持っていた。岸外交は、米国―日本―東南アジアを結ぶ軸線に沿っていた。福田はその外交観を継いでいたし、アジア各国との友好協会や留学生の会を作ったりして、個人レベルの結びつきを大事にしていた。日本は自前の友好と信頼をアジアの地に築かねばならない。そのためにも、不安ただよう今こそこの地域の安定と発展のため日本は積極的に貢献すべきである。そう信じていた福田首相は、東南アジア六カ国歴訪の旅で総額四〇〇〇億円もの開発援助を約束した。

最後の訪問地マニラで福田は演説した。「福田ドクトリン」と呼ばれることになるスピーチである。福田首相の秘書官を務めていた小和田恆がとりまとめたこの演説は、(1)日本は軍事大国にならない、(2)アジア諸国民の真の友人として心と心のふれあう相互信頼と協力関係を築く、(3)ASEANの発展に協力し、インドシナを含めた東南アジア全体の平和と繁栄に寄与する、の三点を説いた。聴衆は感動し、拍手は鳴りやまなかった。「心と心のふれあう」友人として、日本は米軍という「北風」なきあと「太陽」としてこの地の経済発展を支える意思を示した。これ以上に喜ばしいことがあろうか。日本外交がアジアの地でこのような積極的評価を受けるのはめずらしいことであった。

この瞬間、福田は政争において負け続きであった田中に対し、(経済政策においてのみならず)外交政策においても勝利したと見ることもできよう。七四年に田中首相が東南アジアを歴訪した時、それは「日本経済のアジア進出」の象徴と受けとめられ、激しい反発を招いた。今、福田首相は「心と心のふれあう」友情を語りかけ、共感をかち得た。侵略戦争の過去、そして日本はアジアを経済発展の手段として利用しているだけという通念を超えて、日本は東南アジアとの間にはじめて自前の信認を、「福田ドクトリン」において見出そうとしたのである。

それにしても、岸の「改憲再軍備」に共鳴して政界入りした福田が、今やアジアの地に立って「日本は軍事大国にならない」と宣言し歓迎を受けているのである。伝統的国家観は相互依存時代の国際主義の中に組み込まれて新たな表現を見出すに至った。福田の成長は、「剣を鋤《すき》に持ちかえた」戦後日本の成長の縮図そのものであった。ただ、自然な明治ナショナリズムを自らの精神的骨格としている福田は、日本国家として世界に貢献する使命観を普通の戦後日本人よりもはるかに強く持っていた。「世界のなかの日本」さらには「世界の福田」を福田自身が語る時、人々はいささかの滑稽さと違和感を覚えつつも支持を与えた。石油危機を越えて経済的巨人となった日本は、拡大された外交地平のなかで新たな役割を担わねばならなかった。福田首相は伝統主義的な文脈ながら、もしくはそれ故に、この役割を担うことに積極的であり、その意味で時代が必要としたリーダーシップに応えようとしていたのである。

政権二年目の一九七八年を迎えると、五月に訪米して「世界のための日米関係」を語り、エネルギー分野での日米科学技術協力に合意した。七月のボン・サミットでは、黒字国日本への国際的批判が高まるなかで、自由貿易と拡大均衡のなかでの解決を主張し、日本は七パーセントの内需中心の経済成長を図り、ODAを三年間で倍増することを宣言した。各国が具体的な公約を行って、それを共同声明に明示する初めてのサミットとなった。福田は議長国のシュミット首相とともに、こうした流れをつくる会議のリーダーであった。

一九七二年の田中首相による日中国交回復の際に予定され、いつか行われねばならなかったのが、日中平和友好条約であった。福田側近の保利茂や園田直がこれに情熱を持っている一方、灘尾弘吉や椎名悦三郎ら親台派の長老がおり、中国との接近に反発する者が福田派内にも少なくなかった。福田は納得できる内容で結ぶチャンスがあればやろう、という程度の心づもりで政権を開始したと思われる。反覇権条項によって、この条約に反ソ同盟の意味を持たせる中国の意図を、福田は受けいれるつもりはなかった。福田内閣発足にあたって、鳩山威一郎を外相にしたのは、日ソ国交を行った鳩山一郎の長男を用いることにより、反ソ的意図がないとのシグナルをソ連に送るためであったと、福田は回想している。

この条約は第三国に対するものではない、との条項により、福田としても納得できる内容になったのは、中国側が柔軟に対応したからであった。その背景には、アメリカの撤退により統一ベトナムが出現し、これが親ソ反中的性格を帯びることへの中国の危惧があった。ソ連「覇権」勢力により南北から包囲される戦略状況が、日中条約の実現を中国に迫った。もう一つは鄧小平の指導権が当時確立されつつあり、日中関係を強化して中国の経済発展を図る明確な目的意識が中国政治を動かし始めたことである。

それが中国の意図であるとすれば、ソ連にとって、たとえ「第三国条項」が文言上添えられようと、この条約に同意できなかった。ソ連は激しく抗議を続けた。それを押して結ぶことは、ますます「反ソ同盟」的含意を強める。そうした事態のなかで、福田の決断を支えたのはカーター大統領の励ましであった。七六年のアンゴラ介入から七九年のアフガニスタン侵攻まで、ソ連の対外政策は著しく現状打破的となっていた。カーター政権はこれへの効果的対応を探しあぐねるなかで、「中国カード」を重視するに至った。冒険的なソ連に対するため、日中は結ぶべきであるとの戦略的判断をもって、七八年五月の日米首脳会談の際にカーター大統領は福田首相の決断を促した。裏話を付け加えるなら、園田外相はバンス国務長官に頼み込んで、大統領のこの福田への発言を引き出したという。日中積極派の園田外相が、米国を使って行った対福田外交の成果でもあったのである（古沢健一『日中平和友好条約』）。日中平和友好条約は、七〇年代後半のソ連の冒険的政策に対する米日中提携の文脈で実現した。それは日米の鄧小平路線に対する祝福を意味した。日本に次いで米国も中国との条約を結んだ一九七九年から、中国の開放改革と高度経済成長の時代が始まった。条約調印の後、福田首相はこの日中条約の意義について、「つり橋から鉄橋になった。この鉄橋の上を重い荷物を運んで交流を進めたい」と語った。実際、その後の中国の経済発展に日本は「この鉄橋」を渡って協力し続けた。この時から、鄧の中国は共産圏の閉鎖主義から出て、国際システムのなかで中国の発展を図る戸を開いた。日本は米国にも励まされてそれに協力する枠組みを作った。それが七八年八月の日中平和友好条約の歴史的意味であった。

7

永田町政治に迫力を欠き、政争に弱い福田であった。田中角栄というその面での天才と同時代にかち合ってしまった不運もある。しかし田中要因を抜きにしても、福田政権の誕生は遅れに遅れ、やっと手にした時にも、いい仕事をしていながら、わずか二年で奪い去られた。品位を欠く政争が自民党政治にとって「死に至る病」となり、五五年体制が崩壊し、それでもなお権力をめぐる政争にしか能力と情熱を持たない政界を見るにつけ、政争に脆かった政治家福田にある種のなつかしさを覚えるむきもあろう。

しかし、そのように甘やかして語るのは誤りであろう。見識と政策のある者は、政争にも勝たねば政治家として一人前ではない。金権批判を繰り返した福田であったが、それとの対決は抜本的解決にはほど遠い手軽な努力であった。自民党政治の構造的変革など容易になしえないにせよ、せめて政争に強いパートナーや側近を持っておれば、あれほど政治的に脆くはなかったであろう。

政争能力と反比例して、福田の政策能力は卓抜していた。とりわけ経済政策は達人の域に達していた。六〇年代と七〇年代の経済危機はすべて福田によって処理されたといってよい。「山高ければ谷深し」の極意を高橋是清財政より学んだ福田は、成長期（山）と不況期（谷）の双方への対処を知るオール・ラウンド・プレーヤーであった。もしこの人が八〇年代末にも責任者たりえたら、あのバブル時代に民間と官庁・政治家がこぞって「山」からさらに上空高く飛ばし続け、かつてない深い「谷」に沈淪する今日の悲惨を許しはしなかったであろう。意外に本物の経済財政家は政界にいないのである。

福田の歴史的役割は、経済的成功によって高めた日本の国際的立場をもって、自主外交が可能となった七〇年代に新たな外交的地平を開き、日本の国際的役割を方向づけたことであった。自主外交とはいっても、反米・アジア主義に走るのではなく、対米関係を強化しつつアジアとの自前の信認を築いた。さらにサミットなどグローバルな場で日本の「生命線」である国際協調と自由貿易体制のためにリーダーシップを発揮したのである。

飄々として、それほど目立つところのなかった福田であるが、記録に基づいて政策成果を測る時、意外に高い評価が与えられるのではなかろうか。

大平正芳——歳入歳出政治の問題提起者

Ohira Masayoshi

（1910～1980）

在職期間

S 53.12. 7 ～ S 54.11. 9

S 54.11. 9 ～ S 55. 6 .12

村松岐夫

（京都大学名誉教授）

1

大平内閣は歳入歳出政治の問題提起者として歴史に名を残すであろう。一九七〇年代は、先進国政治において財政が大きな政治的争点になった時代である。日米欧委員会も先進国民主主義の分析をし、ガバナビリティという言葉で、民主主義に潜む問題を指摘した（サミュエル・ハンチントン等『民主主義の統治能力』）[*1]。ガバナビリティとは、具体的にいえば、大衆の政治参加が政府機能を膨張させるにもかかわらず、あるいはそれ故に他方で政府の権威が大きく後退するために増税ができない状態である。一九七〇、八〇年代にこの見解を支持する思潮は結束を始め、しだいに新自由主義といわれるようになる。

大平内閣は日本においてガバナビリティの問題に真剣に取り組んだ最初の内閣である。大平内閣成立前にも、財政問題は多くの人の認識ではあった。特に福田内閣の頃の日経連・行政改革報告書は、その認識に立って歳出削減の方策の提言を行い、後の第二臨調の知的基盤の一つになっている。しかし、大平の大型消費税の提案という経過なしには、第二臨調行革もなかったし消費税の導入ももっと遅かったに違いないと私は考えている。かねて大平を「歳入歳出政治の設定者」[*2]と見てきたのはそうした理由である。

大平内閣の一九七八年一二月から一九八〇年六月の総選挙中における大平の死去までの一年七カ月とその前後の時期は、国際的には、アメリカのソ連に対する武器拡張攻勢があり、ソ連もこれに対して敢然と対抗していた時代である。また第二次オイルショックがあって世界経済は好調とは言えず、日米関係は緊張をはらんでいた。

第一次大平内閣が成立したのは、一九七八年一二月七日である。大蔵大臣金子一平、外務大臣園田直、官房長官を田中六助とする比較的に若い人材の多い中級内閣であった。この時点で、大平内閣が長期政権であると予測した新聞もあるが、多くの識者が逆の方向で予想した通り、党内運営には困難がついてまわった。自民支持は復調していると言われていたが、それはもう少し後に現れるのであって、成立時の大平内閣は保革伯仲の余響の中で中道政党との政策ごとの連合を意味するいわゆる「パーシャル連合」を唱えなければならなかった。大平時代の自民党人気は、上昇気味であるが、際だって高いものでもない。内閣支持率も大したことはない。

この中で大平内閣がまず行ったのは、消費税の提案である。総理大臣就任の前から彼は、財政再建を自己の課題と固く考えていた。大平は、総理の座が現実味を増した一九七八年一一月に「大平正芳の政策要綱資料」を公にした。ここに大平の政策が網羅的に現れている。赤字財政を前にして大平には三つの選択肢があった。第一は行政整理である。第二は増税である。しかし、第三に「何もしないこと」もあり得た。[*3] しかし、政治家としてこの時点で何もしないでいることは難しかった。第一と第二のどちらで行くべきか。結局、彼は、現状を次のように分析している。「政府にも国民に対する甘えがあり、国民にも政府に対する甘えがある。それが政府への過剰な期待になったり、（政府の経済や国民生活に対する過剰な）力量以上の介入になったりして、……行政機構が重いものになり、財政のピンチになってきたのではないか。こういう甘えに対して、国民の側も政府の側も自省していかないと、安くつく政治はできない。政府も国民も、そこを考えてやらなければならない時期にきているし、そうした自覚が熟しつつある時期と思う」（読売新聞・一九七八・一〇・二二）。ただし彼は、行革の方向での解決は難しいと考える。行革を行政整理と表現しながら、彼は言う。「行政整理と一言でいうが、過去にも成功した例はないんでね。……行政整理……は、とかく、総論賛成、各論反対で、……私はまず一利を興すよりも一害を除くことを丹念にやることが大切だと思っている」（サンケイ新聞・一九七八・一〇・二二）。このように彼は、歳出削減の意味での行政改革は困難だと考える。そこで戦略としては、税制改革すなわち増税を提案する。しかし、増税案の提示の仕方には問題があったかもしれない。

当時の行政膨張には問題があったと思われる。一九七三年来の福祉支出は多くの国民の納得していたことであるが、老人医療の無料化の採用直後に厚生省内に再検討の研究会がスタートしていたことに示されるように、問題は初めからあったのである。九・六・四などといわれ税徴収の不公平への不満も蓄積していた。そうしたことが続いている中で大型の新税導入は容易には認められない。中小企業や農業団体は直接に自己の利益から反対を表明した。しかし、一九七九年度予算を成立させると政治日程は、東京都知事選挙候補者の決定と統一地方選挙、電電機器購入問題での日米摩擦、第二次オイル危機と呼ばれた石油問題、それに石油問題をテーマとする東京サミットというように矢継ぎ早で、大平は税問題以外の政治的イシューに忙しかった。政治の焦点が再び消費税になっていくのは九月に入ってからである。それまでは主として大平は外交に専念している。

政治の要諦は、国内で治安を維持することと国際環境の中で平和を保つことである。具体的には、日本の外交では冷戦構造の下で注意深く日本の役割を見定めること、アメリカとの対応を誤らないことであった。アメリカとの摩擦問題、日本電電公社の資材調達問題では、彼は、一九七九年五月二日のワシントン訪問の機会に解決する方針を示すことによって外務省等関係者に事前の解決を促し対処に成功した。大平は、外交には経験が深く、西側陣営の一員であることを示すことの重要性をハッキリ認識していた。しかし、他方アメリカに対して言うべきは言おうともした。国際社会における日本のプレゼンスを強くしようとしたとも言える。日本が、国連非常任理事国になるのは大平内閣の下においてであった。大平時代の外交は、内外に日本が経済大国であるとの認識の下で日本を国際社会の中で適切に位置づけることであった。時代は大きな転換期であった。

大平内閣の下での外交で特筆に値するのは、一九七九年は東京サミットを成功裡に開催したことである。この年の課題は、石油であった。第二次石油危機は、一応の対応を終えていたが、先進国家間ではまだ消費量抑制の方向で各国の消費最高量の調整が課題であった。サミットは初日、調整がつかないままに終えた。大平は、議長として調整方法に悩んでいた。先進国の中で突出して経済好調の日本の消費量が問題であったからである。ところが、二日目を開けてみて驚いたことに、アメリカとヨーロッパはどこかで合意をしている様子である。日本は石油の消費高に関して蚊帳の外におかれていた。大平はこの苦境をはねのけて、妥協を得ることに成功するのである。夕食の時、山海の珍味を前に食の進まぬ大平に対してある首相がどうしたのかと声をかけた。大平は、石油のことを考えると喉を通らぬと言ったのだという。おそらくユーモラスな雰囲気であったであろう。これを機会に事務折衝を再開できることとなったといわれる。*4 池田、田中内閣での二回の外務大臣として、あるいは首相として、大平がうまくやることができたのは、彼が実行力のある人であったことにくわえて、その率直さ（あるいは率直に一歩踏み込んでいく姿勢）が外国で受け入れられたからであるように思われる。一九七九年の東京サミットに関連しては、サミットの直前に、ＵＮＣＴＡＤに出席のためフィリピンに飛び、アジアとの調整をはかっていることが注目される。大平のアジアへの関心は深く、環太平洋問題の役割が拡大するとの認識を持っていた。

深刻な外交問題は、一九七九年一二月二七日に起こったソ連のアフガニスタン侵攻であった。アメリカはこれに厳しい態度で臨んだが、いち早くモスクワ・オリンピック参加の取りやめを打ち出して各国に同調を求めた。日本は、西側陣営としてその姿勢を問われていた。大平は「外交は内政の外部的表現」と言っていたが、このケースでも、国内関係者の調整をしながら妥当な解決に向かっていく。日本オリンピック委員会（JOC）はモスクワ行きを強く希望していた。国民も瀬古利彦や山下泰裕をはじめ有力選手の活躍を見たいと考えていた。しかし、大平の決意は断固としていたようである。約一カ月後の二月一日、大平は、「ソ連のアフガニスタン軍事介入、それに対する厳しい国際世論等に重大な関心を払わざるを得ない」との見解をJOCに日本国政府として正式に伝えるとともに「この事態を踏まえ適切に対処するように」要望した。曖昧な表現であったためアメリカ側には疑問を与えた面があるようであるが、真意は、消極姿勢を宣言することにあった。制度的には、参加はJOCの問題であるから政府の関与すべきことではない。露骨な介入は問題をこじらせるわけである。そこで内閣としては参加は望ましくないと述べてそのスタンスを明らかにしたうえで、後は政治折衝をやったわけである。

大平がJOC会長柴田勝治にどのようにアプローチしたかは明らかでないが、柴田は、内閣の談話に対して「参加はJOCの問題である」とぴしゃりと述べたうえで「政府がいう以上、政府の援助は期待できないので自力で一切日本政府の指示支援を受けずに行くことにする」という対応をした。こうなると勝つ競技でなければ参加できない。陸連と水連という二大団体は参加できない。二大団体が参加できなければ、オリンピック参加はそもそも成立しない。裏では、文部省が陸連と水連に補助金問題を絡めて話をつけたといわれる。文部大臣は大平派の谷垣専一である。もちろんこれらのプロセスが円滑に進んだわけではない。ある程度の世論形成が行われた段階で、閣議決定に基づく政府見解を出してプッシュし、さらにJOC決定がなされた後、伊東官房長官談話を出してJOCをねぎらっている。大平の政治力を示す一コマである。

大平時代の外交問題としては、これより先、一九七九年一一月四日に起こったイランにおけるアメリカ大使館の占拠事件があった。半年を経過した後アメリカの特殊部隊が奪還を試みて失敗し、カーター大統領は世界からの批判を浴びる。カーター大統領とはウマが合ったし、カーター大統領に深い同情を感じてはいたが、さらにまたアメリカ外交に第一位の重要性をおくことにどの首相よりも躊躇をすることのない大平であったが、アメリカが単独行動に出ることに決して気を許すこともなかった。そのことは、一九八〇年訪米の後でおこなったカナダ首相との会談で「西側陣営の一致」の中にアメリカを位置づける構想を主張していたことに現れている。

2

一九七九年九月になると政治のサイクルは財政問題に返り、政局は再び大平が提示している大型消費税問題となる。これは周知のように巨額の財政赤字をいかに解決するかを焦点とする政治と政策の問題である。七〇年代末までに国債依存率は二十数パーセントを超えるにいたるのであるが、この赤字国債発行の責任は、田中内閣と三木内閣の大蔵大臣である彼にもあった。すなわち大平は、一九七五年四月、公定歩合を八・五パーセントに引き下げさらに二カ月の間に八・〇パーセントとする。預金準備率も引き下げる。そして景気刺激策として赤字国債の発行に踏み切るのである。一九七五年、予算議決とともに通過するはずであった酒・たばこ値上げ法案が延々とのび一一月になってやっと参議院を通過したことも歳入欠陥の一つにはなった。赤字国債の原因をこうした個別的要因に求め得る部分もあるが、一九七〇年代の財政赤字の本質は、自民党が、一九七〇年代における保革伯仲とこれを乗り切るためのスペンディング政策をとっていたことにあるというべきである。自民党は各種団体の要求に対応した。支出項目から言えば、福祉関係費が大きい比率をしめる。

自らの責任も感じる大平はこうして大型間接税の提案をするわけであるが、いかんせん推進派は大平自身と大蔵省にすぎなかった。反対は勢いを増していく。特に九月に国会解散をして一〇月に選挙戦が始まると党の内でも外でも反対の声が強くなった。塩崎潤や下条進一郎など大平派の大蔵官僚OBも公然と反対した。鳩山邦夫等の党議に違反しての反対運動も内部を固める困難を感じさせた。遊説で全国をまわり反対を実感した大平は、ついに選挙戦中に増税問題から撤退するがすでに遅かった。一〇月七日、開票結果を見ると、自民党は当初二四八議席で過半数を割り、追加公認でやっと二五八議席に到達という状態であった。これをどう評価するか。得票総数を計算すれば自民党支持率は二・八パーセント上昇したわけであるので、これを敗北というかどうかには解釈の余地があった。しかし、一般世論も党内世論も「敗退」を主張するものが多かった。党内では、大平辞職を迫る福田、三木、中曾根の結束が行われた。これに対して、田中角栄の支援を受けた大平は一〇月九日に政権を継続するとの決意を表明した。しかし辞めろ辞めないで国会は空転し、衆参両院本会議で首相指名が行われたのは、一一月六日である。しかも自民党非主流派は、福田前首相を推したので自民党は分裂投票になり、野党退席で決選投票結果は、大平一三八、福田一二一であった。第二次大平内閣の組閣が実際に行われたのは一一月八日でこの間を俗に「四〇日抗争」という。

これだけのダメージを与えた増税提案をなぜ大平はやったのか。次々と生じる問題に対処する漸進主義の手法ならばもっと楽に政権の運営ができたのではないか。大平は多くの人の回想にあるように、また、前述のモスクワ・オリンピックの処理でも見たように、問題の政治的解決能力の高い人である。このパズルを解く鍵は何か。およそ政治家が自分の余力の中で自己の役割をどのようにして見つけるかは重要なテーマの一つである。その一般論はさておいて、大平の場合、このパズルを解くためには政局を見るよりも直接大平の哲学を分析するのがよいであろう。彼は政治家の使命を構造的な対策を社会に向かって提示することにあると考えていた。そこから彼の政治的役割の自覚が生まれているようである。九つにわたる首相の私的政策研究会の設置はそのために彼が考えた方法である。九つの研究グループとは、「田園都市構想」「対外経済政策」「多元化社会の生活関心」「環太平洋連帯」「家庭基盤充実」「総合安全保障」等である。延べ二〇〇人を超える学者、文化人、官僚が参加した。それぞれの委員会ごとに、一年数回、二年十数回の会合を持ちそれぞれ報告書をまとめた。[*5] これらはすべて二〇世紀後半の根本問題に触れているが、その中で「田園都市構想」と「家庭基盤充実」は、財政問題のあり方に触れようとしている。直接の行政整理よりも社会構造の変容が同じ結果をもたらし、社会の質の向上をもたらすことを期待したのである。それは、一面では官僚制への遠慮であったかもしれない。

大平は、一九七九年一月の施政方針演説において、これまで日本は欧米を手本として近代化を進め経済的豊かさを追求してきたが、いまや物質文明の限界が明らかになってきているという認識を示したうえで、「文化の重視、人間性の回復をあらゆる施策の基本理念に据え、家庭基盤の充実、田園都市構想の推進等を通じて、公正で品格のある日本型福祉社会の建設」が必要であると述べている。[*6] 田園都市とは、都市の持つ生産性と田園の豊かな自然、潤いのある人間関係を可能にする都市を意味する。この田園都市構想が、日本型福祉社会と密接に関係している。日本型福祉社会とは、日本社会にある自立自助の精神や、相互扶助の仕組みを維持しながら、これに公的福祉を組み合わせるものである。このような意味での相互援助を、大都市の住民間で行うのは困難である。しかし、田園都市ならできる。こうした構想は、右の政策研究会の提言として表現されたが、基本的には、大平の思想の根底にある「民間主義」のようなものの発露であったように思える。

自民党と大平の立場は、『新経済社会七カ年計画』（一九七九年八月一〇日閣議によって承認）に入り込む。新しい福祉の原理は、大蔵省の長期計画に入ることによって具体的政策になった。大平は、日本なりに福祉を肯定すると同時に歳出抑制を図る公共政策になった。国士的な政策家として田園都市と家庭を志向する政策構想がどこから出てきたか。それを一挙に社会的な背景や出身に結びつけるのはあまりに短絡的であるが、その姿勢が、明治四三（一九一〇）年に香川県三豊《みとよ》郡和田村（現在の観音寺市）において生まれ育ったことと関係があることも確かであろう。彼は小学生の頃すでに「官吏」になりたいと将来の希望を述べたという記録がある。しかし、志の大きい少年であったとしても、この頃の意気を後の政治家の履歴に結びつけるのは無理である。大平のキリスト教への傾斜を重視する人もいるし、父方にも母方にも村会議員を務めた人がでていることも重要な要因と思われる。これらも彼のキャリアを説明する要因の一つであろうが、なお宰相とは結びつかない。しかし、その後彼が郷里の先輩・津島寿一の縁もきっかけになって就職した大蔵省の官僚として戦争中と戦後の政策活動に従事し、しだいに政治への関心を深めていったことは想像に難くない。

この関心が政治家への決意となるには、戦後の混乱や池田勇人との関係が媒介になったことも言えよう。総理の地位を意識した時点については多くの人が宏池会の代表になった頃だとみている。そして、一九六〇年代後半、長男の死など家族の不幸を克服し、佐藤政権時代の不遇を思索と読書で昇華させた後に、新しい政治エネルギーが溜めこまれ識見も高められたことについても指摘が多い。一人の政治家の成長は小さな経験や運の蓄積のなせる業かと思わざるを得ない。

3

振り返ってみて、大平内閣の困難には二つの原因がある。第一は、明らかに増税の提案であるが、くわえて、一九七九年の総選挙における自民党の「敗退」を捉えてくらいつく福田赳夫の攻撃がある。大平は、一九七八年一二月、首相の座を福田からの禅譲で得ることをあきらめ、田中角栄の援助の下に党総裁公選予備選を戦って首相の座に就いた。そして、大平政治は、福田の執拗な攻撃と戦いながら一年七カ月を過ごし一九八〇年六月の総選挙のまっただ中での大平の死とともに終わるのである。大平には、たしかに福田の名前は鬼門であった。大平の甥・加地一憲氏にインタビューしたとき、彼は大平は二人の福田に苦しみましたと言った。一人は言うまでもなく福田赳夫である。もう一人は、地元の選挙での競争相手である。政治家は新人の時代がつらいが、この時代に大平の前に立ちはだかっていたのは、同じ選挙区の福田繁芳であった。地盤も金もない新人であった大平は香川二区の選挙区で当選するには、苦労しなければならなかった。演説は下手であった。最初は、利益誘導もできない。彼は、一九六三年に外務大臣として選挙にのぞんだときも第二位当選で、閣僚でありながらと後ろ指をさされたようである。

福田との確執はこの頃の日本における頂上政治の特徴が現れただけだともいえる。一九七〇年時代の政治的リーダーシップには特殊性があった。一九七九年一〇月七日の総選挙で「敗れた」大平に対して福田を中心に党内は厳しかったが、これはこの時期の自民党に独特の、権力闘争の反映である。七〇年代の首相たち、すなわち田中、三木、福田は十分な達成感をもって退陣することができなかったために、いずれも再度のチャンスをねらっては、時の内閣の足を引っ張る傾向があった。この雰囲気のまっただ中にいた大平は、強力なリーダーシップをとることが困難であったのである。イギリスの首相は、議会と党から信託をうけた期間大きな裁量を与えられる。これに対して、日本では毎日二四時間、権力闘争である。日本での政治への評価は短期的である。大平が、首相時代、帰宅するごとに「つまらんなあ、毎日毎日こんなことをして」とつぶやいたというのもうなずける。[*7] 戦後の日本政治は冷戦構造に規定され、具体的には安保とアメリカ市場に規定されていた。この枠の中の安定した自民党政権内の領袖たちの間での争いは日常的である。毎日が、少しの対応の差が敵を作り味方を増やすような微妙な状態であった。権力アリーナに登場する三角大福中はほとんど気が変になりそうになりながら、陰鬱な「戦国史」を戦うのである。政局の帰趨《きすう》について彼らは時に宗教的な占いを当てにさえする。池田内閣の秘書官を務めた伊藤昌哉の描く『自民党戦国史』は、主として大平の政権獲得前を描いて精彩を放つ。

ただし、伊藤は少しばかり大平を権力亡者にしすぎている。もちろん大平は首相の座も宏池会代表の地位も、権力をただ待ち受けていただけの人ではない。ところが大平についての思い出を語るものは、むしろ彼が含羞《がんしゅう》の人であったことを語ることに注目すべきである。そして含羞の人であったことに価値があるのは、そこに権力を客観視することを可能にする姿勢があったことである。大平が醒めていたなと感じさせる逸話がある。池田内閣の官房長官時代、大平は、質問に答えて、「竹馬に乗ってゆらゆらしているようだ」と言ったという。明日何をするかも分からない。しかし、新聞には明日自分が何をするか予定表が載っている。大体こんなことを言ったらしい。権力の頂点の雲の上から首を出して、すべてが下に見えるといったぐあいである。日本全体を巻き込む政治の均衡を微妙な判断で運転しなければならぬということだったかもしれない。その余裕というか心の構えが、彼をして激しい政争の中で消費税提案を含む効率ある政府論やそれを支える家庭基盤論・田園都市論といったビジョンを語らしめたように思われる。

田中平内閣という言い方がある。しかし、おそらく大平の田中依存を言いすぎるのは事実に反するであろう。大平は、党内でも野党に対しても自分の原則を維持し、リーダーシップを重視した人である。野党との関係にもそれは現れている。

先述のように、大平は部分連合に踏み出した人である。それだけに彼はいっそう野党との間でけじめをつけることに意をつかっている。これには、野党の間にはもちろん与党の中からも反発があった。事例を挙げよう。一九七九年度予算は、予算委員会否決、本会議における逆転可決であった。これは、予算委員会は逆転委員会であったからである。この年、野党は、結束して減税や老齢福祉年金の増額、雇用対策の強化などを含んだ内容の、一般会計三五五五億円、特別会計四五五五億円の増額を求める形式修正を求めてきた。形式修正というのは、いささか紛らわしい使い方だが、予算における各項目の内容ないし数字が変わる修正であり大規模な修正である。逆転委員会であることからある程度の譲歩は仕方ないし、修正が行われるならば予算のみならず政府提出法案の全部に公明と民社が賛成するという条件にも魅力があって、自民党の国会対策関係者は皆この流れにのって動いていた。しかし、大平は頑強に反対する。それはこの修正は「来年も」となりさらに「一緒に」ということになって連立になる危険があるからであると説明した。当時の竹下登予算委員長は部分連合と組み合わせたこの判断を「政治の極限」における決断であると評した。

しかし、大平の頃の自民党には不安定要素があった。保革伯仲から転じて、保守復調の時代であったが、保守支持層の中身に変動があり、一部は新自由クラブに分党していきさえしたわけである。政局運営はもともと困難であったのである。

一九八〇年五月一一日、チトー・ユーゴスラビア大統領の葬儀から帰国した後の大平を待っていたのは、国会対策である。関係者は部分連合の趣旨に添って、四党の合意できない案は廃案という見解を示した。ここでも大平は反発し政権党の案を通すスジ論を主張し、中央突破しようとした。自民党の結束があればそれは可能であるはずであった。そこで大平は自民党に協力を要請したが、自民党内には反大平の刷新連（政治改革刷新連盟）が動き始めていた。さらに複雑なことに、自民党の方では参議院選挙を控え、もう選挙の思惑が動き始めていた。それは他の政党も同じである。結果は、当時の民社党首脳部が恐れていたように、自民党内刷新連の欠席によって不信任案可決で総選挙になったのである。この総選挙がどのように運ばれたかは周知の通りである。自民圧勝であった。保守復調の背景の下に同日選挙が行われたことと大平の死への同情が理由であった。

大平を分析していると大平のもう一つの構造問題に突き当たる。それは政治家と官僚の関係である。大平は、財政赤字を引き起こした戦後政治過程と政策を振り返りながら、政治に大きな原因があるとしても官僚制が財政膨張現象を固定化する傾向があることを知っていた。政治家の官僚へのリーダーシップをいかに回復するか。これが彼のもう一つの構造的問題である。一九七八年一月、日本経済新聞の『私の履歴書』に、大平は、大臣と官僚の関係について、行政機構の改革がなぜ実現しないかという問いを投げかけ、次のように言っている。

「その秘密の一つは大臣というものが、役所の主人公であって、主人公でないというところに関わりがあるように思われる。ずっとその役所に所属し、そこに生涯の浮沈と運命を託しているのは、その役人衆であって大臣ではない」

世渡り上手の大臣は、こういう環境では、その在職中部下に憎まれずにやりたいと考える。もっと進んでその役所の権限や予算や定員を増やすことによって「政治力ある大臣」といわれたい。これは人情である。他方役人に対しても、人間論を展開する。「国民の利益のために大臣の命令のままに随順すべきであって、時の政府の大方針を曲げたり、阻んだりするのはいけないといきまいても始まらない。自分の名誉と生涯を懸けた役所の存亡に、役人衆が無関心でいるはずはない」。大平は官僚の志についてはともかく、その能力に関して高い評価をしている。官僚制に依存しながらやっていく必要について彼は否定していない。

しかし、『私の履歴書』を書いた数年後に彼は首相として私的政策研究会を設置することになる。そこに含まれたリーダーシップ構想にはまことに興味深いものがある。『履歴書』で示されるペシミズムではなく、リーダーシップの試みがなされるのである。官僚は攻撃的に自己を守る傾向があるが、官僚の自己防衛は、官僚個人の野心からくるのではないと見る。政治社会の構造の枠内で官僚は官僚の、政治家は政治家の行動をする以外にない。そこで大平は構造をどうするかの問題に行き当たるのである。この点で参考になるのは、彼が「党務は行政とは異なり可能性を求めること」ができると言ったことと、私的政策研究会の設置にみるように政治家みずからが充実した政策をつくることを重要視していたことである。彼は政策をつくり、政治が政策を制御し従属させることによって展望を開こうとしていたのではないか。

最後にもう一度、なぜ大平が消費税の提案をしたかのパズルに戻りたいが、筆者には依然として明快な解答はない。歳入歳出問題を前にして、彼の行ったのは行政整理ではなく消費税導入の提案であったが、それが選挙民の方が官僚よりも与し易しと考えた結果だとすれば、大平は政治を見誤ったかなとも思う。しかし大蔵省主税局で税への国民感情を知り、選挙に苦労した大平が選挙民を甘く見たとも考えにくい。大平の「家庭基盤充実」や「田園都市」の構想を読みながら、彼は、次は行政整理であると考えていたし、さらには歳出傾向の底にある政治構造を変えなければならぬと考えたといえるのではないか。この解釈は少し大平の肩を持ちすぎているであろうか。

さて、政治家・大平正芳についての最後のページであることを意識して読み返してみると、筆者がはじめから内政の大平を描こうとしたということはあるが、外交家としてのこの政治家を述べることが少なかったと思わざるを得ない。政治家としての大平の外交は、本稿に触れている日本初の東京サミットの運営やオリンピック問題への対処に見る西側陣営一員としての透明な選択といったことに限定されているのではなく、田中内閣の外務大臣として台湾問題を抱えながら不動の姿勢で臨んで達成した日中国交回復や、外務大臣から首相の時代まで一貫して、施策や演説を通じてアジア諸国だけでなくアメリカを巻き込む「アジア・大平洋諸国」のパースペクティブを国民に浸透させていった功績などここで触れることのできなかった多くのことがある。大平の人間に踏み込んでみるならば、面白いのは、これらのスケールの大きな構想を、大平の好んだ耶律楚材の「一利を興すは一害を除くに如かず」を自戒の言葉として実践していたかのように見えることである。[*8] 日本の政策の転換を目指して私的諮問委員会を設置したことはすでに述べたことであるが、そうした大局観を模索しながらも、大平は、実際政治では「可能なこと」を「望ましいこと」に優先させる現実家であった。福田内閣の「国際公約」七パーセント経済成長の無理を述べ、しかしアメリカとの関係に十分に留意して信頼を高めるという、華やかさを求めないが可能なことをしっかりやろうというスタンスは、大平正芳が経綸を国民に語りかける本当の意味の政治家であったことを、時を経るとともに、明確にしているように思われるのである。

注

＊1　サミュエル・ハンチントン等、綿貫譲治監訳『民主主義の統治能力』（サイマル出版会、

一九七六)。

＊2　本稿は、村松岐夫「歳入歳出政治の設定―大平政治の役割」大平正芳記念財団編『大平正芳　政治的遺産』一九九四を再説しているところが多い。

＊3　村松岐夫・真渕勝「税制改革の政治」レヴァイアサン、臨時増刊号、一九九四冬。

＊4　大平正芳記念財団編『大平正芳　人と思想』一九九四、四八九頁より。

＊5　長富祐一郎著『近代を超えて　上・下』(大蔵財務協会)を参照。

＊6　このあたりについては、新川敏光『日本型福祉の政治経済学』(三一書房)を参照した。

＊7　新井俊三・森田一『文人宰相　大平正芳』(春秋社、一九七五)三三一頁。

＊8　前掲『大平正芳　政治的遺産』における渡邉昭夫「国際政治家としての大平正芳」を参照した。

鈴木善幸——権力が求めた政治家

Suzuki Zenko

（1911〜2004）

在職期間

S 55. 7 .17〜 S 57.11.27

田中善一郎

（東京工業大学名誉教授）

総理大臣辞任後、鈴木善幸はマイケル・マンスフィールド米駐日大使と宮沢喜一を招き、夕食をともにする機会をもった。その席で大使は述べた。「政治家というのは権力を求めるものである。しかし、まれには権力のほうが一人の政治家をもとめることがある。鈴木さんは、まさにそのような人であった。歴史はあなたのことを、そう記録するでしょう」（宮沢、二〇六頁）。

1

一九八〇（昭和五五）年六月二二日、史上初の衆参同日選挙が施行され、自民党は久々に安定多数を獲得した。自民党の党勢は七〇年代半ばを底にして回復の基調にあった。しかし、前年一〇月の総選挙では、大平正芳首相が一般消費税の導入を示唆したり、当日には首都圏を中心に台風が襲い、強弱の保守票の相当部分が棄権にまわったために自民党は予想外の敗北を喫した。これを機に政権党は再び田中角栄と福田赳夫とを軸とする根深い党内対立に巻き込まれる。やがて通常国会では反主流派が欠席する形で野党提出の内閣不信任案が可決されるという異例事態が発生した。大平首相は五月一九日に衆議院を解散したが、選挙戦の最中に心筋梗塞で死去するという劇的な出来事を経た後の自民党の大勝利であった。

同日選挙における自民党の勝利は党内では、大平が死をもって贖《あがな》った勝利として受け止められ、直前まで続けられた慢性的な抗争に対する厭戦気分が党内に広がった。後継総裁には河本敏夫や中曾根康弘や宮沢喜一の名前が取りざたされた。しかし、六月二四日に鈴木が大平の出身派閥である宏池会の「代表」に就任したことで、鈴木が最有力候補として一気に浮上した。

宏池会では創立者の池田勇人の死後、前尾繁三郎や宮沢らにつながる人脈と、大平、伊東正義、田中六助らにつながる人脈とがあり、両者の関係は必ずしもしっくりといってはいなかった。鈴木はその中で中間的な立場の有力者であったことが宏池会の「代表」に選出されるうえで有利に働いた。党内的には鈴木は最大派閥のリーダーである田中角栄と親しく、田中のライバルである福田も今回は鈴木には反対しない立場をとった。

鈴木は選挙後に生まれた党内の新たな派閥状況を「今度は新挙党協だよ」と親しい記者に語っている（宇治A、一一頁）。「挙党協」、挙党体制確立協議会とはロッキード事件で田中角栄逮捕後、当時の三木首相の辞任を求める田中、福田、大平の三大派閥連合のことであり、この三大派閥連合の再登場を前に、河本と中曾根はなすすべもなかった。七月一五日、自民党は党大会に代わる両院議員総会で満場一致で鈴木を第一〇代自民党総裁に選出した。

2

鈴木善幸は一九一一（明治四四）年一月一一日、岩手県下《しも》閉伊《へい》郡山田町飯岡で父鈴木善五郎、母ヒサの長男として生まれた。山田町は三陸海岸のほぼ中央に位置する漁村で、父善五郎は網元であった。母ヒサは山田町で醤油醸造や油や味噌などを扱う商家の出身である（塩田B、五七頁、読売新聞政治部編、一六〇頁）。

鈴木は尋常高等小学校を地元で卒《お》えた後、二五（大正一四）年四月宮古にある県立水産学校に入学した。水産学校時代のあだ名は「秀才」で、三〇（昭和五）年五月、農林省水産講習所養殖科に合格する。水産講習所時代に鈴木は漁村問題研究会などを組織していたが、賀川豊彦を知り、賀川の協同組合主義から大きな影響を受けたと言われる。校友会雑誌に発表した漁業協同組織の構造改革論が職員会議で問題視されたことを鈴木の妹が思い出している（読売新聞政治部編、一七〇頁）。

三五（昭和一〇）年三月、水産講習所を卒業した鈴木は大日本水産会に就職し、会長伊谷以知二郎の秘書を務めた。三八年、設立と同時に全国漁業組合連合会（全漁連）に入り、全国の漁業組合に赴き、全漁連に加盟する単協の指導に従事した。四二年には岩手県漁連に移り、水産部長を務め、翌年には中央水産業会創設と同時に同会の企画部次長に就任している。鈴木は漁業組合運動の専門家としてキャリアの半ばで終戦を迎えた。

四五（昭和二〇）年秋には中央水産業会に労働組合が結成されると、鈴木は初代の委員長に就任している。そして四七年四月の総選挙に岩手一区から社会党公認で出馬し、最下位ながらも初当選を果たした。鈴木が社会党から公認されるに際しては当時の社会党の選挙対策委員長平野力三の力があった。同年一一月片山首相が平野農相を罷免したことで、平野らは社会党を離党し、社会革新党を結成（四八年三月）した。この時、鈴木も平野と行動をともにしている。

片山内閣にかわった芦田内閣も昭電疑獄で倒れ、民自党の吉田茂が再び内閣を組織したが、四九（昭和二四）年一月の総選挙で吉田民自党は衆議院で単独過半数を獲得した。この選挙において鈴木は、社会党公認から民自党公認にくら替えして出馬し、前回より一万票上乗せして、当選している。以後、鈴木は自由党経由で自民党池田派に所属し、第一次池田内閣の郵政大臣で初入閣した後、池田内閣最後の官房長官、厚生大臣（一期）、農林大臣を歴任した。しかし、鈴木の政権党でのキャリアでもっとも特徴的なことは鈴木が佐藤内閣以後連続六期、通算八期もの長期にわたり党の総務会長を務めたところにある（宇治B、一二七頁、村川一郎、参考資料一二一頁）。鈴木は宏池会の「大番頭」であり、党のまとめ役・調整役として定評があった。その意味で同日選挙後に政権党内に生まれた挙党体制の「代表」として鈴木は確かに適任であった。

3

一九八〇（昭和五五）年七月一七日、この日召集された第九二回特別国会において鈴木は内閣首班に指名された。鈴木は直ちに組閣にとりかかり、同日中に新内閣を発足させた。

この組閣で鈴木は、宮沢喜一を内閣のスポークスマンである官房長官に起用するとともに、伊東正義を大平政治の継承の意味合いで外相にあてた。そして、有力な総裁候補であった中曾根と河本をそれぞれ行政改革と経済政策という重要問題を担当させるという名目で、行政管理庁長官と経済企画庁長官という比較的軽いポストに同格の形で配することで、封じ込めを図った。さらに、中川一郎、渡辺美智雄、田中六助など「ニューリーダー」を科学技術庁長官、蔵相、通産相などにつけた。これは党の政調会長や幹事長代理に就任した安倍晋太郎や竹下登など含め、次代の指導者に内閣や党で仕事をさせるという鈴木の意向からであった。

組閣と連動する党三役人事では、幹事長には桜内義雄（中曾根派）、総務会長に二階堂進（田中派）、政調会長には安倍（福田派）が就任した。鈴木は当初、政調会長には自派の伊東を、外相に安倍を予定していたが、安倍幹事長を求める福田との交渉の結果、安倍は政調会長に留任、伊東が外相に就任することになった。結果として、田中派と福田派とのバランスを取った人事となった。田中派の「番頭」で、鈴木と非常に近いものの、ロッキード事件の「灰色高官」である二階堂が三役入りしたことに対して鈴木は、二階堂は事件後選挙を通じて「国民的な信任を受けている」と釈明した。

組閣の翌日、初の記者会見で鈴木は自ら政治の基本姿勢を明らかにした。「誠心誠意の取り組みだ。言葉を換えると『和の政治』であり、和の政治とは話し合いの政治、公正を追求する政治でもある」「より以上の豊かさを求める政治よりも、ここまできたのだから、恵まれない人々の不平不満を解消することに目を向けなければいけない。足らざるを憂うる政治よりも、等しからざるを憂うる政治、そういう心構えで取り組んでいきたい」と述べた（朝日年鑑八一年版、二〇四頁）。

「和の政治」とは政権党の挙党体制、話し合いの中から誕生した鈴木内閣の基本姿勢としてはまことにふさわしいキャッチフレーズであった。あるいは別の場で「私は総理・総裁の座をねらって政界に身を置いてきたのではない。従って、歴代首相のように政策を掲げて総裁の座を争ったわけでもない。……自由民主党の政策が即ち党総裁である私の政策だ」とも述べている（同右）。とはいえ、鈴木において「和の政治」はそれにとどまらないものを持っていた。それは「公正を追求する政治」、「足らざるを憂うる政治よりも等しからざるを憂うる政治」でもあった。そこに若き日の鈴木を見ることができるかもしれない。

さて、このような基本姿勢を持った鈴木に挑戦してきた課題は何であったか。国内的には、歯止めない特例公債（赤字国債）依存体質からの脱却であった。八五年度から特例公債の償還が始まり、このまま推移すれば償還のためにさらに特例公債を増発せねばならない悪循環となる事態が予想された。前任者大平は、八四年度までに赤字国債から脱却するために一般消費税導入を企図したが、総選挙で国民から強い拒絶に遭い、結局、「増税なき財政再建」の道を少なくとも当面は歩まざるを得ない状況になっていた。

国際的には、西側諸国内部ではアメリカの力が衰えるなかで、七〇年代中葉のデタントに替わり、七九年にはイランのアメリカ大使館人質事件やソ連のアフガン侵攻や軍事力の増強など緊張が高まりを見せていた。八〇年秋にはソ連との力の対決を強く志向するレーガンがアメリカ大統領に当選した。大平前首相は、価値観を共有する「西側の一員」としてアメリカを積極的に支えることで対応しようとしていた。

4

八〇（昭和五五）年九月九日の閣議で鈴木は、八四年度には特例公債依存体質から脱却する方針を表明した。爾後、これは鈴木内閣のもっとも重要な課題であり、公約となった。

既に七月二九日に政府は八一年度概算要求基準（シーリング）を決定していた。シーリングは一般行政費は前年度と同じく〇パーセント増、その他の経費は前年度よりもさらに厳しく七・五パーセント増に抑えられた。しかし、各種年金の制度改正の平年度化にともなう歳出増加や政府開発援助（ＯＤＡ）や防衛費には例外措置がとられた。特に防衛費はアメリカからの強い防衛力増強要求を受けての措置であった。

一二月二九日に閣議決定された八一年度一般会計予算の前年費伸び率は九・九パーセントで、五九年度以後初めての一桁の伸び率となった。公約通り特例公債が二兆円減額された。前年度当初予算で発行された特例公債の総額は七兆五〇〇〇億円で、それをゼロにするには毎年二兆円ほど減額しなければならないからである。しかし、その結果生じた歳入不足は一兆四〇〇〇億円にも上る既存税目の大幅な増税によって賄われた。印紙税や酒税なども大幅に引き上げられたが、最大の増税は法人税の一律二パーセント引き上げであった。これが財界に深刻な危機感を与えた。

防衛費の扱いは最後までもめた。外務省や防衛庁は「対米配慮」の観点からシーリングで認められた九・七パーセントを強く主張したからである。しかし、「九・七パーセント増を達成しなければ日米関係にヒビが入るという考え方は間違いだ。日米関係はもっと基礎がしっかりとした幅の広い協力関係にある」とした鈴木の裁定で防衛費は七・六パーセント増で決着した。

さて、行政管理庁長官に追いやられ、「気分的にもっとも落ち込んだ中曾根」は（神原、二三頁）、行管庁幹部の示唆もあり、臨時行政調査会（臨調）を設置し、大々的に行政改革をすすめることで自己の政治力回復の足掛かりをつかもうとしていた。中曾根の思惑を感知した鈴木や大蔵省幹部は当初臨調構想には懐疑的であったが、やがて歳出の削減のための「権威ある神輿《みこし》」として鈴木や大蔵官僚にも構想は受け入れられていく。八〇年一一月には臨時行政調査会設置法が臨時国会で成立し、早くも八一年一月には土光敏夫経団連名誉会長が調査会会長に内定した。

調査会発足を前にして三月一一日に土光は鈴木と会見し、四項目の申し入れをした。鈴木はこれらに全面的に賛成し、実行を約束した。すなわち、①「答申を必ず実行する決意を明らかにする」②「『小さな政府』を目ざし、増税によることなく財政再建を実現する」③「各地方自治体を含め行政の合理化、簡素化を進める」④「3K〔国鉄、米、健保〕赤字解消、特殊法人の整理、民営への移管を極力図り、官業の民業圧迫を排除するなど民間の活力を最大限に活かすことが肝要である」と（神原、二〇一二頁）。土光会長候補の申し入れ内容は明らかに、当時西側諸国に台頭しつつあったレーガン、サッチャーらの「規制緩和」「民営化」「小さな政府論」に代表される新自由主義のパッケージであった。鈴木がこの思潮にいかほど心情的に共鳴していたかは定かではない。しかし、少なくとも財政再建に役立つ限り、コミットする価値はあると考えたことは想像に難くない。

臨時行政調査会は三月一六日に発足した。その挨拶の中で鈴木は、「中でも、高度成長で肥大した行財政の減量化を図り、巨額の赤字を抱えた財政を再建することは、私が総理就任以来、当面の最重要課題として取り組んでまいったところであります。……とりわけ、財政再建という見地から行財政の建て直しを図ることは現下の急務であります。このため、歳出の削減、政府機構の簡素化、行政の減量に重点を置いた改革を早急に進めねばなりません。ついては、誠に短兵急なお願いではありますが、昭和五七年度予算の編成に向けて、当面の要請にこたえる具体的改革案を、この夏までに御提出いただければ幸いであります」と述べた（臨時行政調査会事務局監修『臨調緊急提言』、一六〇－六一頁）。鈴木が目指したのは単なる「行政改革」ではなく、「行財政改革」であった。そして、この二日後、鈴木は「行財政改革」について「内閣の最重要課題として、政治生命をかけて達成したい」と、強いコミットメントの意思を表明した。

鈴木の「短兵急なお願い」を受けて、臨調は七月一〇日に第一次答申を政府に提出した。答申は「増税なき財政再建」というスローガンを掲げ、政府米の売買逆鞘の解消、公共事業関係費は前年度と同額以下に抑制、義務教育教科書無償給与制度の廃止等を含めた検討、年金などの国家負担率の引き下げや老人保険医療の患者の一部負担の導入等々、財政再建のため広い施策領域にわたる支出削減策を提言した。

ちなみに、臨調の第一次答申では歳出削減提言のほか、臨調の基調低音となる臨調行革の「理念」が打ち出された。それは国内的には「活力ある福祉社会の実現」、対外的には「国際社会に対する貢献の増大」というコピーにまとめられた。「英国病」を髣髴《ほうふつ》させる「福祉国家」ではなく、「個人の自立・自助の精神に立脚した家庭や近隣、職場や地域社会での連帯を基礎としつつ、効率のよい政府が適正な負担の下に福祉の充実を図ることが望ましい」とされた。そのためには「自由経済社会の持つ民間の創造的活力を活かし、適正な経済成長を確保することが大前提」とされた。

政府は答申を「最大限尊重し、速やかに実施」することにし、総額二四八七億円の削減効果があると試算された各種歳出削減措置を盛り込んだ行政改革関連法案を秋の第九五回臨時国会に提出し、成立させた。法案作りには、鈴木が順次、首相官邸で全閣僚との「異例の個別協議」を行い、行革への協力を強く要請するなど、鈴木の並々ならぬ意欲が示された（行政管理庁、二五頁、朝日年鑑八二年版、二〇六頁）。

以上の臨調における審議に並行して六月には早々と八二年度概算要求基準（シーリング）が閣議で了承された。今回から一般歳出は一律に「ゼロ・シーリング」が適用された。すなわち、八一年度予算と同額とされた。シーリングの例外措置には前年度のほかに、新たに人件費に係る義務的経費増も含められた。昨年度に比べ一層厳しい歳出抑制の方針が示されたのである。

5

日本経済は第二次石油危機のショックから比較的順調に立ち直ったが、八〇年に入り、景気は後退局面に入った。日本の対外収支は八一年から黒字に転換する。なかでも対米貿易収支は、八〇年には九八億ドル、八一年一六三億ドル、八二年には一五一億ドルと急増の気配を見せ始めた。日本の対米輸出の最大の品目は自動車であり、八〇年のその対米輸出総額は一〇一億ドル、対米輸出の三二パーセントを占めるに至った（『財政金融統計月報』四六〇号、一一一頁）。アメリカは特にこの自動車をめぐり輸入規制を強力に求めてきた。

国際安全保障に関しても、カーター政権は国際関係の緊張激化を指摘して、防衛費のGNP一パーセントまでの増額、防衛庁の整備計画である「〔昭和〕53中期業務見積もり」（計画年度八〇～八四年）の一年繰り上げ達成などわが国の防衛力の増強を強く、かつ、執拗に要請してきた。日本政府内部でも、アメリカの要求に歩調を合わせるように、外務省は「西側の一員」としての立場を強調し、防衛庁もソ連脅威論を展開しつつあった。

このような国際情勢の中で自ら「ハト派」であると考えている鈴木は（宇治A、六四頁）、カーター米大統領や八〇年の選挙でカーターを破ったレーガンとは異なった認識を持っていた。「ソ連は今、経済的に弱っている。西側が総合的に結集すれば、まだまだ優位に立てる。ソ連にはヨーロッパと極東の両面で戦争を構える力なんてないさ。ヨーロッパが正面で、極東は裏木戸だ。〝ソ連の脅威〟といっても、アジアでは潜在的脅威であって、戦争は仕掛けてこないと思う」（宇治A、一三七頁）。さらに、レーガン政権については「カーターの時代はデタントや人権外交で、四年経ったら〝強いアメリカ〟のレーガンに変わったように、レーガンの軍備増強、力の外交路線が今後もずっと米世論に支持されるかどうか」と疑問を呈している（宇治A、一四〇頁）。五月四日の訪米を控えて、鈴木は、平和憲法、専守防衛、非核三原則など「日本の守備範囲」を明確にしたうえで「日本がなし得ることと、なし得ないことをキチッとして日本の立場で国際平和に寄与していく」と八一年三月二八日の参議院予算委員会で発言している。

五月一日、折から来日中のブロック米通商代表と折衝の結果、田中通産相は日本製自動車の対米輸出問題について、年間の輸出台数を一六八万台にする自主規制案を発表した。米政府も受け入れを表明した。首脳会談における安全保障と自動車とのリンクは回避された形で鈴木は訪米の途についた。そして、七日と八日の両日、鈴木訪米のハイライトであるレーガンとの首脳会談が持たれた。二日目の会談で鈴木は持論を展開し、アメリカの要求に応じて「急激に防衛費を増やしたら自民党への批判が強まり、社会党政権への道を開く。そうなったら日米関係の元も子もなくなる」と力説した。それに対して、レーガンも自民党政権に迷惑をかけるようなことはしないと約束し、日本の憲法に反することは求めていないなどと回答したとされる（宇治A、一八六－八七頁）。鈴木は会談の成果に自信を持った。

しかし、会談後に発表された日米共同声明はレーガン政権の主張をたぶんに反映したものだった。①「日米両国間の同盟関係は、民主主義及び自由という両国が共有する価値の上に築かれている」と、共同声明としては初めて「同盟 alliance」と言う言葉が登場した

（第一項）。②鈴木とレーガンは「中近東、なかんずく湾岸地域の平和と安全の維持が、全世界の平和と安全にとり極めて重要であることを確認した。両者は、同地域の安全がぜい弱な状況にあることに直面しての米国の確固たる努力が安定を回復することに貢献していること、及びそれにより日本を含む多くの諸国が、裨益《ひえき》していることにつき意見の一致をみた」（第四項）。③両者は「日本の防衛並びに極東における平和及び安定を確保するに当たり、日米両国間において適切な役割の分担が望ましいことを認めた。首相は、日本は、自主的にかつその憲法及び基本的な防衛政策に従って、日本の領域及び周辺海・空域における防衛力を改善し、並びに在日米軍の財政負担をさらに軽減するため、なお一層の努力を行うよう努める旨述べた」（第八項）。④鈴木は「［日本］政府が世界の平和と安定の維持のために重要な地域に対する援助を強化してゆくと述べた」（第九項）。

会談終了後の記者会見では記者団から「同盟」や「適切な役割分担」をめぐり厳しい質問が鈴木に放たれた。鈴木は「同盟は軍事的意味合いを持つものではない」と否定し、「適切な役割分担」についても「米第七艦隊がインド洋やペルシャ湾の安全確保のために移動したあと、留守になった海域は少なくとも〝自分の国の庭先〟としてわが国が守るべきことは当然だ」と敷衍《ふえん》し、具体的には「日本周辺数百海里、航路帯（シーレーン）にして千海里」と話した。鈴木は個別的自衛権の問題としてシーレーン防衛を定義したが、日米両国の「適切な役割分担」は集団的自衛権と無関係とは言いにくい。実際、レーガン政権は直後の六月に開催された日米安保事務レベル協議の場で「防衛計画の大綱」をはるかに上回る自衛隊の軍備増強を求めてきたばかりか、首脳会談で決まった日米の役割分担に関して、日本に対して周辺海空域一〇〇〇海里の防衛、具体的にはソ連の潜水艦と爆撃機バックファイアに対する防衛を要求してきた。まさに「西側の一員」としての具体的で明確な役割分担の要求であった。

帰国後、鈴木はレーガン大統領との最後の会談の内容が共同声明に反映していないことを問題視する発言を繰り返した。高島益郎外務次官は同盟関係に軍事的な関係を含まないというのは「ナンセンス」であると鈴木を批判した。日米共同声明の公表手続きと内容をめぐる政府内部の混乱の責任を取り、伊東外相は五月一六日に辞任した。後任には挙党協で鈴木とともに闘った園田直が就任した。鈴木は自分が「ハト」であるという意識と「共同声明」に対するマスコミの反応とのギャップを埋めようと努めたが、それがかえって鈴木はやはり外交ができないという「評価」を定着させるという逆効果を生んでしまった（鈴木善幸、八二頁以下も参照）。

6

八一年一一月三〇日、鈴木は自民党役員の任期満了に伴い、党役員人事と内閣改造を断行した。その結果、党三役のうち、幹事長には二階堂進（田中派）、総務会長には田中龍夫（福田派）、政調会長には田中六助（鈴木派）が就任した。また、内閣では中曾根（行管庁）、河本（経企庁）は留任、また、「ニューリーダー」の、宮沢（内閣官房）、渡辺（大蔵）、中川（科技庁）も留任したほか、安倍が田中六助と入れ替わりで通産相に就任した。内閣の骨格は変えず、党の中枢は田中、福田、鈴木の主流三派で責任を担う体制である。

この人事では、ロッキード事件で「灰色高官」である二階堂進が党のナンバー2である幹事長に就任したほか、福田派も同じく「灰色高官」である加藤六月の入閣を強く求めた。鈴木はそれを拒否し、党の全国組織委員長を加藤に与えた。ロッキード事件の風化が言われた。

しかし、後の政局に影を落としたのは、二階堂幹事長、竹下幹事長代理、田村元国会対策委員長、林義郎経理局長ら党の中枢が田中派から起用され、「田中派主導」が目立った点であった。安倍晋太郎は「これまでのような親戚づきあいの三派体制とはいかん。ぎくしゃくする」と述べたが（田中国夫、二七〇頁）、鈴木を生み出した三派中心の挙党体制に隙間風が吹き出したのである。この雰囲気に対して、鈴木は八二年一月に福田や安倍の後見人である岸信介を党最高顧問に指名した。党内における「角福」バランスの回復の試みであった。

鈴木は改造直後の閣議で、内閣が直面する懸案である行革、予算編成、貿易摩擦について異例の具体的な指示を閣僚に与えた。それを受け、政府は、一二月一六日、拡大する一方の貿易黒字対策として、東京ラウンド合意にのっとった一六五三品目の関税の段階的引き下げ、ないし、撤廃措置の二年繰り上げ実施、輸入検査手続きの改善、輸入促進対策を含む「対外経済対策」を決定した。さらに、ベルサイユ・サミットを控えた翌年五月二八日には、二一五品目の関税の新たな引き下げなどを含む「市場開放対策」を決定した。これらの措置にもかかわらず、日本の対米、対EC貿易黒字基調には変化が見られなかった。

他方、財政状況は景気後退の影響もあり、悪化するばかりで、既に八一年度予算が税収不足となり、政府は一二月二二日にやむなく三七五〇億円の赤字国債と二五五〇億円の建設国債を発行する八一年度補正予算を編成した。引き続き二八日に閣議決定された八二年度予算は一般会計の伸び率は六パーセントという二六年ぶりの緊縮予算となった。鈴木の公約に近い一兆八〇〇〇億円の国債減額がなされたが、そのうち赤字国債縮小分は一兆五〇〇〇億円余りにとどまった。他方、歳入不足を補うために前年度に引き続き三五〇〇億円の増税が図られた。その多くは企業増税であったことは前年度と同様である。

実際、新年度に入り、鈴木内閣が掲げた最大の公約は絶望的であることが判明してきた。鈴木は二月三日の衆議院予算委員会で八四年度赤字国債脱却が果たせなかった時には「政治責任をとる」と言明し、七月の八三年度予算概算要求基準の決定に際しては史上初の「マイナス・シーリング」を実施するなど厳しい姿勢で臨んだ。しかし、決算締め切りの七月段階で八一年度決算の二兆八七九四億円（補正後比）の歳入欠陥が表面化した。さらに、八月末に渡辺蔵相が明らかにしたところでは、八二年度の税収不足は五、六兆円という巨大な額にのぼる見込みとなった。

7

八二年一月、鈴木は伊藤宗一郎防衛庁長官に対して、「56中期業務見積もり」の策定や日米防衛協力のあり方に対して、①脅威に対応して防衛力を増強するという考え方はとらず、従来通り、基盤的防衛力構想に立つべきである。②海洋国家にふさわしくミサイル網などで列島全体をハリネズミのようにし、敵を上陸させないようにすることを検討すべきである。③陸海空自衛隊のバランスが現状のままでよいのか。④予算の効率的運用を図り、後年度負担の平準化にも配慮すべきで、56中業の経費も数字が固まる前に大蔵省とよく打ち合わせるように、と指示を与えた（朝日年鑑八三年版、二五〇頁）。

鈴木の指示にもかかわらず、日米の軍事協力体制においては、一月下旬に「極東有事」に備えた日米協力のあり方の研究が開始された。これは前年夏にまとまった「日本有事」に備えた日米協同作戦計画の研究に続き、アメリカの強い要求を受けたものであった。日米の共同軍事訓練も八一年から陸上自衛隊も開始していた。海・空自衛隊は既に鈴木内閣以前から行っていた。

八三年度予算編成においても防衛費は前年度と同じく「マイナス・シーリング」の事実上の例外とされた。さらに、政府は七月二三日の国防会議で、計画期間が八三年度から八七年度の「[昭和]56中期業務見積もり」を決定した。これにより「防衛計画の大綱」が定めた防衛力の水準の達成を目指すとされ、そのための経費の総額はおおよそ一六兆円とされた。この結果、防衛費がGNP一パーセントを超えることが予想され、三木内閣以来の方針を引き継いでGNP一パーセントを超えないと発言してきた鈴木も、七月六日の参議院内閣委員会で「GNPの伸び率は国際経済情勢によって変動するので、今後五年間にわたり一パーセントを超えないかどうかはわからない」とこれまでの答弁を修正している。

逆風の中で、八二年二月には臨時行政調査会が許認可に関する第二次答申を出した。車検期間の延長や運転免許証の即日交付などが目玉だった。続いて臨調は七月三〇日には第三次答申(基本答申)を提出した。基本答申では、組織、定員管理機能と人事管理機能を総合化するために行政管理庁と総理府人事局等を統合した「総合管理庁」の設置や、三公社の民営化、特に巨額の赤字を累積させている国鉄の分割民営化とその具体的形態を検討する「国鉄再建監理委員会」の設置が提言されたことが注目された。分かりやすい国鉄改革が臨調行革の旗印として浮上してきたのである。

また、八月一八日の衆議院本会議で自民党が提出していた参議院の選挙制度を改める公職選挙法改正案が成立した。これにより、「銭酷区」といわれ、選挙運動に多額の資金が必要な全国区が廃止され、かわって各党が獲得した得票数をもとに議席数を政党に比例配分する「比例区」制度が採用されることになった。各党の当選者は政党があらかじめ提出した候補者名簿の順に決定される。これに伴い従来の「地方区」が「選挙区」と名称が変更された。鈴木の「この機をのがしたら参院全国区の改革は永久に出来ないだろう」という判断もあり、自民党は通常国会の会期を九四日間と大幅に延長したうえで法案を成立させた。

8

夏が終わると、そろそろ自民党総裁としての鈴木の任期満了が近づきつつあった。一向に改善しない財政の状況に対して少しでも改善の筋道をつけたいという気持ちから、鈴木は福田赳夫の助言を受け、九月一六日に「財政非常事態宣言」の記者会見を行った。そして二四日の閣議では臨調答申の具体化に向けて「行政改革大綱」を決定した。今や行革の最大の目玉となりつつあった国鉄について五年以内に事業再建の全体構想を設定し、その実現を図ることにし、国鉄再建監理委員会設置法を次期国会に提出することが決まった。電電公社、専売公社についても所要の法律案を次期通常国会に提出することが決まった。その他、年金や医療に関する制度変更や食管制度における売買逆鞘の解消などを目指すことも決定された。同時に、「財政再建」にかける鈴木の意志の「道連れ」に人事院が勧告していた公務員の四・五八パーセントの給与改定も凍結された。

政権党内の政局も流動化し始めていた。前年一一月の党と内閣の改造に福田派は反発を示した。八二年六月八日、東京地裁はロッキード事件で橋本登美三郎元運輸相と佐藤孝行元運輸政務次官の受託収賄を認め、二人に執行猶予つきの懲役刑を言い渡した。判決は二階堂進自民党幹事長や加藤六月自民党全国組織委員長など「灰色高官」に対する金銭供与も認定した。これを受け、一九日には三木武夫は鈴木に、最近の自民党は田中角栄に支配されている、それが是正されなければ「日本の政治、自民党のために闘わなければならない」と詰め寄っている（宇治A、二八六頁）。秋になると、岸と福田が動き始めた。岸は一時は田中と福田の関係調整を図った時期もあったが、八一年の日米首脳会談の政府の混乱を見て、すでに鈴木の能力の限界と受け止めていた。岸と同様、前年秋から福田も、鈴木は田中に傾斜し過ぎていると考え始めていた。福田派の「分家」である中川一郎も八月末に条件つきで総裁選挙に立候補する意思を表明した。九月二八日夜、福田は、河本の出版記念会で挨拶し、河本を「救世の盟主」と持ち上げた。

自民党は八一年六月に総裁公選規程を改正し、総裁選挙への立候補には国会議員五〇名以上の推薦を必要とし、総裁候補決定選挙（予備選挙）は候補者が四人以上の場合に実施することにした。総裁予備選挙の「名存実亡」と言われた改正は田中、福田、鈴木三派体制の「遺産」であったが、今や反田中陣営から中川一郎、河本敏夫、安倍晋太郎らが立候補しようとしていた。それにもかかわらず田中、鈴木、中曾根の主流三派を合わせれば、鈴木の再選は動かないというのが大方の見方であった。

しかし、八二年七月に噴出した教科書検定問題をめぐり中国と韓国との間に生じた紛争に決着をつけたあとの訪中から帰国した鈴木は、一〇月一二日突然、次の総裁選挙には出馬しない意思を表明した。

鈴木は大平首相の死去と同日選挙における自民党の勝利のあとに生じた田中と福田との厭戦気分の中から総理・総裁に選出された。鈴木は「みんなにかつがれて出来た政権。みんながかついでくれないのなら、いつ辞めてもよい」という心境を漏らしていた（朝日年鑑八三年版、一〇三頁）。それだけに田中角栄と福田赳夫を軸とした年来の自民党の対立が再び再燃の兆しを見せたとき、かれは自分の出番は終わったと考えたのであろう。

しかも、政権の発足時に掲げた「財政再建」の公約実現は不可能となった。巨大な歳入欠陥は退陣の「直接の原因ではない」と後日鈴木は語っているが（宇治A、二七四頁）、大きな原因であったことは十分想像できる。「ハト派」と考えていた鈴木は自らの内閣で八一年の日米共同声明など軍事的な対米コミットメントを強化し続けることにいやけがさしたのかもしれない。

鈴木自身は「通常国会の終わり頃から再選には立候補しないことを考えていた。行革にしても、財政再建にしても難しい局面だし、無理して再選しても、本当に仕事が出来るかどうかを考えた。国政の難問はすき間風が出ないような真の挙党体制でないと、こなしていけない。再選をして、仕事をやること自体はおっくうではなかったが、仕事の効果、実が挙がるかどうか疑問に思った。岸、福田氏の動きなども察知できた。〝再選〟となると、また別なんだよ」と総理大臣辞任後、鈴木は親しい新聞記者に辞意表明の背景を語っている（宇治A、三七七頁）。

「ハイカラなことがきらいで、いわゆるパフォーマンスめいたことは一切しなかった」という（宮沢、二〇六頁）鈴木は総理大臣就任と同時に、大平内閣から引き継いだ課題に対して「誠心誠意」をもって対応しようとした。財政危機に対しては臨調の設置を含め「増税なき財政再建」を頑固に掲げ続けたが、日本経済が景気後退期に入ったこともあり、目標とした「赤字国債依存体質からの脱却」は不可能となった。国際関係、特に対米関係において、鈴木は「日本がなし得ることと、なし得ないことをキチッとして日本の立場で国際平和に寄与していく」としたが、結果的には、カーター政権やレーガン政権の要求にある「西側の立場」に漸次傾斜していった。

八一年五月の日米首脳会談後の記者会見で「同盟」の軍事的な意味合いを尋ねられた鈴木は「必死の形相」で「共同声明の日本文を一生懸命、あちこちとめくりながら」何回もそれを否定したと言われる（宇治A、一八九頁）。あるいは、「足らざるを憂うるのではなく、等しからざるを憂うる政治」は必ずしも臨調の理念と整合しない。そうした違和感というものが鈴木総理の中には常にあったのではなかろうか。

八二年一一月二四日、田中派と鈴木派とが推した中曾根康弘が自民党の総裁候補決定選挙で過半数を獲得した。二位の河本と三位の安倍が総裁決定選挙を辞退したために、翌日中曾根康弘が自民党の新総裁に選出された。一一月二六日、鈴木内閣は総辞職した。在任期間は八六三日だった。

参考文献

飯尾潤『民営化の政治過程』、東京大学出版会、一九九三年

石川真澄『戦後政治史』、岩波書店、一九九五年

宇治敏彦A『鈴木政権・八六三日』、行政問題研究所、一九八三年

宇治敏彦B「与野党伯仲と予算審議　第79回国会～第96回国会」、内田健三・金原左門・古屋哲夫編『日本議会史録・第6巻』、第一法規、一九九〇年

内田健三「鈴木（善）内閣　長期暫定と呼ばれて」、林茂・辻清明編『日本内閣史録6』、第一法規、一九八一年

内田健三『現代日本の保守政治』、岩波書店、一九八九年

大蔵省主計局編『歳出百科』、大蔵省印刷局、一九八〇年

大嶽秀夫『日本の防衛と国内政治』、三一書房、一九八三年

大嶽秀夫　『自由主義的改革の時代』、中央公論社、一九九四年
神原勝　『転換期の政治過程』、総合労働研究所、一九八六年
行政管理庁　『行政管理の現況』、大蔵省印刷局、一九八二年
草野厚　『国鉄改革』、中央公論社、一九八九年
月刊『官界』編集部編　『現代政治の争点』、行政問題研究所、一九八六年
佐藤誠三郎・松崎哲久　『自民党政権』、中央公論社、一九八六年
塩田潮Ａ　『百兆円の背信』、講談社、一九八五年
塩田潮Ｂ　『誰が闇将軍を倒したか』、文藝春秋、一九八六年
信田智人　『総理大臣の権力と指導力』、東洋経済新報社、一九九四年
鈴木善幸　「同盟関係に固執した外務省」、『エコノミスト』、一九九一年三月一二日号、八二－八

七頁

竹下登　『証言　保守政権』、読売新聞社、一九九一年
田中国夫　『一寸先の闇　三角大福中の十年』、共同通信社、一九八三年
田中善一郎　「雨の選挙学」、『通産ジャーナル』、一九八〇年一〇－一二月号
田中善一郎　『自民党のドラマツルギー』、東京大学出版会、一九八六年
中曾根康弘　『政治と人生』、講談社、一九九二年
宮島洋　『財政再建の研究』、有斐閣、一九八九年
宮沢喜一　『戦後政治の証言』、読売新聞社、一九九一年
村川一郎　『日本の政策決定過程』、ぎょうせい、一九八五年

読売新聞社政治部編『総理大臣・鈴木善幸』、現代出版、一九八一年
臨時行政調査会OB会編『臨調と行革　2年間の記録』、文真社、一九八三年
臨時行政調査会事務局監修『臨調緊急提言』、行政管理研究センター、一九八一年
臨時行政調査会事務局監修『臨調許認可提言』、行政管理研究センター、一九八二年
臨時行政調査会事務局監修『臨調基本提言』、行政管理研究センター、一九八二年
渡邉昭夫編『戦後日本の対外政策』、有斐閣、一九八五年

中曾根康弘——大統領的首相の面目

Nakasone Yasuhiro

（1918〜2019）

在職期間

S 57.11.27〜 S 58.12.27

S 58.12.27〜 S 61. 7 .22

S 61. 7 .22〜 S 62.11. 6

草野 厚

（慶應義塾大学名誉教授）

1

官房長官、総務庁長官として中曾根内閣を支えた後藤田正晴が、まだ発足していない内閣への協力を中曾根本人から懇請されたのは一九八二年一〇月八日のことだったという。鈴木内閣は日米関係、財政再建の難題を抱え、困難に直面してはいたが、世間は鈴木首相の続投を常識とみていた。そうした中での申し出であった。後藤田にとりやや唐突な感じはしたがこれまで二人だけで重ねてきた会合を通して、中曾根の行財政改革、小さな政府実現にかける熱意はよく知っていた。後藤田は明確な返事はしなかったというが、少なくとも中曾根はそれを、受諾と受け取った。

実は中曾根が鈴木退陣が公になっていない段階で、こうした後藤田の助力を求めたのにはわけがあった。一〇月六日、定例の閣議前に中曾根は鈴木首相に呼び止められ、「もう自信がない。難問山積の折から君に任せたい。君はよく僕を助けてくれた」と言われていたのである。慎重な中曾根は、鈴木首相に再出馬を勧め、このことを胸に秘めることにした。しかし、中曾根はこの時点で、今度こそ代議士に初当選以来の夢がかなうかもしれないという予感はあった。鈴木がそうまで言うなら、田中角栄の了解も得られるに違いないと思ったからである。

その自信を裏付ける証拠の一つが鈴木首相から話があったわずか二日後の、冒頭の後藤田への協力依頼であったが、残る一つは鈴木自身の退陣表明（一〇月一二日）も未だ行われていない一〇月一〇日に中曾根が記した日記である。

新政権政策メモと題されたその内容は推敲を重ねたようには見受けられないが、この段階で相当具体的な政策や政策実現のための手段について記していることが重要であろう。やる気がみなぎっている。その全文は文末に譲るが、「穏健な、中道やや右」と題された冒頭部分はその後の中曾根政治の展開を考えるとなかなかに興味深い。

a　心の触れ合う政治
b　現場からの政治、まず地震対策
c　平和を守り、専守防衛に徹する
d　水の流れるように
e　安心と安全を贈る
f　外交・財政は正統主義で着実に
g　資産公表
h　タブーはない
i　ぴりっと引き締まる社会、礼儀と愛情にあふれるような
j　NHKテレビ活用
k　今やこの困難を乗り切れるもの、汗と忍耐と涙だ

l　自由化、多様化、簡素化の時代
m　強さと優しさ、涙のある政治
n　社会的自留地
o　権力の魔性
p　現実的理想主義
q　政権に暫定はない

この中で注目すべき点はテレビの活用などいろいろあるが、ここでは冒頭に触れている地震対策に注目したい。実は後述するように、中曾根は岸内閣の科学技術庁長官として伊勢湾台風を、また佐藤内閣の運輸大臣として十勝沖地震など、自然災害や事故に不思議と多く巡りあってきた。そうした経験と中曾根自身の勘が地震対策を真っ先にあげる結果となったのだが、それは実は後藤田の官房長官の起用とも関連する。

一般的には、後藤田の登用は行財政改革実行にあたり、各省の抵抗を抑えるため、あるいは田中元首相とのパイプ役といわれているが、それだけではなかった。東京に直下型の大地震が発生した場合など危機の発生時に、的確に警察を指揮し、管理するには元警察庁長官でもある後藤田しかいないとみていたからであった。この人選は内閣発足一年目にして起きた大韓航空機撃墜事件など大いにその力を発揮し、五年間の中曾根内閣時代の評価を高めることになる。

しかしそのことは後藤田が政策面のすべてにおいて中曾根を支持したわけではなかった。それどころか後述するように政権末期には後藤田は官房長官辞任を考慮せざるを得なかったほど、ある問題では中曾根と衝突した。しかしそれを除けば、中曾根と後藤田は「世界が問題山積の中に厳しい状況を迎え、内政もまた重大な転換期を迎えている」という時代認識でも、またそれを乗り越えるために行政の仕組みをこれからの時代に相応《ふさわ》しいものに作り変えていくという点でも、政権の座にあった五年間見解を共にしていた。

当選回数が浅いにもかかわらず後藤田ばかり重用されるという田中派の反発、非難もあった。にもかかわらず敢えてそうしたのは自らの内閣が仕事の実績を残すことを最大限に優先させたからである。後藤田一人にかぎらず中曾根が在任中行った閣僚や党役員人事にはそうした現実的方針が一貫してうかがわれる。中曾根自身「ようやく手に入れた政権である。その権限をあますところなく駆使して、思い残すことのないようにやる決意であった。政権とはいったん手に入れたら後はこちらのもので、公器を預かる者として歴史の審判を受けるのみである」（中曾根康弘『政治と人生』講談社）と記している。正直といえば正直だがこれ以上に率直な心情の吐露も珍しい。

この小論では、一九八二年一一月二七日に発足しほぼ五年後の一九八七年一一月六日まで一八〇六日間存続した中曾根内閣の軌跡を主として在任期間の政策およびその背後にあった諸要素に焦点を当てながら描いてみたい。

中曾根が政権を担当することになった一九八二年秋は困難な問題が内外を覆っていた。国際的に見れば、米ソ間にソ連によるアフガン進攻をきっかけにした新冷戦が深刻さの度合いを加えていた。そのことはソ連が欧州に中距離核兵器SS20を配備し、西側がどのように対抗するかというような、早急に解決しなければならない課題を生んでいた。

こうした状況の下で、レーガン政権は西側の一員を標榜し、安保条約を締結している日本に対し、防衛力の増強を含め対ソ政策での協調行動を求めていた。七〇年代前半の米ソ・デタントが嘘のような状況の変化であった。ところが前任者の鈴木首相は首脳会談後に日米同盟関係には軍事的側面は含まれないと発言し、アメリカはもちろんのこと国内の反発をも激しく買うことになった。結局、抗議の意味を込めて伊東外相が辞任する事態に発展した。

このことに加え、当時日米間には経済摩擦をはじめさまざまな懸案事項が未解決のままになっており、中曾根政権発足時の両国の関係には険悪といってもよい雰囲気が漂っていた。

他方、国内でも困難な問題が中曾根を待ち構えていた。GNPに対する国債残高の割合は、八五年度には四〇パーセントにも達していた。しかも八五年度からは国債の償還が本格化することになっていた。増税なき財政再建を目指した鈴木内閣は八一年（昭和五六年）度から毎年二兆円の国債減額を行い、八四年度までに赤字国債の発行ゼロを公約していた。

しかし実際には八一年度の歳入欠陥が二兆八〇〇〇億円にも達することになったため、三七五〇億円の赤字国債を引き続き発行せざるを得なかった。土光敏夫が率いる第二次臨時行政調査会は国鉄の分割、民営化など行革の基本方針を盛り込んだ報告書を鈴木内閣に提出してはいたが、実現のための法案整備はこれからという状況であった。

中曾根はこうして首相に就任早々、誰が取り組んだとしても困難な課題に直面することになるが、しかしそれはまた政治家としての能力を示す絶好の機会を提供した。防衛庁長官を務め日米関係には安全保障を中心に精通しているという自負があったし、財政再建はともかく行革は自ら行管庁長官として鈴木を側面から支えてきたという実績があった。幸いなことに既に世論の風向きも行革支援の方向にあった。その意味では中曾根にとり、極めてやり甲斐のある時期に内閣を率いることになったのである。次節ではその中曾根がどのような少年期、青年期を過ごし、首相の座を射とめることになったのかを振り返ろう。

2

中曾根康弘は一九一八（大正七）年五月二七日、父松五郎、母ゆくの六人兄弟の次男として群馬県高崎市末広町で生まれた。父は材木商を営み第一次世界大戦の好況に乗じて事業を広げ、相当裕福な暮らしぶりであったらしい。「家には山まわりの職人やお手伝いがいつも十数人いた」と中曾根自身記している（中曾根、前掲書）。

高崎北尋常小学校、高崎中学を経て一九三五（昭和一〇）年には旧制静岡高校、一九三八（昭和一三）年には東京帝国大学法学部政治学科に入学している。成績がよかったことは予想通りだが、驚くのは高校、大学時代の読書歴である。小説、それに趣味となった俳句に加え、歴史哲学が好きで、大類伸、西田幾多郎、ヘーゲル、ランケなどを多読している。中曾根の政策に他の首相とは違って歴史観や戦略観が感じられるのはこうした青年期の読書歴と無関係ではなかろう。大学二年という多感な時代に母を亡くすが、しかしそれを乗り越え高等文官試験に合格し、一九四一年四月内務省に入省、その後海軍省経理学校短期現役補修学生となっている。後述するようにこのときの仲間が、中曾根の行管庁、首相時代の臨時行政調査会、税制調査会などで牽引力となった。

玉音放送は高松で聞いている。「天皇陛下を痛ましく思った」とも「だが、一面ではホッとしたことも事実である」とも述べているが、中曾根個人にも悲しみはあった。弟良介が戦死しているからである。内務省に復帰し、香川県警務課長を務めたのち、警視庁監察官に転じている。ここで中曾根の短い官僚生活は終わりをつげ一九四七年四月の衆議院選挙で民主党から立候補し代議士の第一歩を歩み始めることになる。この間、最後まで政界入りに反対した父あての手紙の中で、中曾根は次のように政界入りの理由を記している。「復員軍人として戦死した英霊に報いる最高の選択は、日本の選択のために政治の第一線に出て、前途もわからないこの苦難の道を行くことです。しかし、私には自信があります。

人生には戦機というものがあり、今がまさにその戦機なのです」（中曾根、前掲書）

このくだりを読むと中曾根が首相になってから、私的諮問機関を作ってまでも、靖国神社公式参拝をなぜ実現しようとしたのかその一端が理解できよう。

国会議員になって以降総理大臣になるまでの足跡は紙幅が限られており、詳述できないが、次の点は確認しておく必要があろう。

第一は若手代議士の頃の中曾根は「マッカーサー司令部の顔色ばかりうかがう」吉田内閣を徹底的に攻撃していたことである。吉田の国際的視野に個人的には敬意を表していたと記してはいるが、講和条約はともかく、片務的な日米安保条約の採決には欠席し反対の意思を表明するなど反吉田路線は明確であった。国会での自衛隊発足をめぐる国会での吉田首相とのやりとりも激しい。警察予備隊を憲法の拡大解釈の下、自衛隊に衣替えするという吉田の考えに対し、憲法改正をせずして、このような組織が作れるのかと迫り、吉田首相を興奮させている。もちろん中曾根は軍備は当然と考えており、芦田均らとともに憲法改正による防衛のための再武装を主張している。

こうした攻撃一本槍の中曾根の姿はイデオロギー的に決して一枚岩とは言えなかったにもかかわらず反吉田陣営には頼もしく映ったようである。長老の松村謙三をして「緋おどしの鎧を着た若武者」と言わしめたという。中曾根が首相に就任後、戦後政治の総決算を強調したのも、青年期に対決した軽武装、経済中心路線に集約される吉田路線との明確な決別を意識してのことであった。

第二は第一とも関連するが、中曾根は民主党、国民民主党、改進党、日本民主党と一九五五年の保守合同まで一貫して反吉田、すなわち反自由党陣営にあったことである。このことは自民党時代になり河野派に所属し、のちにその派閥を引き継いでからも保守傍派として扱われる原因となった。したがって保守本流による政権が続く限り重要閣僚として入閣の機会にも恵まれなかった。一九五九年に岸内閣で、科学技術庁長官を務めたものの、一九六七年の第一次佐藤内閣で運輸大臣に任命されるまで既に派閥の長であったにもかかわらず大臣経験はない。その運輸大臣も保守本流の佐藤首相との関係を改善してやっとのことであった。一九七〇年の第三次佐藤内閣では自ら防衛庁長官を希望し、一九七二年には田中内閣で通産大臣に就任した。その後、三木内閣では自民党幹事長、福田内閣では総務会長を務めている。

佐藤内閣が七二年に退陣し、田中、三木、福田、大平と各派閥の領袖が政権を担当するなかで当選回数でいえばほぼ同じ中曾根の順番はなかなかまわってこなかった。大平が八〇年に急死した際にも、田中の意向により大平派の鈴木善幸が指名され、中曾根の希望を打ちくだいた。ところがその鈴木内閣で軽量ポストの行政管理庁長官を引き受けることで一挙に中曾根の視界は開けることになる。当初大蔵大臣を希望していた本人にすれば如何にも不愉快なことではあったが、運命を預けることで展望を開こうとしたのである。

第三には中曾根派は河本派と並び少数派閥であり、政権を獲得するには主要派閥との連携が不可欠であったことである。中曾根内閣の発足後の安定的な政治運営においてもそれは必要であった。人材、資金面でも最大派閥、田中派との連携はその意味で極めて自然の成り行きであった。中曾根内閣を振り返るとき、この田中派の存在、田中元首相の存在は無視できないほどに大きい。とはいえメディアが政権発足当初、二〇名の閣僚中六名を田中派から登用したことをもって、田中曾根政権と揶揄《やゆ》したほどには中曾根は田中の言うことを聞かなかった。それどころか田中派を思う存分利用し尽くした感さえある。普通考えられている以上に中曾根は政治家としてしたたかだったのである。自身「田中との良好な関係を維持していくことは大事だし、人材を使わない手はない。しかし国民に田中の影響下にあることを見せてはならない」ということに心掛けたという。

3

五年にわたる中曾根内閣にはさまざまな業績が残されているが、ここではまず政策として評価されているものをいくつかあげその理由を検討してみる。ついでその反対に政策として否定的な評価を受けているもの、不十分なものをとりあげその理由を論じる。中曾根自身志半ばであきらめなければならなかった政策もここに入る。さらに、中曾根首相の政策理念、指導力、政策実現のための手法について検討し、成功した政策、失敗した政策とその政治スタイルがどのように関係しているかを考えてみたい。

中曾根内閣の外交上の実績の内、次の三つをあげよう。第一に首脳同士の個人的信頼関係に基づく日米関係の修復、第二に八三年のウィリアムズバーグ・サミットにおいて日本の存在を明らかにし、顔の見える外交を実践したこと、第三にこれも政権初期の出来事だが、ソ連による大韓航空機（ＫＡＬ）撃墜事件における対処法である。いずれも、西側の一員として日本の役割を国際的に明らかにしたことが重要である。

〈外　交〉

①日米関係

すでに触れたように、中曾根が政権を担った時、両国の関係は最悪といってよかった。それだけに、中曾根の行動が注目された。首相は就任直後にまず鈴木内閣が結局解決できなかった韓国に対する経済協力問題の処理を手掛けて日韓関係を正常化し、その後に訪米している。韓国を第一の外遊先に選んだのは中曾根自身が全斗煥大統領と電話で就任の挨拶をし、思ったよりも好意的な印象を受けて、急遽下ごしらえを瀬島龍三に依頼したという経緯があった。この段階では一月一七日の訪米は既に決まっていたから、明確な戦略があって訪韓を優先させたわけではなかった。しかし日本の外務省も諦めかけていた四〇億ドルの対韓援助に決着をつけ、新たな日韓関係のスタートを切ったうえで訪米したことは、アジアの一員を標榜する日本にとっても、また新政権が対米外交でも積極的に問題解決に努力するはずという印象をアメリカに与えたという意味で好ましかった。

年明けに行われたレーガン大統領との首脳会談への手土産は対米武器技術供与の決断であった。すでにこの問題は鈴木内閣時代に繰り返しアメリカ側から要請があったが、鈴木首相は武器輸出三原則を理由に首を縦に振らなかった（牧太郎『中曾根政権・一八〇六日』）。中曾根は両国の間には日米安保条約と相互防衛援助協定があり、したがって兵器そのものは輸出できないとしても技術協力は可能と主張してこれを実現した。首相の指導力で、それまでの内閣答弁との整合性を気にする内閣法制局を押し切ったのである。

またアメリカの防衛費増額の要請にも渋る大蔵省を抑え、大蔵原案の段階で伸び率を一パーセント上乗せし五パーセントとしている。さらに日米共同声明でもあえて両国は運命共同体と述べることによって、鈴木内閣との違いを明確にした。これら一連の決定には、防衛面でも一方的にアメリカに依存するのではなく、国力に相応しい責任の分担をすべきという中曾根の強い考え方が反映されていた。

こうした首相の積極姿勢はアメリカ側で高く評価され、またレーガン大統領と中曾根首相が個人的な信頼関係の構築に成功したこともあって日米関係には一転、希望の光が射したのである。そして中曾根が政権の座にいる間、経済摩擦はじめさまざまな問題が生じたにもかかわらず、両国の安全保障関係、外交関係は安定的に推移することになる。その意味では政権当初の中曾根の試みた対米関係の修復は極めて大きな意味があった。

しかし中曾根の姿勢は国内的には波紋を呼んだ。中曾根首相が訪米中にワシントン・ポストのインタビューで「日本列島は（ソ連の）爆撃機バックファイアの侵入に対して、巨大な防壁を備えた不沈空母のようであるべきだ」（牧、前掲書）と答えたと伝えられたからである。早速社会党はじめ野党は、中曾根内閣が専守防衛に徹し、集団的自衛権を否定してきたこれまでの防衛政策を明らかに変更しようとしていると非難した。世論の反応も厳しく、八三年二月には支持率が三四・五パーセントと前月より五・一パーセント下がった（読売新聞調査）。

心配した官房長官の後藤田はあまり過激なことは言わない方がよいのではないかと忠告したほどであった。しかし冒頭に紹介した日記の一節に「タブーはない」とあったことを思い起こせば、中曾根が相当意図的にこれらの発言を行ったと考える方が自然である。もっともその中身についてはそれほど具体的に考えていたわけではない。確かなことは初の訪米で吉田路線を否定したことであった。

②ウィリアムズバーグ・サミット

中曾根にはそれまでの日本の首相は米ソ間で行われている中距離核兵器（ＩＮＦ）削減交渉に関して、何ら積極的な発言を行わず、ただただ事態の推移を見守るという受動的な姿勢に徹していたとの思いがあった。しかしこれは次のような事態を考えると、放置しておけない問題であった。すなわち西欧はソ連のＳＳ20に対抗してパーシングⅡを配備し、攻撃を抑止する方法があったが、アジア配備のSS20に対しては、日本にとり有効な対抗手段はないということであった。既に三月二五日という早い段階で、中曾根はレーガンに書簡を送り「われわれとしては、アジアの犠牲のうえに本件交渉の解決が図られるということは受け入れられず、したがって、SS20が欧州から極東へ移転されるような解決は到底受け入れられないとの立場であります」とかなり明確に日本の立場を伝えていた。

中曾根は是非、五月末のサミットの場で各国首脳にINF交渉はグローバルな立場から進め、欧州分のSS20だけを切り離してソ連と妥協することのないように訴えたかった。その出番は予想外のかたちでやってきた。

首脳会議ではソ連が欧州に配備している中距離核兵器（INF）を撤去させるために、アメリカはパーシングⅡを欧州に配備する計画をたて、サミットではその時間表を確認し政治声明として発表する予定でいた。ところが英国のサッチャー首相、西ドイツのコール首相、イタリアのファンファーニ首相はレーガンの提案に賛同したものの、カナダはパーシングⅡの展開には反対しないが、声明はソ連を刺激するおそれがあるので慎重にしたいと言い始め、他方フランスのミッテラン大統領は、日本はNATOにも入っていないしサミットは軍事問題を話す場ではないと主張し、声明に難色を示した。

困ったのは議長のレーガン大統領であった。結局懸命の説得にもかかわらず、フランスは態度を変えず、そのためドイツのコール首相も自国が犠牲になるのは困ると一転声明に消極的となり、一時は各国の合意は不可能ではないかという雰囲気になった。中曾根はそうした中でレーガンを助ける形で「軍縮はゼロ・オプションに従い、全世界的な観点で実施すべきである。ソ連を交渉に引き出すために、パーシングⅡの配備計画の時間表を変えるべきではない。二重決定をしていてそれを実行に移さなかったなら、ソ連に軽く見られるだけである。国内的には中曾根は日本をＮＡＴＯに組み入れたと批判を受けるかもしれないが、それでも敢えて賛成する。米ソ首脳会談を成功させるためにも、西側は結束して足場を固めるべきだ。だからフランスも賛成してほしい」と述べたのであった。

中曾根によれば一瞬の沈黙の後、レーガンはすかさず「それでは国務長官のシュルツを呼んで声明の案文を作らせましょう」と述べ、一挙に議論の流れを声明作成の方向に変えてしまった。明らかに中曾根の発言が効果的かつ重要な役割を果たしていた。

これは単に中曾根の手柄話のレベルの話ではない。そのことは翌朝わざわざシュルツ国務長官が中曾根にお礼にと宿舎までやって来たことからも推測できるし、それ以上に重要なことは、その後の交渉の過程で、アジア配備の一〇〇機のＩＮＦを切り離して合意しようとする国務省事務方を遮り、欧州とアジア双方のＳＳ20を一体として撤去させるように指示したのはほかならぬレーガン大統領自身だったのである。もし中曾根がウィリアムズバーグでレーガンへの支持を明確にしなければ、こうしたことは期待できなかったであろう。

冷戦終結に見通しがついていたために、ほとんど日本のマスメディアは注目しなかったが中曾根が政権の座を去る一九八七年一一月、ＩＮＦ交渉はまとまりアジアのＳＳ20、一〇〇機も撤去されることが決まっている。

③大韓航空機（ＫＡＬ）撃墜事件

この事件で中曾根内閣が評価されているのは、撃墜の事実に言を左右するソ連に対して緊急に開かれた国連安全保障理事会で日本の自衛隊の交信記録を公表し、ついにその事実をソ連側に認めさせ、結果的に西側の結束を固めたことである。

事件が起きた八三年の夏は、ソ連によるアフガン進攻からまだ日も浅く、八五年を目標に西側に対し軍事的攻撃をかけるのではないかという噂が飛びかっていた。

日本時間九月一日午前一時五一分、ソ連戦闘機はシベリア上空に領空侵犯した日本人を含む乗客二百数十人を乗せたソウル行き大韓航空機（ＫＡＬ）をスパイ目的と判断し撃墜した。まさに再び高まった米ソの緊張を象徴するような事件の発生であった。

既に官邸は早朝の段階で、稚内の自衛隊レーダーが傍受したソ連機の交信記録により、ソ連が撃墜したとの情報を得ていた。そしてそれをアメリカにも通報していた。問題は、ソ連機撃墜の事実を明らかにするか否かであった。自衛隊の傍受能力を公表することになる事態は避けたく、他方、「サハリンに不時着の可能性もあり」との情報を信じる遺族のことも考えなければならなかった。結局同日夜に、日本政府はＫＡＬ機がソ連により撃墜された可能性が高いと後藤田官房長官が記者会見で述べ、またアメリカはそれを断定する形で発表した。

こうしてボールはソ連側に投げ返されたのだが、その後もソ連は無視を決め込んだ。このためアメリカは国連の場で、自衛隊の傍受記録を公表することによってソ連に撃墜の事実を認めさせたいとし、日本側の協力を求めてきた。当時公には明らかにはならなかったが、防衛庁や警察庁は当初、傍受記録を明らかにするマイナス面を指摘し強く反対した。しかし中曾根首相は公表によってソ連の非人道的な行為を国際的批判にさらすことができる、日本の実力を示すことにもなるという判断を示し公表の最終決断をした。

こうして九月七日午前一時、国連緊急安保理事会が開催され、ソ連機と基地との交信記録は公表された。ソ連の反応は素早かった。午前二時政府声明を出し「飛行阻止に関する指揮所の命令を遂行した」と述べ、間接的ではあるが、事実を認める姿勢を見せ、ついで九日にはオガルコフ参謀総長が記者会見し、撃墜の事実を全面的に認めた（後藤田正晴『政と官』）のである。

結局はソ連の拒否権で葬られたものの、翌八日には日本はじめ米、英、仏など一〇カ国がソ連非難の決議案を提出したことを考えれば、自衛隊の傍受記録を公表したことは西側を結束させたという意味で適切な措置であったと言えよう。

〈国内政策〉

中曾根のいう戦後政治の総決算は国内政策では行政、税制、教育の三つの改革を指していた。

これら諸改革に中曾根が如何に熱意を燃やしていたかは、冒頭にあげた首相就任前の政権メモからも明らかである。結局は失敗に終わる税制改革にしても、メモの中には納税者優遇とならんで、間接税という文字が既に見える。ただし、改革の順という点では最も後まわしであったことは確かである。まず鈴木内閣が手掛けた行政改革を仕上げ、ついで教育改革に手をつけ、最後に税制改革で有終の美を飾りたいというのが、中曾根の構想であった。ところが、後述するように教育改革は中途半端に、そして税制改革は竹下内閣への先送りとなってしまうのである。こうして唯一行政改革だけが実績を残すことになった。

行革の旗振り役となった土光敏夫第二次臨時行政調査会会長は就任に当たって、答申を必ず実行すること、増税なき財政再建を行うこと、地方の行革も行うこと、いわゆる３Ｋ、国鉄、健保、コメの抜本的改革と民間活力の画期的増強をあげ、中曾根行管庁長官に約束を迫った。土光が条件を出したのは大平内閣が財政再建を旗印に間接税の導入に失敗し、それを補う意味で法人税を二パーセント引き上げたからであった。したがって、財政再建を行うとしても、今度は汗を流すのは政府の番だというのである。ということは財政再建を行うには歳出のカット、行政の無駄をなくすこと、この二つしかないということであった。

中曾根に異論があるはずはなかった。行政改革を成功させるには土光の威光を借りるしかないとして土光に声をかけたのは中曾根自身であった。首相に就任して中曾根が頑なと思えるほどに予算のゼロ、マイナスシーリングをはじめ四つの条件を守ろうとしたのもその意味で当然であった。

結果的に各省庁の抵抗は激しく、省庁の統廃合、食糧管理制度の改革など事実上、手付かずで終わったものも多かった。とはいえ財政再建はバブルの余波もあり進展したし、実行に移された行政改革の具体的中身も広範である。各官庁は国家行政組織法改正により部局、人員の増減を政令で行えるようになり、総務庁が新設され、公務員給与の抑制、安全保障室、外政審議室など内閣官房の機能強化などを実現した。健保法の改正により、本人負担一割を実現したことも財政上特筆されるべきことであろう。しかし最も成功したのは電電、専売の民営化そして国鉄の分割、民営化など、政府系公社の改革であった。

土光臨調が国鉄を俎上にあげた段階で国鉄は経営赤字の累積と労使関係の悪化それに職場規律の乱れに直面していた。結局、臨調の審議の過程で表面化していた国鉄内の現状維持派と改革派の対決が後者の勝利で終わったことがこの問題の帰趨《きすう》を決定づけた。一つは改革に慎重であった国鉄総裁を首相が更迭したからであり、二つは労働組合の急進派であった動労の方針転換であった。政府と労働組合の指導者の大胆な決断がものを言ったのである。

それでも最後まで抵抗した現状維持派は全国一社制を求めていた。しかし八六年一一月に成立した国鉄関連法案では旅客部門六社と貨物部門一社に分割され民営化されることになった。そして一六兆七〇〇〇億円の負債や資産は九〇〇〇〇人の職員とともに国鉄清算事業団に引き継がれた。こうして長期にわたり政府の財政悪化要因であった国鉄の改革はともかく実現することになった。

中曾根行革はこの国鉄など政府系公社の改革を除けば、中途半端であり、大した成果をあげなかったとの批判はあり得よう。しかし後の内閣の行革、規制緩和路線を事実上決めたことの意義は大きい。どの程度実効があがったかは別にして、この問題に触れない内閣はなかったからである。もちろん、そのことはそれ以降の行革が成功したことを意味するものではない。大事業（国鉄改革）を成し遂げた後には休息が必要だったのかもしれない。行革への追い風はしだいに止み、実績をあげにくくなったというのがその後の状況であった。皮肉なことにそのことがまた中曾根行革を際だたせる結果にもなっている。

4

中曾根政権の失点・失敗を、首相が当初描いていたような結論に達しなかった政策、あるいは首相の発言・行動が予期せぬ反応・反発を招いたものと考えれば、次のようなものが思い浮かぶ。外交面では靖国神社公式参拝、人種差別発言、内政面では教育改革と税制改革である（イデオロギー的に中曾根とは相いれない立場の人からみれば、成功例にあげた日米関係の再構築なども失政に数えるかもしれないが、筆者はそのような立場には立たない）。

〈外　交〉

①靖国神社公式参拝

日本と諸外国との間の関係や国際組織との関係が、中曾根が政権を担った五年間に損なわれたことはなかった。しかし藤尾発言をめぐり日中、日韓関係に軋轢《あつれき》が生じたように、両国と日本の近代における歴史的関係に端を発する問題は引き続き生じた。これまで同様、太平洋戦争中に日本がアジア諸国に与えた苦痛に対して、日本の為政者とアジア諸国の指導者との間では乗り越えがたい障壁が存在することをそれらの事件は改めて示した。

藤尾文部大臣の罷免に発展した教科書問題のちょうど一年前の八五年八月一五日、日本の総理大臣としては初めて中曾根は靖国神社への公式参拝を行った。中曾根には、「靖国」で会おうと声をかけながら戦場に向かった人々への約束を果たしていないとの思いがあった。戦死し靖国神社に祭られている英霊に「ご苦労様でした」と国家としてお礼を述べていないというのである。こうしたことから在任中に少なくとも一回は靖国神社に公人として参拝を行わなければならないと考えていた。

もちろん憲法違反との野党はじめ国内の批判、それに日本遺族会をはじめとする公式参拝の実現を働きかける党内一部の動向も承知していた。そこで実現までの方法を慎重に編み出した。藤波官房長官の私的諮問機関として「閣僚の靖国神社参拝問題に関する懇談会」を設置し、政教分離原則に抵触しない公式参拝の方法があるとの報告を受けたうえで実施に踏み切るという方法である。懇談会内部には種々の議論はあったが、最終結論は公式参拝を可能と見ていた。こうして中曾根内閣は国民の大方が靖国神社が戦没者に追悼の意を表する場として考えており、国務大臣が宗教儀式を排除した形で参拝するのであれば憲法には触れないという新たな見解を示したのであった。

国内的には以上のように準備は周到かに見えたがアジア各国の反発は予想以上であった。外交ルートによる事前説明の段階ではさほどではないと見られた批判が次第に拡大するのである。なかでも中国は靖国神社にはA級戦犯が合祀してある点を指摘して、中国国民の感情に対する配慮が足りないと反発を強めた。問題はついに外交問題にまで発展したのである。こうしたところから、日本政府は方針転換を余儀なくされ、結局翌八六年には「近隣諸国の国民感情への配慮など諸般の事情を総合的に考えなくてはならない」として総理大臣の公式参拝を見送ることを決めた。

中曾根としては中国の国内政治すなわち胡耀邦批判（八七年一月に失脚）にこの問題が利用されたとの思いがあったが、それは結果論に過ぎなかった。防衛費のGNP一パーセント枠撤廃問題などもあり、アジアの対日感情が一部では悪化していたことを考えれば、やはり、アジアの反応を読み違えたと言うべきであろう。官房長官の後藤田さえA級戦犯が合祀されていることを迂闊にも知らなかったという。その意味では中曾根には年来の思いを遂げたという気持ちがある一方、得意とする外交で失敗したとの反省がある。

②人種差別発言

八六年九月二二日、自民党全国研修会の講演で行われたいわゆる人種差別発言も靖国神社問題と同様、外交においては相手がどのように認識するかが重要という最も基本的な問題を提起している。中曾根は身内の会合という気安さもあったのだろう。日本が高学歴社会であることを強調するあまり、「アメリカなんかより遥かに平均点は高い。アメリカには黒人、プエルトリコ、メキシカンが相当多くて、平均的に見たらまだ低い」と発言した。

当初日本のメディアはほとんど関心を示していなかったが、アメリカは黙っていなかった。テレビや新聞がトップニュースで取り上げたことはもちろん、アメリカ議会では黒人議員などが非難決議案を提出する騒ぎとなった。結局、中曾根首相自ら陳謝のメッセージを発表することで事態は収まるのだが、事は中曾根一人の問題ではないというところがより重要であろう。つまり、どこか日本の政治家には多民族国家に対する配慮が欠けているのである。とりわけ日本と諸外国の優劣を比較する場合、日本は単一民族で、他方諸外国は多民族国家でと単純な議論を展開しがちである。その日本も実は単一民族ではないのだが、その点についても認識は浅い。

たしかに中曾根発言に限って言えば、本人や周辺の人々はメディアが前後の脈絡なく報道し、発言が事実を正確に伝えていなかったという不満はあろう。しかし、中曾根はテレビをはじめメディアの重要性を最もよく認識した首相ではなかったのか。その意味では首相の発言は一民間人のそれとは比べ物にならない重みを有していること、したがって相手によってどのように受け止められるかという点により多くの配慮がなされるべきであった。

〈国内政策〉

①教育改革

中曾根内閣を知る人々は、失敗あるいは中途半端に終わった国内政策と問われれば、教育および税制改革の二つを必ずといってよいほどあげる。とりわけ追いつき追い越せ時代の残滓である画一的な教育制度の抜本改革は中曾根の悲願といってもよかった。それだけに事の推移について中曾根自身残念で仕方がないのである。

中曾根は政権を担当してから直ちに「文化と教育に関する懇談会」を設け、教育改革の論点を整理したうえで、八四年の施政方針演説で具体的な改革の道筋を次のように示した。「今後目指すべき教育改革の視点は、教育制度、教育内容の多様化、弾力化、家庭や社会教育の重視、個性の尊重や教室外における実践、体験の奨励等による学生生徒の全人的育成、教育を受ける側の選択の自由の拡大等総合的、人間的教育の在り方の探求であり、また、国際国家日本の国民にふさわしい教育の国際化の探求にあるとおもいます。もちろん、これらの改革の根底に、知育のみに偏せず、道徳性や社会性、純真な理想と強健な体力、豊かな個性と創造力を育もうとする人間主義、人格主義の理念が脈々と流れていることが不可欠であると考えます」

こうした政策を推し進めるために、中曾根は行革同様、首相直轄の審議会、臨時教育審議会（臨教審）を設置した。意欲は並々ならぬものがあったのである。ところが、既に文部大臣の諮問機関として中央教育審議会（中教審）が歴史を重ねており、両者の関係が問題となった。そもそも文部省側は屋上屋を重ねるとして、臨教審の設置そのものに文教族の力を借りて反対してきた経緯がある。

まず委員長の人選でつまずいた。当初中曾根は行革と同様に財界から興銀の中山素平特別顧問を起用することを考えていたが、結局京都大学の岡本道雄元学長に決まった。財界人に文部行政がわかるわけがないと文部省が強く反対したからであった。委員も官邸の意向とは必ずしも一致しなかった。さらに事務局も内閣官房には十分なスタッフがいないという理由で文部省に基本的には任せざるを得なかった。いずれも中曾根の思いどおりにはいかなかったのである。

実際の議論でも両者の対立は激しかった。例えば中曾根の意を受けた香山健一委員（学習院大学教授）は学校教育の自由化すなわち学習指導要領による教育内容の一元化も緩和すべきと主張し、教育界を中心とする反対論者と鋭く対立した。自由化論者は塾に学校の資格を与えよ、国立大学を特殊法人になど次々に提案を行ったが、ことごとく反発された。結局八七年の最終答申までその両者の溝は埋まらず答申は矛盾した内容となった。方向性は自由化を打ち出す一方、具体策とはあまりかみ合っていなかったのである。二年あまりの審議を終了して提出された答申の中身は首相が「中教審に任せておいたら文部省主導になり大胆な改革が出てくるとは思われない」という予測通りになったのである。これを評して全体として中曾根政権に厳しい評価を与えてきた朝日新聞でさえ、社説で「臨教審の三年間を通して見ると、教育界は、たんに改革の『急激さ』に反対しただけではなかった。むしろ、変革そのものへの消極性をあらわにしたように見える」と書いたほどである（一九八七年八月九日）。

②税制改革

竹下内閣で開始された消費税と中曾根内閣が導入しようとした売上税は対象品目の範囲をはじめ、ずいぶんと異なる点もある。しかし両者は間接税という点では同じである。なぜ中曾根は法案成立に失敗し、竹下は成功したのであろうか。その中身が多くの国民に基本的に支持されるように修正されたこと、そして中曾根政権時代からの議論の積み重ねが国民にとって学習の機会を与えたことも重要であろう。しかし同時に考えなければならないのは二人の得意分野、政治スタイルの違いである。

中曾根は外交を最も自分に向いた分野と認識している一方、国内とりわけ経済政策は力不足と自ら承知していた。おそらくそうしたことも関係しているのであろう。首相のこの問題に関する発言はしばしば揺れることになる。議論の初期の段階、八五年二月の予算委員会で中曾根は矢野公明党書記長に問われ、「多段階、包括的、網羅的、普遍的で、大規模な消費税を投網をかけるようなやり方でやることはしない」と答弁した。付加価値税の否定である。ところがこのころ自民党の税の専門家たちはまさに中曾根が否定した形の消費税、すなわちEC型の付加価値税の導入を念頭においていた。他方、中曾根は商品の出荷段階で課税する蔵出し税を考えていた。しかし蔵出し税ではサービス産業が対象から抜けてしまうという欠陥があるし、サービス産業のウェートの高い現在の経済実態には合わないとの批判も根強かった。官房長官だった後藤田は、党の税制調査会長の村山達雄が中曾根の発言を「問題にならん。あれは国語の答弁だ。税の答弁じゃない」と批判したと書いている（後藤田正晴『内閣官房長官』講談社）。この蔵出し税についてはなにより経団連が反対であった。そこで事実上中曾根は方針転換を図り、年売上高一億円以下の事業者の免税、五一品目についての非課税措置等多くの例外を加えたうえでEC型付加価値税を柱とした税制改革案をまとめた。八六年一二月のことであった。

自民党が大勝した半年前の六月の衆参両院同日選挙の遊説先では「国民や自民党員が反対する大型間接税と称するものをやる考えはない」と公言しており、これだけの例外を設けることは政治的にやむを得なかった。しかしその結果、今度は売上税そのもののなかに不公平が生じることになり、税の公平という観点からすると問題の法案ができあがってしまったのである。

もとより増税に国民が賛成するわけはなく、売上税に対する評判は当然のことながら芳しくはなかった。八七年四月の統一地方選では北海道、福岡で革新知事が誕生する一方、県議選では自民党が大幅に議席を減らした。三〇四議席を獲得した八カ月前の同日戦の勝利が幻と思えるほどであった。中曾根にとり、ある程度予想された結果とは言え、自民党の当選者の多くが売上税反対を叫んで当選してきたことは大きなショックであった。

しかし中曾根はこの段階でもまだあきらめてはいなかった。売上税を撤回するとしても、近い将来に審議の可能性を残す道を探っていた。結局八七年度予算案の衆院通過を条件に中曾根は売上税法案廃止に同意するが、売上税関連法案の取り扱いについては原衆院議長の下に設置される各党協議機関の結論を待って処理することで合意した。今国会で結論が得られない時でも、各党が一層努力するよう求めていた点が重要であった。この議長預かりが後に竹下内閣で消費税成立のきっかけとなるのである。

政治が結果であることを考えれば、こうした経緯は売上税の成立を目指した中曾根にとり敗北には違いなかった。しかし後継内閣が間接税を具体化できるように道筋を整えた手腕は金丸自民党幹事長の精力的な働きかけがあったにせよ、なかなかのものであった。もし、この「仕掛け」がなかったならば、竹下内閣での消費税導入はおぼつかなかったからである。

5

中曾根内閣を振り返る時、政策もさることながら、中曾根個人のパフォーマンスをはじめとした強烈な個性を思い出さざるを得ない。座禅、水泳ともに首相になって始めたわけではなかったが、如何にも歴代の首相とは違うという点を強調しているかのように思われた。

次のようなよく知られたエピソードがある。ウィリアムズバーグ・サミットでの各国首脳の集合写真の一件である。これまでのサミット集合写真とは違い、中曾根はレーガン大統領の右隣という最も目立つ場所に立った。レーガンが中曾根を呼んだのではないか等様々な解釈がなされているが、中曾根は意識して中央の座を確保したのだと説明している。理由は明快である。これまでのサミットでは、ほとんどの場合日本の指導者は端に立っており、経済大国に相応しくないし、国民に申し訳ないという気持ちがあったという。

たしかに首脳外交が各国の威信を示す絶好の機会と捉えれば中曾根の行動は理解できなくはない。実際サミット直後に中曾根の支持率は一挙に六・二パーセント上昇し、四五・一パーセント（読売新聞調査）となった。もちろん、この写真の一件だけが評価されたわけではない。SS20の撤去問題などで日本の存在を示す等、サミットで実績をあげたことは既に述べた。そのようなこともあり、首相のパフォーマンスは概して好意的に受けとめられたのである。

もちろん、何もそこまでしなくてもという批判も多かった。官房長官として仕えた後藤田も同様な感じを持ったという。こうした積極的に自分の存在を誇示する姿勢に、冷静、沈着、徹底した合理主義という中曾根のもう一つの個性が加わると、時として「才知の人で大ミエを切るには向くが、才が浮いて見える、人を温かく包むことのへたな指導者だ」（芳賀綏）との指摘も生んだ。人間として冷たい感じを受けるというのだ。にもかかわらず中曾根はそうした批判をかわし、説得するだけの政治的な手腕を有していた。

一言でいえば、戦略を持っていたのである。国の進路を見つめながら政策を打ち出し、理屈づけ、国民大衆に何が今必要なのか理解させる術である。しかもそれだけに留まらずに幅広く民意を結集し、時として頑固と思える方法で政策を実行しようとした点で他の指導者とは違う才能に恵まれていた。

戦後政治の総決算をスローガンに進めた行政改革がその好例であることは説明するまでもない。パフォーマンス同様「やったことより、喋ったことの方が多い」という批判もあるが、志半ばで終わった税制改革、教育改革にしてもその後の基本路線を敷いたのである。外交面ではそのような戦略観はどのように発揮されたのであろうか。具体的に言えば日米関係にしても二国間ではなくグローバルな視点から見る器量を備えていた。例えばSS20の撤去をめぐる米欧の話し合いに割って入り、アジア配備のINFも撤去するよう要望するなどということは、それまでの日本の首相にはない発想であった。もちろん、日本は既に大平内閣において全方位外交に代えて西側の一員であることを明確にしていたが、それを実質的な形でアメリカ側に印象づけたのは中曾根内閣が初めてであった。同様なことが、KAL機撃墜に関して、自衛隊の傍受能力が明らかになるにもかかわらず敢えて記録を公表した、その決断にも言えよう。そこには国際的な責任をその国力に相応しく分担するという明確な意思の表明があった。

しかも重要なことはそれを事務方のシナリオに沿って演じたのではなく、自ら草案を書き、台詞《せりふ》を用意し、下僚に政策の実施を指示したことである。このようなことが可能であったのは中曾根が大局に対する見方を持ち、ついで個別の問題をとらえるという極めて当然だがなかなか日本の指導者に見いだし得ない素質を備えていたからである。

自らそうしたトップ・ダウンの意思決定方式を中曾根は大統領的首相と呼んだ。それは官僚のボトム・アップにより作成された政策の中から選択し、与党の同意を得るように根回しを行い合意を形成するというこれまでの首相の決定方式とは大きく異なっていた。それまでの日本の首相のリーダーシップの型とは全く違ったのである。大局観、アイディアが、そして明確な指示があった。だからこそ後藤田は感情面では決して波長の合うとは言えない中曾根と、五年間も仕事を共にしたと述べている。

もとより既存の政策決定の仕組みでは中曾根のいう大統領的首相の効果は十分に現れない。行政改革や規制緩和では各省庁や業界の利益を代弁する族議員が既得権益の放棄に最大限抵抗することは明白だったからである。そこで中曾根は臨調や政府税調、臨教審など首相直属の審議会や私的諮問機関（前川リポートで有名な国際協調のための経済構造調整研究会、防衛費GNP一パーセント枠撤廃を報告した平和問題研究会はじめ二〇を下らない）を全面的に活用して、マスコミや世論を盛り上げ、搦め手から反対する官僚組織や族議員を排除しようとした。

こうした審議会方式は当然のことながら、立法府である国会の役割を無視するものだとの批判を呼んだ。しかし中曾根にはそうした建前論よりは既得権益で動きのとれない現状を打破するには何が最も必要かという点により関心があった。ここにも現実主義者の一面が現れていると言えよう。こうして中曾根政権の政策過程の中枢部分は審議会や私的諮問機関によって担われることになった。重要なのはそうした審議会、諮問機関の委員に中曾根の考え方に近い委員を送り込み、全体の議論の流れを誘導させたことである。この方式は臨教審、政府税調のように必ずしも意図した委員を任命できない場合もあったが、全体として、世論に問題点を明らかにする点では重要な役割を果たした。学者やマスメディア委員が積極的に新聞や総合雑誌で発言し、改革ムードを盛り上げたからである。特徴的なことはこうした主要委員の大半がいわゆる財界主流ではないことであった。多くは中曾根とは旧知の仲であり、青年懇話会などを中心に長らく勉強会を続けてきた中川幸次、赤澤璋一らの同士たちであった（多くは海軍短期現役組の仲間や取材を通じて意気投合した新聞記者、学者）。

保守傍流であったために、官僚機構の本格的な支持がないと見られていた中曾根はそれを補うだけのいわばブレーンを抱えていたのである。実際に、改革案をはじめ議論の論点は中曾根と彼らの間の意見交換から生まれてきたという。もちろん、この手法がある程度の成果をあげたのは、目指す改革の方向が世論の支持を受けたからである。その意味では常にこの手法が世間に受け入れられるとは限らない。

中曾根内閣ですら、こうした方式にも限界はあった。行政改革では国鉄改革が実現したものの、税制改革、教育改革で十分な結果が出なかったからである。税制では産業界、教育では教育界が族議員と組んで改革を阻んだのであり、その実現には何よりトップ・ダウンの大統領的首相よりは国内の政治力学を変えるための地道な根回しが必要であった。そのことは売上税が廃案となり、衆院議長の下に各党協議会が設置される過程で、自民党の金丸幹事長が各党間を走り回って合意を取り付けた様子を見て中曾根自身よく知ったはずである。

大統領的首相が最も効果的に発揮されたのはやはり外交や「危機」においてであった。

KAL機撃墜については触れたが、日航ジャンボ機の墜落の際の自衛隊機を使った夜間捜索の指示、大島三原山の爆発の際の一万二〇〇〇名の島民や観光客の避難など、首相の指導力は、後藤田の卓抜した補佐もあり、大統領的首相に相応しいものとなった。

その後藤田の起用を含め、中曾根の人物交流にも現実主義者としての側面が強く見られる。後藤田の重用は、田中角栄とのパイプ役を期待したからではあるが、冒頭に述べたように彼の力量を見込んだ側面の方が強い。敢えて、自派からの官房長官起用を避けたこの人事は誰をも驚かせたのである。

似たような例に、田中六助政調会長との関係がある。鈴木派の番頭格であった田中は大平の死後、鈴木の首相実現のため奔走し、結果的に中曾根の希望を打ち砕いた。いわば田中は中曾根にとり「好ましからざる人物」であったはずである。ところが中曾根は鈴木内閣が発足するやその田中と定例の会合を開き、ついには肝胆相照らす仲になってしまうのである。中曾根には政権への展望を模索するという思惑があったが、同時に有能な人物とは積極的に親交を結び、活用するという中曾根本来の行動様式がなければこうした大胆な行動は難しかったであろう。結果的に、田中は中曾根政権を現実的、積極的に支えることになった。中曾根が如何にその能力を買ったかは田中の遺言状が中曾根の『政治と人生』の中に掲載されていることからも想像できる。中曾根に近い人物は「俺にはとてもできない芸当だ」と語っている。

しかし中曾根政権の実績は、もとより中曾根個人だけの資質の結果ではない。幸運に恵まれたことも大きい。不謹慎な言い方になるが、KAL機撃墜事件のように中曾根向きの出来事が相次いだことがそのひとつであろうし、何より、政権発足当初に中曾根が頼みの綱とし存分に閣僚人事などで活用した田中角栄が、中曾根内閣発足後二年三カ月で病に倒れたことが重要であろう。後で考えれば、田中から本格的に自立し、その影を気にせず政権を維持したかった中曾根にとり、まことにタイミングのよい田中の入院であった。こうした「つき」が不思議に中曾根には多かった。その意味では一時期は「俺を座敷牢に入れるのか」と憤りさえ感じた行管庁長官を引き受け、後藤田と定期的な会合を持ったことも幸運の内に入るといってよいであろう。

しかし、その後藤田と中曾根は最後の最後を含め五年の間に大きく二度衝突している。一度は八三年夏の同日選挙断行を後藤田は進言し、他方中曾根は反対した一件である。秋に予想される田中元首相の一審判決前でなければ、自民党は惨敗するというのが後藤田の見方であり、中曾根はもし有罪となれば田中は辞職するはずであり、自らの政権が実績を重ねた秋以降にしたいと強く主張した。

結局後藤田と中曾根の言い争いにまで発展したこの綱引きは、中曾根が頑として譲らず、結局首相の専管事項として後藤田が譲歩した。見送りである。しかし田中は「三八年間政治をやり同日選挙の必要がわからないようでは処置なし」といやみを言ったという。田中はもちろん辞職する気配すらなかった。年末に行われた選挙では後藤田の予想通り自民党は大敗した。

こうした後藤田との不一致は、国内の政策や政治スケジュールに止まっていればさほどの影響はなかった。ところが両者にとり、譲れない領域で衝突する日がやってきたのである。後藤田は警察官僚出身というイメージとは裏腹に、安全保障政策では名うてのハト派であった。自衛権の範囲も極めて狭く考えていた。したがって中曾根とは自民党内にあって両極端とは言えないまでも、この問題では相当異なる位置にいたと言ってよい。

政権も終わりに近づいた八七年七月、アメリカ軍はイラン・イラク戦争で両国が敷設した機雷から守るために、クウェートのタンカーを護衛する作戦を展開した。その後、大型タンカーの機雷接触事故が多発するに及び、八月末にはアメリカ、イギリスが掃海艇をペルシャ湾に派遣する事態になった。そうした中で、アメリカから支援要請もあり、中曾根は海上自衛隊の掃海艇、あるいは海上保安庁の巡視船を派遣したい旨、後藤田に相談している。九月一六日の定例の閣議後のことであった。

後藤田は当然のことながら反対した。「ペルシャ湾は既に交戦海域になっている。軍事紛争に巻き込まれる恐れのある行動は絶対にとってはいかん。巡視船といえども武装船だ。正当防衛でたとえば発砲しなければならない事態が起きたとする。日本が正当防衛を主張しても相手は抗戦行為と見る。それが国際常識ではないか」（後藤田、前掲書）等と論じている。結局この段階では中曾根も折れなかったが、その後ペルシャ湾外に巡視船を停泊させ、航行中のタンカーへ安全に関する情報を流すという代案を提示している。あくまで派遣に固執したのである。しかし、これとても、もし湾内のタンカーからSOSが発せられた場合には、護衛せざるを得ず、結果的に正面衝突することになるとして後藤田は受け入れなかった。

後藤田はこうした派遣積極論の背後に、この機会を利用して日本の国際的な貢献を安全保障面まで広げようという外務省の働きかけを嗅ぎ取っていた。何としてでも阻止しなければならない。万が一の時には辞職も覚悟しよう。そのような気持ちで中曾根にも、「この問題は重大な政策の変更だから閣議決定で決めるのでしょうね」と念を押し、そしてそうなれば「私はサインしませんから」と述べている。そうなれば中曾根は後藤田の首を切ってまで、思いを遂げようとするであろうか。おそらくそこまで強い態度に出れば、中曾根は折れる。

結果は後藤田の見通しどおりであった。中曾根は自説を引っ込めた。たしかに中曾根にも初め、自分の内閣で自衛隊の海外派遣まで実現できるかもしれないとの思いはあった。しかしすぐに自衛隊、海上保安庁の装備をはじめ事はそれほど容易でないこともわかった。加えて国論はおろか、閣内、それも片腕の後藤田が反対していることがやはり気になった。こうして、自衛隊、巡視船のペルシャ湾派遣は見送られ、日本政府の協力は安全航行システムの建設資金を拠出することで決着した。

政権も終わりに近づき、残された時間はあまりにも短い。新たな問題で混乱を起こし五年間の実績に傷をつけるよりは先送りした方がよい、そうした現実的な判断も働いた。何より、後継首相が誰になるにせよ、やり残した日ソ関係の修復など外交面では積極的に発言するつもりでいた。おそらくそうした流れの中でこの問題も新たな方向が模索されるであろう。そうした見通しもあった。辛くも両者の衝突は避けられたのである。おそらく、両者共にこの対立が政権末期でよかったと胸をなでおろしたに違いない。それほど深刻な意見衝突であった。

それから一カ月後の一〇月二〇日、中曾根は宮沢喜一、安倍晋太郎を退け竹下登を後継の自民党総裁に指名した。党内の安定などさまざまな理由で竹下に決めたにせよ、次の点は紛れもない事実であった。竹下は国内政治に比べ、外交面はあまり得意ではなかった。他の二人に比べればその点ははっきりしていた。専ら竹下新首相には税制改革など国内政策に邁進してもらう、それが竹下にとっても、また「球拾いをする」はずの中曾根にとっても最善の道であった。まだまだ時代が自分を求める時は来る。それまではじっくり外交問題に取り組もう。そうした思いが中曾根にはあったのではなかろうか。そのように考えればあらゆる意味で中曾根が最後に行った人事は政治家としての絶妙な決断であったと言えよう。

参考資料

十月十日（日）

新政権政策メモ

A　穏健な、中道やや右

a　心の触れ合う政治

b　現場からの政治、まず地震対策

c　平和を守り、専守防衛に徹する

d　水の流れるように

e　安心と安全を贈る

f　外交・財政は正統主義で着実に

g　資産公表

h　タブーはない

i　ぴりっと引き締まる社会、礼儀と愛情にあふれるような

j　ＮＨＫテレビ活用

k　今やこの困難を乗り切れるもの、汗と忍耐と涙だ

l　自由化、多様化、簡素化の時代

m　強さと優しさ、涙のある政治

n　社会的自留地

o　権力の魔性

p　現実的理想主義

q　政権に暫定はない

B　政策綱領

(1)　行革を断行し、財政を再建する

(2)　文化と教育を豊かに多様に刷新・振興する

(3)　議会制民主政治を責任と協調の理に則り、刷新・充実する

(4)　自由と連帯を旨に国際協力を進め、特に対米と発展途上国との関係の強化に留意する

(5)　戦後政治を総合的に見直し、二十一世紀に向かっての基本的路線を策定する

C

(1)　通貨政策——呼称変更

(2)　新卒・就職・雇用問題

(3)　資産公表

(4)　国連憲章修正、非核三原則の解釈

(5)　憲法見直し

(6)　一期計画、二期計画、三期計画

(7)　選挙大粛正

(8)　官邸充実、内閣参与制

(9)　アラブ・ＯＰＥＣとの和解

(10) 三つの課題
　中国孤児、台湾軍人、樺太の韓国人
(11) 優生保護法
(12) 日本は戦後、青年期の夢見る時代から今や壮年期の逞しい国際化に耐えうる体質にならなければならない。
(13) 学制の自由化
六六制、学年短縮、飛び級、税制、入試自由、専修学校、大学講義の開放、私学の交流
進学率、高校九四・三％、大学三六・九％
ピアノ所帯一六％、オルガン所帯二〇％、バイオリン所帯三％
(14) 納税者優遇と強化累進是正、名誉、表彰、天皇賜杯
(15) 財政緊急対策公表、健康回復まで我慢する。
五十八年歳出は五％削減。国鉄他３Ｋ。三年で赤字を半減させる。間接税。新規上級公務員採用半減。給与一〇％貯蓄国債で約一兆六千億。三％成長、経済的にソフトランディング。質の尊重。技官の地位。
(16) 権力は文化に奉仕する
(17) 党員教育
(18) 原則明示、ドクトリン・プリンシプルを明らかに、従来の政府質問の回答を再検討する。
D 思想と哲学のアピール
安心と安全の社会作り

希望に向かって試練の時

節度ある自衛力で自ら国を守り、安保条約により米国の最大限の協力を援用できる体制を常に整える。

政治の究極の目的は文化に奉仕するにあり、自由を尊び、宗教や学問に対して越権のことがあってはならない。

人格主義、人間主義は私の基本信条である。東洋で言えば、大学の道であり、西洋で言えば、カントの「天なる星」の名言に尽きる。

現在の日本は戦後最大の苦難の中にある。これはいつの時代にもある。一つの発展、変化の後にくる整理調整期の宿命である。西南戦争後の松方、日露戦争後の西園寺、山本、第一次世界大戦と大震災後の浜口、若槻等、それぞれの難問に挑戦し、歴史的役割を果たした。今日の我々も正にその宿命にある。これを克服するものは国民の団結と汗と勇気である。

政治と国家、議会制民主主義に対する所信を明らかにし、次いで政策を述べる。

私は日本の国を愛する。政治はまず国家の独立と名誉を守らなければならない。

国家は国民生活を豊かにし、固有の文化を育て、世界の平和と文明の交流に貢献する有力な基盤であるからである。国家には栄光の日ばかりあるのではなく、屈辱の日も又ある。歴史の試練に耐えて、良き伝統と進歩の中に国民の哀歓を秘めて逞しく生き、子孫に伝えていく一大文化共同体、運命共同体が国家である。

この戦後三十年の日本は後世史家によって如何なる評価を受けるであろうか。

日本歴史の中でも元禄時代、織豊時代、明治時代にも比すべき雄勁絢爛、自由と進取、個性と普遍性が現実化し、既成の老廃した社会的構築物が後退した時代ではあるまいか。

しかも、その非軍事性の点で明治時代と全く異なり、汎国民性で元禄・織豊の時代とも異なり、変革のスケールにおいても差がある偉大な時代であると言えよう。戦後日本国民は偉大なピラミッドをこしらえた。

それを可能にしたものは新憲法の制定、日米平和条約、日米安保条約の三つの基盤の構築であり、その上に現代日本人の営々たる汗と努力の中にピラミッドは築かれた。一民族一国家一言語一億の極めて紳士的な、極めて寛容な民族が、長く豊かな歴史と文化の背景の上に成し遂げたものである。

もとよりそれは十全なものではない。偉大なピラミッドにも影は随伴する。問題は個人の自由と創造性の確保尊重であり、議会制民主主義による国民総意の平和的実現である。

議会制民主主義に関し言えば、短命内閣ののたれ死には政治基盤に問題があるからである。堂々、公選で決戦すべきである。

竹　下　登——保守党政治完成者の不幸

Takeshita Noboru

（1924～2000）

在職期間

S62.11.6～H1.6.3

久米郁男

（神戸大学名誉教授）

1

竹下登ほど、その政治理念、哲学の欠如を批判される政治家は少ない。衆議院選挙への初出馬に際して「国会に出てなにをするのか。どんな政治をやりたいのか」という問いに、「とにかく国会に出たい。よろしく頼む」と竹下は答えたという。[*1] また、首相退陣の直前には、リクルート疑惑への批判を受けて設置した首相諮問機関「政治改革有識者会議」で、「私が果たして、広大な理想を抱いて政治家に踏み切ったか、と反省している」と語ったという。[*2] 竹下の政治手法は、調整と忍耐である。トップ・ダウンで自分が先頭に立って政治理念を実現していくのではなく、下からの積み上げを大切にし、無理をせずコンセンサスを形成していくのが竹下流である。竹下自身「戦後、吉田茂からはじまって岸信介、池田勇人、佐藤栄作氏ら明治生まれの諸先輩は、かつて日本が五大強国の一つだった時代を経験されており、万事につけて気宇壮大である。この世代は、大正生まれであるが中曾根康弘氏までつづく。それに比べると大正八年生まれの宮沢氏、一三年の安倍君と私たちの世代は戦前——戦中——戦後にわたる激動の時代に青少年期をおくったため、無理をしないで現実の変化に自分の体を合わせていくような生き方が身についてしまっている」と語っている。[*3] そして、このような政治指導を、現代は「利害相反するものの間にあって両者の調和をはかっていくリーダーの時代である」として積極的に肯定している。[*4] 竹下は、対立を回避し、時間をかけて相手に気を配り妥協をはかり、六分の勝利を最善としてきた。更に、このような手法は、対立する相手方にのみ行使されてきたのではない。「汗は自分でかきましょう。手柄は人にあげましょう」というスタイルで、味方に付くべき人の人心を掌握してきたこともよく知られるところである。「私にはG5（先進五カ国蔵相会議）一つやるにしても、何をやるにしても、そこにはスタッフがおりますから、その成果を自分のものにしちゃいかんという気持ちがある」と竹下は語る。[*5] このような手法は、竹下の元々の性格に根ざすものであるが、佐藤内閣時代に国会対策を通して野党議員とつきあい、また官僚との調整をこなす中で完成されていったものであった。

地べたを這うような現実主義にのっとる志の低い政治と揶揄されるゆえんがここにある。しかし、果たしてこの評価は正当なものであろうか。竹下内閣を振り返ってまず記憶さるべきは、消費税の導入である。大平内閣以来、経済構造の変化や高齢化社会の到来を理由に、税制改革の必要が説かれながら、大平、中曾根の両内閣において導入できなかった大型間接税を竹下内閣はともかくにも導入することに成功した。そもそも新税が拍手を以て迎えられる政策でないことは、過去二回の失敗に学ぶまでもなく、政治家竹下には自明のことであったはずである。さらに、竹下が政権を引き継いだ時期には、三兆五〇〇〇億円もの税増収やNTT株の売却益が見込める状況にあった。竹下派会長の金丸信などは一九八八年二月に「急がば回れだ。税制改革をやらなければ日本がつぶれるわけじゃあるまいし、国民に理解してもらうためには二、三年かけてもいいじゃないか」と発言している。しかし、竹下は首相就任直後から愚直なまでに消費税導入へ向けての動きを開始していったのである。竹下首相は、政治理念のないリーダーという一般のイメージと異なり、実は自ら信ずるところを頑固に追い求める芯の強さを持っていた。それを我々はある種の統治責任の意識と呼んでよいように思う。根回しと調和を重視する政治スタイルと内に秘めた強固な統治責任意識の相克という視点から竹下内閣を再考するのが本小論の課題である。

論を進めるうえで、竹下の履歴を簡単に見ておくことは有益である。一九二四（大正一三）年二月二六日に島根県掛合《かけや》村（現在の雲南市）の造り酒屋の長男に生まれた竹下登は、早稲田大学商学部を卒業し掛合中学に教員として奉職すると同時に掛合村青年団長として青年団活動をはじめた。この青年団活動の延長上に、一九五一年島根県県会議員に出馬、初当選し政治の道へと入っていくことになる。県議を二期七年間つとめた竹下は、一九五八年、県議時代に支援してきた高橋円三郎の死去に伴いその地盤を受け継いで衆議院選挙に立候補し、トップ当選を果たした。当選後、竹下は、当時自民党総務会長であった佐藤栄作の最初の子飼いの議員となり、第一次佐藤内閣では官房副長官に抜擢されている。以後、一九七一年第三次佐藤内閣で官房長官として初入閣を遂げ、三木内閣の建設大臣、大平内閣では大蔵大臣を歴任していく。党務も、一九六六年に自民党国会対策副委員長となり五年間その職をつとめ、一九七二年に筆頭副幹事長、一九八一年幹事長代理、一九八六年中曾根内閣での幹事長と党の要職についてきた。このように見ると竹下の政治経歴は順風満帆のように見える。しかし、そこに激しい権力闘争があったことも同時に記憶されねばならない。

竹下政権誕生のドラマは、大平内閣時代の世代交代への努力からスタートした。当時「三角大福中」の自民党旧リーダー間の怨念政治を超えて、一気に世代交代をはかろうとする動きが宮沢、安倍、竹下といったニューリーダーの間から出てきていた。このような動きに対し、まだ自らの復権を夢見ていた田中角栄は「竹下にはこれからしばらく雑巾掛けをさせる」と語った。[*6] その後、一九八五年の創政会発足を経て一九八七年の経世会会長就任にいたるまで一〇年あまり続く世代間戦争を、竹下は闘わねばならなかったのである。民社党元委員長の塚本三郎は、「竹下君はシンは固い。信念は曲げんのだ。柔らかいけど中身はちっとも曲げん。きついから角さんの下だって生き抜いてきたんだ」と竹下を評している。[*7] 気配りの裏にある芯の強さは、竹下内閣を特徴づけたものでもあった。

竹下首相は、一九八七年一一月七日首相就任に際し、(1)地価対策、(2)税制改革、(3)日米関係の再構築を最重要政策課題として取り上げ、「皆さんの意見によく耳を傾けるが、聞いてばかりで何もしないのでは困るので、見極めがつけば決断する」と就任の決意を語った。戦後政治の総決算を掲げて華麗にトップ・ダウンの大統領型首相として業績を上げた中曾根首相も、他方で多くの課題を竹下に残していったのである。竹下内閣は、このような諸課題に対応していくための政策パッケージを、自民党総裁選出馬に際しての政策構想「世界にひらく『文化経済国家』の創造」と題した政策大綱と著書『素晴らしい国・日本—私の「ふるさと創生論」』として発表している。「日本が高度工業社会に成長する過程では、効率性の観点から、あらゆる面で画一化が求められた。しかし、物的豊かさを達成した今日、数々の『壁』に直面している。物的な豊かさを目指して作られた仕組みや制度のうち、あるものは『豊かになった日本』にふさわしいものに大胆な発想と勇気をもって変革していかねばならない」というのが基本的な主張である。乗り越えられるべき壁は、(1)工業への過剰依存、(2)輸出への過剰依存、(3)若者文化への過剰依存、(4)東京圏への過剰依存であるとされた。この政策パッケージは、現在においても追求されるべき内容のものである。このように振り返ってみるとき、竹下内閣が政治目標や理念を持たない政権であったというのは、むしろ不当な評価である。問題は、竹下政権の手法が、これらの政治目的を実現するうえで、どの程度有効であったかにある。以下において、竹下政権の外交と内政の重要政策であった農産物自由化と税制改革を取り上げて、この点を検討する。

2

当面する課題の中で、竹下がもっとも不得手とすると考えられたのが日米関係の再構築であった。竹下が、調整型の内政向きの政治家である点がそのような懸念の理由であった。

しかし、竹下自身、国際的な相互依存の深化した現代において「外交は内政そのものであることが多い」として、むしろ国内の調整をよくする自分こそが外交をよくなし得るとの自信を示していた。一九八八年一月に首相就任以来初の訪米で、レーガン大統領に、「西側のリーダーであり、自由貿易を擁護する大統領の立場を支持し、国内の経済運営を構造調整、内需拡大、市場開放三課題に全力で取り組む」と約した竹下首相は、アメリカ側に好意的に受けとめられたと言われる。自民党のパワー・ベースに対して妥協と開放性を要求する仕事は、竹下にしかできないとみられていたからである。[*8] アメリカの竹下に対する期待は、竹下自身の自負と一致するものであった。では、竹下は日米関係の再構築をどのように進めたのであろうか。

日米農産物交渉を手がかりに見てみよう。一九八二年の日米貿易委員会の農産物輸入制限に関する作業部会で全農産物の完全自由化を求めたアメリカは、翌年、牛・豚肉調整品、果汁など一二品目をガットにおける二国間協議に持ち込んだ。しかし、二国間協議はまとまらず、その解決は紛争処理小委員会へ持ち込まれた。小委員会は、竹下内閣発足直前の一〇月、一二品目のうち落花生と雑穀を除く一〇品目をガット違反とし、輸入自由化を勧告する裁定案を日本政府に内示した。しかし、竹下新内閣は翌年二月までの採択の先送りを一方的に要請せざるを得なかった。自由化に抵抗する農水省と日米関係を第一として自由化に積極的な外務省との調整がつかなかったからである。農水省の背後に自民党の農林関係議員がいたことは言うまでもない。先送り決定をした後、竹下は「あんな結果にしたくなかった。だが、自民党内の事情が許さず、仕方がなかった」と述べている。「(農産物自由化)問題は党の農林三役にまかせてある。私は大蔵大臣の時も幹事長の時も、『司にいる人に任せる』との方針でやってきた。農林三役で処理してほしい」というボトム・アップ方式の意思決定に待つやり方だけでは、竹下の望む結果が得られないことをこの先送り決定は示したといえる。[*9] 結局は、翌年二月のガット理事会が、一〇品目につきそれらの輸入制限をガット違反とし、輸入自由化、すなわち輸入数量制限撤廃を勧告する小委員会裁定案を満場一致で採択したのを受けて、竹下内閣は、国内的影響の大きい乳製品と澱粉を除く八品目の自由化を決断した。この経験は、その後の竹下内閣での政治指導に微妙に影響を与えたように思われる。これに引き続き、更に大きな決断を迫られた日米牛肉・オレンジ交渉においては、竹下はより有効な政治指導を見せることになる。

アメリカは一九七〇年代から、日本がオレンジと牛肉の輸入を制限していることを批判し、その自由化を求め始めた。そこで、一九七八年に当時の中川一郎農相が、輸入枠の拡大と四年後の再協議を約して日米交渉をまとめた。その後、当初協定の期限が切れた後の一九八四年に、再び輸入枠の拡大と四年後の再協議を内容とする第二次協定が締結されている。この際にアメリカ側は、四年後の完全自由化を強く主張していた。この第二次協定の期限は一九八八年三月までであり、第三回交渉を竹下内閣が行うことになったのである。

しかし、第三回交渉ではアメリカ側が完全自由化を求めてくることが確実である一方、国内には多くの関係農家があり、交渉の難航が当初より予想された。

三月に佐藤隆農水相が訪米して行ったヤイター米通商代表との交渉は双方の主張の隔りが大きく、難航し、決裂したのである。しかし、竹下の腹は最初から決まっていた。早稲田大学で三月に行った講演で、竹下は「自分の国のことだけを考えれば良いとか、外圧があるから改めるという時代は終わった。国際社会の中では、責務や痛みを分かち合いながら、当然のこととして実行していかなければならない」と言明している。四月一八日に行われた内閣記者会との懇談でも、竹下は日米牛肉・オレンジ交渉の見通しを聞かれて「お互いに譲るべきものは譲る。それによって双方の国内から不満や批判が出る。交渉ごとというのは、そこで初めて妥結するものだ。結果については必ず批判を受けることを覚悟しなければならない」と語っている。確かに、竹下のこの一連の発言は、日米牛肉・オレンジ交渉への具体的な言及のないものではあったが、よく言われる「言語明瞭、意味不明」の発言ではなかった。当時の日米交渉のコンテクストを理解していれば、その意味するところは明快であった。そこには、竹下内閣が日米関係をどう扱うかのはっきりした哲学があったと思われる。首相側近の一人が語っているように、「今の国際政治・経済の現状と日米関係を公平に判断すれば、日本は弱体化した米国を助けていかざるを得ない。日本の国内で解決できるものであれば、（対米交渉では）ギリギリ譲歩していくということになる。それができなければ、日本は孤立化し、経済・産業構造の転換も進まないで、二一世紀に生き残ることはできない」という認識こそが、竹下内閣の『世界に貢献する日本』の核心部分であった。[*10]

確かに、自民党の農林部会や総合農政調査会が「自由化絶対反対」を叫んでおり、自由化への決断は困難に思われた。また、四月にジュネーブで開かれたガット理事会では、アメリカが日本の牛肉・オレンジ輸入制限をガット違反であるとして、紛争処理委員会の設置を要求し、日本がこれに反対、この決着が五月の定例理事会に持ち越されることになるなど、日米の対立は高まりつつあるようにも見えた。しかし、当時の新聞を見れば、竹下内閣が、牛肉とオレンジの自由化を目指して着々と調整、根回しに当たっていたことが看取される。先の農産物一二品目自由化問題に比べて、竹下内閣は事態の流れを巧妙にリードできていたようである。アメリカによるガット提訴や、米国通商法三〇一条による報復制裁を受けるよりも、日本が自主的に自由化のタイムテーブルを決めるほうが望ましいといった政府首脳や自民党首脳の談話が折に触れマスコミに流され、自由化へ向けての流れがつくられていったのである。

また、竹下内閣は、国内調整を主導していただけでなく、アメリカとの交渉も根回しよろしくこなしていた形跡がある。五月にワシントンで佐藤農水相とヤイター通商代表との間で行われた交渉は、日本の主張する自由化後の輸入課徴金問題で対立決裂。ガット紛争処理小委員会の設置が決まった。しかし、この交渉に先立ってニューヨーク入りしていた小沢一郎は、「今回交渉は物別れだな。決裂ではない。決着のため二国間交渉は継続する。決着までもう少し時間が必要だということだ」とし、アメリカ政府もこのシナリオをよく承知していると語っていたというのである。[*11]

この予測通り、六月三日、ロンドンでの竹下・レーガン会談では、懸案の牛肉・オレンジ問題を二国間交渉で一九日からのトロント・サミット前に決着させる努力を続けることが合意された。そして、六月二〇日、来日したヤイター通商代表と佐藤農水相の間で、牛肉・オレンジ問題は自由化の方向で最終決着がはかられることになったのである。そこでの合意内容は、牛肉とオレンジ生果は一九九一年四月に数量制限を廃止する。牛肉関税は、初年度七〇パーセント、二年目六〇パーセント、三年目五〇パーセントとし、その後は再協議を行う。ただし、輸入自由化のあと牛肉の輸入が急増した場合の緊急輸入制限を当面三年間導入する、というものであった。長年の懸案であった牛肉・オレンジ問題を最終的に解決した竹下の政治指導は極めて有効なものであり、彼自身の自負とアメリカの期待が正当なものであったことを示したといえよう。

竹下は、自らこの交渉を次のように振り返っている。「素直にガットに持ち込めば、政府の手で生産制限をしていない日本は一二品目の二の舞になる恐れがあった。そうなれば自由化の時期や国内対策の面で制約を受け、アメリカ以外の国との関係も生じてくるという問題も考えられた。政治的にいえば、ガットの裁定に従ったという形をとるほうが安易な解決方法だろう。しかし、政府与党はその道をとらず、二国間の解決によって国内農業が生き残っていける可能性のほうにかけたのである」[*12]と。政治家が、自らの支持基盤を犠牲に国益のために決断をする際に、なお少しでも自らの支持基盤の利益を守ろうとするのは当然であり、かつ望ましいことといえる。この点から竹下の決断は穏当なものであったともいえよう。しかし、竹下自身が言明したように、日本がもはや一国の利益のみを考えずに国際社会の責任を当然のこととして果たしていくべきだと信じるならば、国内的のコストが多少大きくなろうとも、二国間交渉ではなくむしろガットの枠組みの中で問題解決を図り、世界大の自由貿易拡大という国際公共財の提供へかける決意を披瀝すべきであったろう。

サミット会場に「東京からの吉報が入ったとき、レーガン大統領はご機嫌だったが、私の方は喜びと痛みが半ばした、何とも複雑な気持ちにとらわれたことが今も忘れられない」という竹下のウエットな気質こそ、良くも悪くも彼の政治スタイルとされる気配りと根回しを形作るものであり、彼が首相として奉じた政治理念の実現を難しくするものだったように思われる。

3

竹下内閣の最大の業績である消費税導入も、この調整型政治指導の成果であったと同時に、それ故の一定の欠陥を持つことになった。竹下内閣における消費税は、大平内閣の一般消費税と中曾根内閣における売上税の導入失敗をへてようやくに実現した大型間接税である。竹下は、総裁選挙立候補の時から税制改革への強い使命感を示していた。「開かれた議論を通じて、直間比率の見直しをはじめ国民が納得できる公正で簡素な税体系の実現をめざし、国民福祉充実のための安定した財源を確保する」ことが政権構想に明示された。竹下は、「ふりかえれば一般消費税が議論され始めてから八年、蔵相あるいは幹事長として終始この問題に関わってきた私としては、政権構想のなかで税制改革に対する自らの使命感を明らかにしておく義務があると思ったのである」とし、それまでの経緯への反省から「開かれた議論」という手続きと「国民福祉の充実」という目的を強調したと回想している。*13

竹下内閣の税制改革への努力は、一九八五年の中曾根内閣での「多段階、包括的、網羅的、普遍的で大規模な消費税を投網をかけるようなやり方」では導入しないとの政府見解を、竹下内閣は新たに出発したのだから前政権のすべてを継承するわけではないとして白紙撤回したことからはじまった。中曾根政権での売上税導入が、その税制の当否よりも、中曾根首相の公約違反という形で批判され、失敗に終わったからである。竹下は、税制改革を断行すべく正面突破という竹下らしからぬ戦術をまず採ったのである。

しかし、その後は竹下流の、調整型・根回し型のスタイルが前面に出てくる。税制改革を総論をめぐる議論から各論の議論へと分解して、合意形成をはかろうという戦略である。税制改正をめぐる与野党の駆け引きが本格化するのは、社会、公明、民社、社民連の野党四党が一九八八年度政府予算案に対して三兆円規模の減税を柱とした共同修正案を提出してからである。自民党は、野党側の減税要求に対して「抜本的な税制改革の一環として、恒久財源を求めて実施する」と満額回答を出した。これに対して野党は、減税を餌に新型間接税の導入を図ろうとするものであると反発し、国会審議は三月二日から全面的に空転した。そこで、与野党の国会対策委員会が協議を続け、「社会、公明、民社三党の要求する所得税、法人税、相続税等の減税は実施する。その財源については、社公民三党の要求する『不公平税制の是正』及び『その他の項目』を含め、各党政策担当者で協議し、予算成立までに結論を得る」の二点で合意。国会は三月八日、六日ぶりに正常化したのである。満額回答を誇る野党に対して、自民党側は「野党が挙げている財源だけでは、三兆円減税なんてとても無理だ。政策担当者の間でぎりぎりと詰めていけば結局間接税に行きつくしかなくなる」と税制改革への動きに自信を見せたのである。このような自民党の思惑に対して、公明党は自民党が間接税を持ち出した段階で協議を中断させると強気であったが、社会・民社両党は減税を犠牲にしてまで間接税に反対するという強い態度はとれていなかった。この背景には、両党の支持基盤である民間労組（全民労連）に、強い減税要求があり、また中には間接税導入に対して好意的な組合もあったからである。[*14] 竹下政権は、このような組合に対して非公式の接触をとり、根回しを行っていたのである。

竹下流調整型の政治スタイルに基づく税制論議を進めるうえで更に重要であったのは、大型間接税の導入を公約違反であるとする野党の税制論議の入り口での抵抗を排することであった。竹下は、第一に、一九七九年の財政再建決議が間接税の改革を必ずしも否定しておらず、第二に、売上税国会における原議長の調停が直間比率是正の早期実現を要請していると主張し、国会で間接税導入を含む税制改革論議を行う正統性を強調した。さらに、上田哲（社会党）に対する衆議院予算委員会での答弁で、竹下は、大型間接税に対する六つの懸念として、(1)逆進的な税体系となり所得再配分機能を弱める、(2)中堅所得者の税に対する不公平感を加重する、(3)所得税がかからない人に過重な負担を強いる、(4)痛税感が少ないため税率の引き上げが容易になされる、(5)新税の導入により事業者の事務負担が極端に重くなる、(6)インフレが避けられない、の六点を挙げ、それぞれに対する処方箋を明示した。下書きは大蔵省によるものであるが、入り口の議論から中身の話に踏み込み議論の主導権を握ろうとする竹下の意向を見事に反映した戦術であった。

その後、減税規模と財源についての与野党協議がつづくが、五月に八八年度減税については、規模を一兆二五五〇億円とし、財源は大型間接税に求めないことが合意された。しかし、六月には竹下内閣は政府税制改革要綱を閣議決定し、モノやサービスなど消費一般に広く課税する消費税導入を打ち出す一方、所得税・法人税・相続税の大幅減税と株式売却益への原則課税強化など不公平税制の是正を行うことをうたったのである。こうして、税制改革論議は七月二九日衆議院本会議で消費税導入への決意を表明した竹下首相の所信表明演説によって、国会審議の第二幕へと入っていく。しかし、衆議院本会議代表質問一番手の土井たか子社会党委員長が、リクルートコスモス社の未公開株譲渡問題を追及したのは、その後の税制国会の波乱を告げるものであった。以後、竹下内閣の税制改革への動きと社会党を先頭とする野党のリクルート・スキャンダル追及の動きが交錯しながら、税制国会は進んでいくことになったのである。政府自民党は、野党も要求する不公平税制是正を手がかりに野党を税制改革論議に引き込もうと努力し、社会党はリクルート・スキャンダルを利用して税制改革の動きを阻止しようと綱引きが展開されていった。

九月に入って、税制改革関連法案の審議入りについて、自民党と社公民三党は、不公平税制是正のための与野党協議機関の設置と、リクルート問題解明のため同社の江副《えぞえ》前会長を事実上参考人として国会に喚問することなどを条件として合意し、国会における税制改革審議がスタートする。その実質審議の舞台が金丸信を委員長として衆議院に設けられた「税制問題等調査特別委員会」であった。政府は、このように舞台設定を終えて、九月二二日衆議院本会議で、消費税導入を軸とする税制改革関連六法案の趣旨説明を行った。これに対して社会、共産、社民連の三党はリクルート疑惑にふたをし、消費税導入を前提とする審議には応じられないとして本会議を欠席。その後、宮沢蔵相へのリクルートからの非公開株譲渡が、スキャンダルとして大きく取り上げられるなか、政府自民党は税制特別委員会で公聴会の開催を賛成多数で可決、さらに一一月一〇日には、六法案を自民党単独で可決した。これに対して野党は激しく反発し国会は空転したが、自民党と公明、民社両党は、衆議院にリクルート問題調査特別委員会を設けること、そして税制改革法案について、(1)消費税実施後半年の弾力運用、(2)消費税の価格転嫁義務づけ、(3)寝たきり老人扶養控除額の引き上げ、(4)寝たきり老人家庭に月額五万円の介護手当を支給するという修正を付すことで合意に達し、一六日には法案は衆議院を通過したのである。そこに至るまでの税制問題調査特別委員会の審議時間は九六時間三〇分で、史上三番目の長時間審議であった。法案は、その後、一二月九日の宮沢蔵相のリクルート問題による辞任や社共両党による牛歩戦術にもかかわらず、参議院本会議で一二月二四日に可決成立、竹下内閣は悲願の消費税の導入を果たしたのである。

この税制改革は国民一般には不評であった。発足時三七・五パーセント、八八年一〇月には最高の四一・五パーセントの支持率を示した竹下内閣も、税制改革法案衆議院可決後の一二月には二四パーセントへと支持率を落とした。しかし、八九年一月の支持率は二八・五パーセントと回復し、竹下流政治スタイルは何とか難事業を無事成し遂げたかに見えた（時事通信社世論調査）。この成功は、竹下政権が、民間の労働組合を含む幅広い層に根回しをし、抵抗をやわらげる努力をしたことに大きくよっている。また、よく指摘されるように、消費税は、売上税と異なり、送り状なしの帳簿方式となっている。このため、売上税に強く反対した小売業者も所得の完全捕捉を逃れられる仕組みになっており、この点が竹下内閣による根回しの重要な材料になったのである。しかし、このような政治的妥協の結果、消費税が不公平是正という点や税制の合理性という観点からは様々な欠陥を持つものとなったことは否めない。国内の既得権益に配慮する結果、全体としての政策の革新性を犠牲にしたという点では、牛肉・オレンジ自由化と同様の欠陥を持つことになった。一月には支持を回復し、難事業の完成を果たしたかに見えた竹下政権はリクルート事件に予想もしない形で翻弄されていく。マスコミを賑わすリクルート・スキャンダルは、政治家が税金も払わずに様々な利益を享受しているという不満と嫉妬を人々の間に蔓延させ、それが必ずしも論理的ではない仕方で、「不公平」な税制への怒りへと結びついていった。[*15]その後、竹下自身もリクルートから献金を受けていたことが明らかになったこととも相まって、四月の消費税施行時には竹下内閣の支持率は七・一パーセント、五月には四・四パーセントへと記録的な低下を遂げていったのである。そしてこのような逆風の中、竹下はついに六月二日、内閣を総辞職した。佐藤長期政権を手本とし、根回し上手で、安定的な政治運営を期待された竹下政権は一年七カ月でその幕を閉じたのである。

予想外の短命に終わった理由の第一は、税制改革や農産物自由化といった難事業に対して、逃げることなく取り組んだことによる。竹下内閣に理念がなかったというのは当たらない。理念を追求した故に、反動も強かったのである。第二の理由は、竹下流の気配りに基づく調整型の手法が、これらの難事業を行ううえでは不適切なものであったためのように思われる。竹下が、税制改革において、不公平税制の改革という視点をより強く出した議論を展開していれば、リクルートの逆風も少しは弱かったのではないだろうか。たとえば、中小の小売業者に対する政治的妥協を減らし、またトー・ゴー・サン・ピンといわれる不公平税制のもとで過重な税負担をする給与生活者を間接税の導入によって救済するといった議論を大々的に展開していれば、リクルートの逆風の中でも竹下内閣を強く支え続ける支持者を確保できた可能性がある。多方面に気を配るあまり、竹下は確固とした支持者をつかむことができなかった。結局のところ、竹下政権は、時代の使命を愚直に果たそうとしながらも、その使命を遂行するために充分に冷酷になれなかった故に、期待に反して短命で終わったのである。しかし、更に考を重ねれば、竹下政権にそのような運命を準備したものは、政治家に時に冷酷と見える大胆な政策を採らせることを許さず気配り型の政治を育んだ戦後という時代であったのかもしれない。

注

＊1　時事通信社『竹下総理全データ』時事通信社、一九八七年、一七六頁。
＊2　鈴木健二「竹下国対政治の末期症状」『エコノミスト』一九八九年三月二八日。
＊3　竹下登『証言　保守政権』読売新聞社、一九九一年、一七三頁。
＊4　時事通信社、前掲書、一七頁。
＊5　竹下登インタビュー「なぜ私が指名されたか」『文藝春秋』一九八七年一二月。
＊6　塩田潮「金丸信　なぜ竹下政権は誕生したか」『潮』一九八八年一月。
＊7　時事通信社、前掲書、二二三頁。
＊8「竹下訪米を見つめたアメリカの眼―ホワイトハウス記者座談会」『文藝春秋』一九八八年三月。
＊9　赤坂太郎「竹下登がもう一人ほしい」『文藝春秋』一九八八年二月。
＊10　赤坂太郎「竹下総合病院のアキレス腱」『文藝春秋』一九八八年六月。
＊11　同右論文。
＊12　竹下前掲書、二一四－二一五頁。
＊13　同右書、一九四頁。
＊14　赤坂太郎「男・竹下がガナル人生劇場」『文藝春秋』一九八八年五月。
＊15　Junko Kato, *The Problem of Bureaucratic Rationality*, Princeton University Press, 1994.

執筆者紹介

波多野澄雄　一九四七（昭和二二）年生まれ。慶應義塾大学大学院博士課程修了。現在、筑波大学名誉教授、国立公文書館アジア歴史資料センター長。著書に『サンフランシスコ講和と日本外交』『太平洋戦争とアジア外交』『日本の歴史問題　改題新版』等。

天川晃　一九四〇（昭和一五）年生まれ。東京大学法学部卒業。横浜国立大学名誉教授。著書に『占領下の議会と官僚』『占領下の日本』『天川晃最終講義　戦後自治制度の形成』等。二〇一七年四月没。

渡邉昭夫　一九三二（昭和七）年生まれ。東京大学大学院修士課程修了。現在、東京大学名誉教授、青山学院大学名誉教授。平和・安全保障研究所理事・顧問。国際関係論、日本外交史専攻。著書に『安全保障政策と戦後日本１９７２～１９９４』（共編著）『アジア・太平洋の国際関係と日本』『日本の近代８　大国日本の揺らぎ』等。

福永文夫　一九五三（昭和二八）年生まれ。神戸大学大学院法学研究科博士課程単位取得。現在、獨協大学名誉教授。日本政治外交史専攻。著書に『大平正芳』『日本占領史１９４５―１９５２』等。

増田弘　一九四七（昭和二二）年生まれ。慶應義塾大学大学院法学研究科博士課程修了。現在、立正大学名誉教授。平和祈念展示資料館館長。日本政治外交史専攻。著書に『政治

家・石橋湛山研究』『マッカーサー』『戦後日本保守政治家の群像』『南方からの帰還』等。

山室建徳　一九五四（昭和二九）年生まれ。東京大学大学院人文科学研究科修士課程修了。元帝京大学教授。著書に『大日本帝国の崩壊』（編）『町田忠治』（共著）等。

猪木武徳　一九四五（昭和二〇）年生まれ。マサチューセッツ工科大学大学院修了。現在、大阪大学名誉教授。著書に『地霊を訪ねる　もうひとつの日本近代史』『経済社会の学び方』『デモクラシーの宿命』等。

北岡伸一　一九四八（昭和二三）年生まれ。東京大学大学院博士課程修了。国連大使、国際大学学長、国際協力機構（ＪＩＣＡ）理事長を歴任。現在、東京大学名誉教授。著書に『日本陸軍と大陸政策』『清沢洌』『自民党』『日本の近代５　政党から軍部へ』等。

中村隆英　一九二五（大正一四）年生まれ。東京大学経済学部卒業。東京大学教授、お茶の水女子大学教授、東洋英和女学院大学教授を歴任。東京大学名誉教授。著書に『昭和史』ⅠⅡ、『明治大正史』上下等。二〇一三年九月没。

高坂正堯　一九三四（昭和九）年生まれ。京都大学法学部卒業。元京都大学教授。著書に『歴史としての二十世紀』『海洋国家日本の構想』『平和と危機の構造』等。一九九六年五月没。

御厨貴　一九五一（昭和二六）年生まれ。東京大学法学部卒業。現在、東京大学名誉教授、東京大学先端科学技術研究センターフェロー。著書に『日本という国家』（共著）『日本政治史講義』（共著）『日本の近代3　明治国家の完成』等。

新川敏光　一九五六（昭和三一）年生まれ。トロント大学大学院政治学研究科博士課程修了。現在、法政大学法学部教授、京都大学名誉教授。著書に『政治学　概念・理論・歴史』『田中角栄』『国民再統合の政治』等。

五百旗頭真　一九四三（昭和一八）年生まれ。京都大学大学院修士課程修了。防衛大学校校長等を歴任。神戸大学名誉教授。著書に『米国の日本占領政策』上下、『占領期』『戦後日本外交史』（編著）『日本の近代6　戦争・講和・占領』『歴史としての現代日本』等。二〇二四年三月没。

村松岐夫　一九四〇（昭和一五）年生まれ。京都大学法学部卒業。現在、京都大学名誉教授。行政学専攻。著書に『戦後日本の官僚制』『地方自治』『日本の行政』等。

田中善一郎　一九四六（昭和二一）年生まれ。東京大学法学部卒業。現在、東京工業大学名誉教授。政治学・現代日本政治専攻。著書に『日本の総選挙1946―2003』『自民党体制の政治指導』『自民党のドラマツルギー』等。

草野厚　一九四七（昭和二二）年生まれ。東京大学大学院社会学研究科博士課程修了。現在、慶應義塾大学名誉教授。著書に『国鉄解体』『証券恐慌』『政策過程分析入門』等。

久米郁男　一九五七（昭和三二）年生まれ。コーネル大学大学院博士課程修了。現在、早稲田大学政治経済学術院教授、神戸大学名誉教授。著書に『労働政治』『原因を推論する』

『なぜ自由貿易は支持されるのか』（共編著）等。

文庫版あとがき

編著　渡邉昭夫

竹下登（以下すべて敬称略）は、そこからふたたび戻ることのなかった北里研究所病院に入院する直前まで語りついだインタビューで、村山富市との間で交わされた話に関連して、つぎのような趣旨のことを語っている。大正一三（一九二四）年生まれのこの二人はともに、学徒動員なり、勤労動員より多少の軍隊勤めを経験したが幸い戦争には生き残り、二〇歳で一九四五年八月を迎える。その後、ふたりの歩んだ道は自由民主党と日本社会党とに別れはしたが、ある意味で「一九四五年体制」と呼ぶべき時代を共有することになった。大分の貧しい家に生まれ長じて労働運動へと入っていった村山がマルクス主義の影響を受けたのは無論だが、島根の山村でそれ相応に豊かな地主・酒造家に生まれ育った竹下も、若いころに福本イズムに触れたことがある母親の影響もあったのか、「やや進歩的」な考えをもった地方の青年運動のリーダーとして戦後を生き始めた。かれらがともにそれぞれの場で迎えた「八・一五」とそれに続く足掛け六年間の占領下の経験が、それぞれの政治生活の原点となった。それから約半世紀を経てともに総理を経験したこの二人の老政治家は、みずからの原体験を回想して、戦後日本の政治のありかたを「一九四五年体制」とあえて呼びたいというのである。

あとでもう一度触れるが、普通に「一九五五年体制」と呼び習わされてきた戦後日本の政治の特質を局限のところで示したこの二人の政治家が、「八・一五」を基点としてものごとを見るというのも面白いが、ここで注目すべきはかれらの間で取り交わされたつぎのような戦後日本の政治についての見方である。それによれば、東西対立の中に置かれた日本は、東側の諸国に向かっては貴国とはもっと親善を深めたいが自由民主党という分からずやが政権を握っているので思うようにならないのだと弁明する役割を社会党が受け持ち、その一方で西側の諸国には社会党の反対があるので思うに任せないと自由民主党が言い訳をする。別に相談してそうしたわけではないが、いわば期せずして自・社で役割を分担して、二刀流外交をやってきたのが戦後の日本の行き方だったというのである。そのようにして日本は貿易に専念し、「世界中の金を集め」ることができた。ところがソ連が崩壊した今では、そうした行き方は通用しなくなり、どうやら自分たちの「使命は終わった」ようだ。村山内閣が日米安全保障条約や自衛隊の違憲論を引っ込め、国歌・国旗をも認知するというのは、いくら冷戦が終り、「五五年体制」が崩れたからとは言え、さすがに社会党としては相当に勇気のいることであったであろう。だが、ともかくそのようにしてかれらの手によってひとつの時代の幕が降ろされた。その後のテーマは何かと言えば、「外交は波打ち際まで、……「残る問題は」より平等かより自由か、それだけではないか」(『竹下登回顧録・政治とは何か』講談社、二〇〇一年、二四－二六ページ)。

本書は、戦後日本の歴代首相の列伝である。東久邇稔彦から竹下登までの一七人で物語を打ち切らねばならなかったのは便宜上の理由でしかない。敢えて言えば、昭和の終りで一区切りとしたとも言える。さらに言えば、右にも記したように竹下登は「五五年体制」の申し子のような存在であり、「保守党政治完成者」(久米郁男)であった。その意味からすれば、ここに取り上げた一七人の政治家の生きた姿を通して、「五五年体制」下の日本政治のあり方のほぼ全容――その胎動、誕生、成長、そして衰退の全過程――を読者に伝えることができるのではないか。

一九四五(昭和二〇)年から一九八九(昭和六四・平成元)年までの四四年間を「五五年体制」との関連で区分けしてみれば、つぎのような見方も可能であろう。通常、そう呼び習わされている言い方にも拘わらず、「五五年体制」がひとつの安定した「体制」として確立するのは、北岡伸一が言うように一九六〇年である。それには岸信介の内閣期における「保守本流」の成立が重要な背景をなしている。具体的には吉田茂の路線と岸信介の路線との融合であり、さらに絞れば一旦岸内閣を離反した池田勇人が岸と再び和解することによって岸・池田・佐藤栄作の三者の提携関係が出来上った時点にその起源を求めることができよう。日付けを言うなら、一九五九(昭和三四)年六月一八日である。その後にくる池田・佐藤の時代に、自由民主党の一党支配の体制が出来上る。北岡が「六〇年体制」と呼ぶのはそのためである。ちなみに、この吉田・岸両路線の融合とは、単に国内政治における意味だけでなく、日米安全保障条約を基本的には受容する政治勢力(一般に「保守」と呼ばれる)の内部にある二つの考えかたの間の融合であったという意味で、戦後日本の対外政策の基本姿勢が出来上ったことをも意味していたのである。

このような見方からすると、東久邇から岸までの八人の首相の時代は胎動から誕生までの物語(前史)である。前史はいつもそうであるように、多くの未知数を内に抱えたスリルに富んだ物語から成る。皇族出の東久邇首相が「社会党を入れた改造」を考えたことがあるという話(波多野澄雄)は面白いが、吉田にせよ、岸、佐藤、池田などさえそれぞれの政治経歴において社会党との接近を計算に入れた場面があることを考えるならば、片山哲と芦田均の「中道政治」の時代は言うを俟たず、「五五年体制」が出来上るまでの時期に、社会党が相当に大きなカギを握っていたことを改めて知らされる。

「自由・進歩両党の右翼的汚染と攻撃的共産党の左翼的支配から独立した」穏健中道内閣に対するてこ入れ(福永文夫)や、その逆に第二次吉田内閣成立阻止を目指したあからさまな介入、さらには石橋湛山への理由なき公職追放令の適用(「民主主義を誇る米国自身が、実は決して民主主義に徹していなかったという不信感」を石橋に抱かせたこの追放劇の筋書きは誰が書いたのかは依然として謎である――猪木武徳)など、絶対的権限をもった占領軍当局（GHQ）の存在は、この時期の日本政治が米国の意向、ひいては国際社会の変動という外的要因によって左右され易いという意味での未知数を抱えていたことを示していた。幣原喜重郎（首相就任時七二歳）、吉田茂（同じく六八歳）、芦田均（同じく六一歳）といった外交官出の政治家がこの時期に首相を務めたのは、「占領という特異な時代の要請」（増田弘）であったろう。日々の政治運営はもとより、たとえば新憲法制定の過程も吉田が回想するように「実際上、外国との条約締結の交渉と相似たものがあった」（渡邉昭夫）。

しばしば明治維新との対比で第二の開国と言われる敗戦・占領期であるが、際だっているのは、第一の開国を担ったのが若い年齢層であったのとは違って戦後初期にはむしろ高齢者が指導的な役割を果たした。なかでも主要な役割を演じた吉田茂については近衛文麿が「大日本帝国」時代の意識をもった吉田に戦後日本の指導ができるかと危ぶんだという話は有名である。「明治人の数少ない生き残り的存在」と、これは好意的な意味からの批評もあった。この吉田にしろ、その先輩外交官である幣原喜重郎にしろ、あるいは吉田のかつての盟友であり、やがては歴史の女神クリオのなせるいたずらのせいかその政敵となった鳩山一郎（首相就任時七一歳）や、これまた反吉田の立場に立つことになった石橋湛山（同じく七二歳）など、老人達が活躍をした。これは肯定するにしろ、否定するにしろ「明治国家」というモデルが、「新日本」建設の基底にあったことの証左であろう。その意味で、新憲法のもつ「革新性」にも拘わらず戦前と戦後とは、完全には切れていない。その持続の仕方において、意外にも明治国家の伝統の正統な継承者を自認する吉田が（幣原とともに）むしろより「革新」的で、鳩山や岸などが（やや違った意味ではあるが芦田も）、戦前的なものの系譜を重視した。

そのような違いが鮮明に現れるのが、憲法第九条と国防・安全保障問題をめぐる態度であった。幣原や吉田は、敗者として潔く国際的な規範を受け入れ、米国優位の集団自衛の体制下で日本が安全を確保するという行き方を選びとることにそれほど強い違和感はもたなかった。かりに戦争放棄の規定を新憲法の中に書き込むことは、幣原の意図したところではなかったにしても、戦争放棄の宣言を何らかの仕方で行なうことが良いと彼が考えたことは間違いがなく、マッカーサーとその幕僚がそれを旨く取り込んだのがこの不戦憲法の成立であったと言って良いのであろう（天川晃）。

しかし、ここで見逃すべきでないのは、当時の安全保障政策で国連への義務遂行について真面目な議論がなされていたという事実である。なかでも石橋湛山が首相としての資格で、日本が国連の一員としてどのように責任を十分果たし得るのかについて研究中だと述べ、軍備の問題についても触れ「軍備すなわち徴兵といって、みなふれることをイヤがるが、国連に加盟して国際的に口をきくためには、義務を負わなければならない。国連の保護だけを要求して、協力はイヤだというのでは、日本は国際間に一人前に立ってゆくことはできません」と言い切っているのは印象的である（猪木武徳）。一九九〇年代になって冷戦後の日本の問題として「国際貢献」が改めて議論されるようになり、しかも未だに石橋が提起した問題に十分の答えを出し切れていない現今の我が身を振り返るならば、この時代の「老政治家」の精神が決して硬直したものでなく、むしろ如何に柔軟で創造性に富んでいたかに驚かされる。「五五年体制」下で常識化した考え方から脱却することが求められている今日、この時期の生き生きした精神から学びとることは少なくはないのではなかろうか。

この時期の日本政治がはらんでいた独特の緊張関係が爆発点に達して政治的エネルギーが流出し、その結果として方程式にひとつの「解」が与えられたのが一九六〇年の日米安全保障条約改定であり、真の意味での「五五年体制」の完成であった。吉田茂が築いた基礎工事に敢えて挑んで一定の修正を加えようとする試みが、鳩山・石橋・岸の三代の内閣にわたって、「独立の完成」、「占領政策の是正」、「自主外交」などの名目のもとになされた。鳩山内閣の政治は、全く異なる方向から吉田自由党が敷いた路線への修正を「自主外交」の名のもとに求めるふたつの勢力——アメリカとの安全保障条約の解消を求める社会党と、憲法を改正して自主防衛の姿勢を明確化させることで対米依存度を軽減しようとする民主党——の微妙な均衡関係の上に成立していた。日ソ交渉はその産物であった。内政の面でも、社会保障、完全雇用、住宅政策など民主党内閣が「社会党の政策を横取りした」ために、鳶ならぬ鳩に油揚げをさらわれたと社会党をして嘆かせるという状況が生まれた(山室建徳)。言わば、内政政策的に関しては保革接近が生じていたのである。だが、対外政策については、憲法を改正するという方向での自主外交と、安保を解消するという方向での自主外交が対立し、山室が言うように、反対党(社会党)が議席の三分の一は取るが半分はとれないという関係が続くかたちで、ゲームはいわば痛み分けのまま膠着状況に陥ってしまう。三分の二以上をとれない保守には憲法改正はできないし、半数をとれない革新には安保解消はできないからである。これが確かに「五五年体制」の基本的な性質のひとつであって、その意味では一九五五年に生じたふたつの事件(左右社会党の統一と保守合同)は画期的な意味を持つ事件であった。

しかし、基本的な問題(憲法と安全保障)に関して合同した保守陣営の内部の揺らぎがまだ続いていた。そこに手をつけたのが岸であった。天才肌の政治家であり、吉田、鳩山などに比べてまだ若い活力を持っていた岸(首相就任時六一歳)は、同じく戦前とは言っても「古典的」な明治国家というよりも総力戦へ向けて傾斜して行く時代状況のもとで革新の圧力にさらされて変容すべく模索しはじめている国家で政治の味を覚えていった政治家であった。「革新官僚」に共通するある種の厳しさと徹底した合理性が岸の政治スタイルを特徴づけていた。北岡はそれを「完璧主義」と形容している。今にして思えば、岸のもつこのような「完璧主義」なしには、安保改定はなかったかも知れない。安保改定の内容（アメリカが日本を防衛し、日本は「在日米軍」を防衛するという崩れた形の相互防衛条約）には、「自主外交」の掛け声からすれば不満が残るし、日米安全保障関係における対等性がどこまで達成されたかは疑問が残る。しかし、吉田路線に対してくすぶっていた保守内部の反発は取りあえずこれで「封じ込め」られ、吉田的な要素と反吉田的な要素との融合に成功した。その意味で、自民党一党支配のもう一つの要件がととのったことになる。

こうして、保守党の結束が安全保障政策の継続性を担保し、保革のパワー・ゲームの痛み分け状況が憲法改正の可能性を封じ込めるという状況で、ある種の政治的安定がもたらされた。ほぼ一九六〇年代と重なる池田、佐藤の両内閣の時期がこの政治体制の円熟期であった。

それはまた目覚ましい経済成長の時代でもあった。しかし、安定が変化への対応の鈍さを意味するとすれば、これは相当に高い対価を支払って得られた安定であったのかも知れない。ひとつには、岸の果断な政治手法に懲りた池田以後の保守党の指導者が、コンセンサス重視の手法で野党対策に臨んだことがあり、ひとつには再三述べたような数の魔術に呪縛されたこともあり、国対政治のニックネームで呼ばれるような政治スタイルが根づいていった。与野党の国会対策委員が「談合」して筋書きを書いて、ほぼその通りに国会が動くという政治である。自民党の国会対策副委員長を六期務め事実上この委員会の要の地位を五年間占めた竹下が、いわば「五五年体制」の申し子だと言えるのはそのためである。このような一種のなれ合い政治が長年にわたって続いたのは、高度成長を背景として民生に関する政策の面では意外に保革接近が容易であったことも与っていたのは無論である。いずれにせよ、五〇年代末までの日本政治がはらんでいた緊張感は緩和し、国会の討論を見ても概して面白みがなくなったのは、国対政治のもつ負の側面であった。

七〇年代に入ると、多党化現象の進展とともに、こうした保革（自民・社会）の痛み分けとなれ合い政治が難しくなってきたこと、また自民党のなかでの後継者争いが顕在化したこと（田中角栄、三木武夫、福田赳夫、大平正芳がそのレースへの主な参加者であった）などの理由で、さらに言えば、国際社会の構造がにわかに流動的になりはじめたことが（冷戦の終焉はまだ先のことではあったが）、政治に新しい意味での活発さをもたらした。しかし、この時期の政治劇は田中角栄の列島改造論やロッキード事件が象徴するように、利益配分とそれをめぐる各種の争奪戦が中心テーマであった。この間、自民党はいくつかの危機（ロッキード・スキャンダル、三木おろし、福田・大平の骨をも削る激闘など）に遭遇するが、その都度、何とか切り抜けて生き残った。大平の劇的な死でひとまず命を長らえることができた自民党の政治は、八〇年代の三人の政治家（鈴木善幸、中曾根康弘、竹下登）へと続いていった（渡邉昭夫『大国日本の揺らぎ』中央公論新社、二〇〇〇年、第四章を参照）。

自民党一党支配のもとでの長期安定政治のもたらした負の遺産の最たるものは、軍備、安全保障、国連への義務などについての真剣な議論に猶予期間——あまりにも長い猶予期間——が与えられたことであろう。佐藤が総裁選に臨む際に用意された政策綱領で、当初は憲法改正問題を取り上げるべしとする意見があったが、それは途中で捨て去られてしまった。首相となった佐藤は「国を守る気概」を訴え、アメリカから沖縄返還をかち取るためには朝鮮半島の安全と日本のそれとは不可分だと認め、「吉田ドクトリン」の聖域を少しは崩す姿勢を示したりした。七〇年代の内閣は日米防衛協力のガイドラインや防衛計画大綱の策定などを実施した。また、八〇年代の中曾根内閣は「戦後政治の総決算」を謳って、もっとも果敢に、既成の枠組みを打破しようとした。このような挑戦にも拘わらず、「吉田ドクトリン」はほとんど揺らぐことがなかった。日米同盟はあたかも規定の存在であるかのように見なされ、それについて新たな視点から検討してみる必要は忘れさられてしまった。

五五年体制下の安定がもたらした最大の功績は平和と富を多くの日本人が享受できるようにしたことである。だが、その負の側面の最後にあげるべきは、自民党政治の自浄・復元能力の低下であろう。相次ぐ政界の汚職と経済におけるバブルの崩壊によって昭和の政治の幕が降ろされたのは、その意味で象徴的であった。竹下は政治汚職の疑いをめぐる国会審議で自らの秘書の死に触れ「私自身顧みて、罪万死に値する」と心情を吐露したという（岩瀬達哉『ドキュメント竹下登―われ万死に値す』新潮社、一九九九年）。だが、より突き詰めた意味において、万死に値するという覚悟で、内における五五年体制、外における吉田ドクトリンを見直そうとする人たちがどれだけいたかは疑問である。自民党のみならず、厳しい自己規律を失った日本政治が、急速に変りゆく内外の情勢に適確・機敏に反応して自己変革を遂げて行くことができないで模索を続けているのが、竹下後の日本政治の姿といってもたいして間違いではないであろう。

本書は、こうした五五年体制の形成からその崩壊前夜までの日本政治の軌跡を、その間に首相官邸の主人公となった一七人の政治家の思想と行動を描くことで追ってみた。政治指導者の姿を描くことは、われわれ自身の政治への姿勢を描くことでもある。いわば、そこに自分自身の姿が映し出されている。宰相とは古い中国の表現であり、天子を助ける政治の最高責任者を指す。敢えてそのような古めかしい言葉をここで使うのは、英語でいうステーツマンシップが含む意味合いを一国の最高指導者に期待したいからである。ツキジデースの『戦史』には印象深い一節がある。ツキジデースが理想とみた指導者はアテネのペリクレースであったが、この指導者が他の凡庸な人物と違ったものは何かと問うて、「この違いの原因は、ペリクレースは世人の高い評価をうけ、すぐれた識見をそなえた実力者であり、金銭的な潔白さは世の疑いをいれる余地がなかったので、何の恐れもなく一般民衆を統御し、民衆の意向に従うよりも己の指針をもって民衆を導くことを常とした。

これは、ペリクレースが口先ひとつで権力を得ようとして人に媚びなかったためであり、世人がゆだねた権力の座にあっては、聴衆の意にさからっても己の善しとするところを主張したためである。……こうして、その名は民主主義と呼ばれたにせよ、実質は秀逸無二の一市民による支配が行われていた。これに比べて、かれの後の者たちは、能力において互いに殆ど差がなかったので、皆己こそ第一人者たらんとして民衆に媚び、政策の指導権を民衆の恣意にゆだねることとなった」（岩波文庫版、上巻、二五二―二五三ページ）。

これは容易なことではない。政治指導者たらんとするものは、真の意味でのエリートを目指さなくてはならない。庶民的であろうとするのではなく、凡俗を超える心がけがなくてはならない。従って孤独であり、孤独に耐える能力が要求される。トルーマン大統領が執務室に掲げていた The Buck Stops Here（自分こそが、そして自分だけが最後の責任者だ）という自覚が宰相には求められる。それでこそ、有能な官僚や政策顧問たちにその持てる能力を発揮させることができる。他方、人は国家に求めるだけでなく、国家に何を寄与できるかという姿勢で臨んで欲しいという趣旨のケネディ大統領の言葉をわれわれも肝に銘ずべきである。国家、そしておよそ公的なものへの敬意を失った国民に、偉大な指導者は持つことはできない。天に向ってつばするものはみずからを汚す。国家の指導者と指導される国民との間にこうした厳しい規律があってはじめて、国の姿が正しいものとなるのである。

（二〇〇一年五月）

解説

宮城　大蔵

戦後日本の政治外交史を研究対象として志した者であれば、一度は手に取ったことがあるだろう一冊。それが本書、『戦後日本の宰相たち』である。もちろん本書は研究者向けに限定して書かれたものではなく、むしろ広く一般読者に読まれるべき本として編まれたといえよう。編者の渡邉昭夫教授は「良き伝記の伝統を持たないのが、日本文化の大きな欠点である。良質の政治評論が育たないのも、その結果である」と本書の「はしがき」で記す。

確かに欧米では自伝や評伝が書店内の一等地を占め、政治家の回顧録がしばしばベストセラーとなるのに対して、日本にはその種の伝統が乏しいことは否めず、旺盛に生み出される歴史小説がその代替となっているという評もある。そのような状況に正面から切り込み、「宰相列伝」という形で戦後日本の権力中枢の営みに迫る本書である。

東久邇《ひがしくに》稔彦《なるひこ》に始まり、竹下登に至る一七人の宰相たちを描いて、当代を代表する外交史家や政治学者が筆を競い合うのが何といっても本書の魅力である。吉田茂についての

「状況思考の達人」（渡邉昭夫）、福田赳夫《たけお》についての「政策の勝者、政争の敗者」（五百旗頭真）など、各章に付されたサブタイトルは、それぞれの政治指導者の個性の核心を射抜くかのようで忘れがたい印象を残す。

「列伝」の目次に首相の名前がずらりと並ぶ様子からは、あたかも戦後という時代が均質に時を刻んできたかのように見えるかもしれないが、決してそうではない。これは戦後日本形成の物語であり、そこにはいくつかの重要な節目を見出すことができる。その一つは「岸信介」の章で北岡伸一教授が提起し、「文庫版あとがき」で渡邉教授が強調する一九六〇年である。本書では日米安保改定を推進する岸を吉田直系の池田勇人が支持して、自民党の中枢が対米協調路線で固まったことの意義が説かれる。

それと対になるのは社会党の失速だろう。「政治と労働の季節」（中村政則『戦後史』）だった一九五〇年代には社会党が大きな存在感を持っていた。安保闘争とともに高揚した三井三池争議は階級闘争色の濃い大規模な労働争議のピークを示したが、闘争の敗北はその種のエネルギーの鎮静化を反映するものであった。六〇年代には「先進国クラブ」と呼ばれたOECD（経済協力開発機構）への加盟なども実現し、「経済の季節」が時代の基調となる。その中で社会党からは五〇年代のような迫力と政権奪取の現実味が薄れ、自民党は池田、佐藤両政権で黄金時代を迎える。

次の節目はおそらく一九七〇年代前半で、それは「戦後」の終わりという問題とも重なる。本書のタイトルも「戦後日本の宰相たち」だが、さて、一体いつまでを「戦後」と見なすべきだろうか。「もはや戦後ではない」というのは一九五六年の『経済白書』に記されたフレーズだが、それは高度成長到来を告げる高揚感ではなく、戦災復興の需要が満たされた後、一体日本経済は何で食べていくのかという不安と焦燥感のあらわれだった。幸いにしてその後の日本経済は上昇気流にのり、一九六〇年代にかけて人々は「三種の神器」と喧伝された家電製品を手に入れようと我武者羅《がむしゃら》に働き、その旺盛な需要が日本経済をさらに発展させた。

そのような復興から物質的な豊かさの希求へという価値観が大きく揺らいだのが一九七〇年代であった。七三年の石油危機によって成長の限界が意識され、公害など経済成長の負の側面も露呈する。成長を当然視する社会のあり方は変容を迫られた。福永文夫・河野康子編『戦後とは何か（上・下）』は、著者らが多彩な分野の専門家に「戦後とは何か」を問いかける対話集だが、そこでも一九七〇年代に「戦後」の終わりがあったことが示唆されている。

この一九七〇年代前半の転換を象徴する首相が田中角栄だろう。御厨貴教授の手になる「田中角栄」の章に付された「開発政治の到達点」という副題が示唆的である。「田中は質に転化するすきも与えぬほどのスピードで、ともかくも量をこなしていく」「無限の陳情や要求に、無限の具体的解決案で対応することが、田中にとっての民主主義の原点であった」（同章）。しかし、田中の日本列島改造論は狂乱物価とも言われたインフレの中で破綻し、その治療は政敵・福田赳夫に委ねられる。一九七〇年代前半には米中接近と金＝ドルの兌換停止という「二つのニクソン・ショック」などでアメリカの覇権が揺らぎ、戦後国際秩序も転換期の様相を呈した。

この一九六〇年と七〇年代前半という戦後の二大転換点に際して首相の座にあったのは、上述のように岸信介と田中角栄だった。巣鴨プリズンから釈放され、政界復帰から四年後には首相の座に上り詰めた岸が、退陣後も隠然たる影響力を保持して「昭和の妖怪」と称されたのに対して、田中角栄はロッキード事件で逮捕されたのち、自民党内で田中派の拡大に勤しんで最大勢力を築き、「闇将軍」と呼ばれた。戦前からのトップエリートであった岸に対して、田中は文字通りのたたき上げで、「庶民の時代」でもある「戦後」が生み出した首相ともいえよう。

『中央公論』の巻頭に「新・時代を創った顔」というグラビアページがあったが、二〇〇九年五月号の「顔」は岸で、グラスを片手に田中と歓談する一枚である。キャプションには「巨魁・岸は一九八〇年一二月、政商・萩原吉太郎の出版パーティーに出席。闇将軍・田中角栄ともガッチリ握手を交わした。『巣鴨〔プリズン――引用者註〕で死と向き合ったオレに比べりゃ、ロッキード事件なんて。死刑はない！』と話して以来、親密度を増した」とある。「妖怪」と「闇将軍」の会話は、やはり常人のスケールを超えているというべきだろうか。

これに先立つ同年二月、岸と田中は料亭で密談の機会を持っていた。長い政治履歴を誇る二人だが、余人を交えずに食事を共にするのは初めてという場で、岸は「吉田（茂――引用者註）さんや弟の（佐藤――引用者註）栄作は、長くやりすぎたから、後が駄目になった。君も僕も余力を残して辞めたから、今でも世の中を動かせるんだよ」と語り、田中は笑いながら相槌を打ったという（塩田潮『密談の戦後史』）。

岸は晩年に至るまで、憲法改正を期して首相再登板への野心を持ち続け、田中は政界における権勢の維持に躍起となった挙句、最後には田中派からの分派立ち上げという形で竹下登の下剋上にあい、脳梗塞に倒れた。これらと対照的なのが石橋湛山で、肺炎で国会の予算審議に出席できないことから潔く退陣し、わずか六五日の首相在任となった。本書ではその引き際について、「誕生とともに死の影を読みとる湛山の諦観思想が見え隠れする」（猪木武徳）と記される。

岸は湛山について「政治家としては執着性が足りない」と語り、自らは八十代になってなお、「どんな道楽でも大抵は途中で飽きるものだが、政治だけは別だ。死ぬまで飽きないね」とうそぶいた（塩田、前掲書）。総理大臣の座を退いた後の宰相たちの動静はそれぞれの生きざまを映し出し、そして権力を掌中にする人間の業の深さを垣間見せる。

本書は「保守党政治完成者の不幸」として竹下登で締めくくられる。竹下は「吉田茂氏からはじまって岸信介、池田勇人、佐藤栄作ら明治生まれの諸先輩は、かつて日本が世界の五大強国の一つだった時代を経験されており、万事につけて気宇壮大である」のに対して、自らの世代（竹下は大正一三年生まれ）は戦前・戦中・戦後という激動期に青少年期をおくったため、「無理をしないで現実の変化に自分の体を合わせていくような生き方が身についてしまっている」と言う（竹下登『証言　保守政権』）。

しかし、竹下の個性ともいうべき謙遜した物言いには注意が必要だろう。竹下は国際的な相互依存が深化した現代においては「外交は内政そのものであることが多い」として、国内調整を得意とする自分こそが外交の有能な担い手だという自負を抱いていたという。実際、竹下は一九八八年に首相として訪欧中のロンドンで行ったスピーチで「国際協力構想」を打ち出し、①「平和のための協力強化」として紛争解決のための要員派遣や資金協力、②国際文化交流の強化、③ＯＤＡ（政府開発援助）の拡充を掲げた。

どれも新鮮さには乏しいが（比較的耳目を惹いたのは①の要員派遣だった）、竹下らしい手堅い施策であり、「経済大国」「平和国家」としての日本の対外関与の一つの完成形であった。

だが、竹下の退陣後、「国際協力構想」が所与としたような固定的、安定的な内外の環境は大きく流動化する。「経済大国」日本はバブル崩壊に見舞われ、「平和国家」は湾岸戦争を機に「一国平和主義」といった否定的なニュアンスでも問い直されるようになる。その中で政治のリーダーシップも地殻変動をおこし、田中から権力を奪取したはずの竹下派内の権力闘争は自民党分裂から同党の下野と五五年体制の終わりへとなだれ込む。

渡邉教授は本書を竹下首相で閉じる理由として、便宜上でしかないとしつつも、そこで昭和が終わりを告げたことを挙げる。昭和の終焉（一九八九年）は米ソ冷戦の終結と重なり、五五年体制の瓦解がそれにつづいた。その節目に七〇年代前半の経済・社会面における「戦後」の終わりとはまた別の、政治外交面における「戦後」の終わりを見出すことも可能だろう。その節目に至るまで、終戦直後の東久邇に始まり、竹下まで首相の数は一七人に及んだ。

その後、元号でいえば平成、令和と時代は歩みを進め、昭和の終焉から三五年余りとなる。本書に並べるのも僭越だが、筆者（宮城）が編者となった『平成の宰相たち』（二〇二一年刊行）は、竹下後継の宇野宗佑首相から安倍晋三首相まで一六人の「首相列伝」である。その後につづく菅義偉《すがよしひで》、岸田文雄の二人を加えると、首相の数は一八人となる。終戦から昭和の終わりまでが四四年なので、三五年で一八人というのは「戦後」を上回るかなりのピッチの速さだといえよう。

そこには「復興から繁栄へ」という戦後を彩ったような力強いドラマは見出し難いかもしれない。しかし、複数回にわたる政権交代は、民主主義のアップデートを期して推進された政治改革の所産であり、中でも民主党・鳩山由紀夫政権の誕生は、権力の所在を国民が主権者として明確に選択したという点で、特筆すべき出来事であった。しかし、それがうまくいかなかったと有権者の多く、そしておそらく民主党政権の当事者たちまでもが思ったことがその後の安定志向をもたらし、「安倍一強」の基盤となった。

その他にも分岐点となった出来事は多い。細川護熙《もりひろ》、羽田孜《つとむ》の非自民連立政権がもう少し長くつづいていれば、自民党はさらに分裂し、より大掛かりな政界再編もおきただろう。そのタイミングで自民党との連立に踏み切ったのが社会党であり、本人も驚いたという村山富市首相の誕生だった。後継の橋本龍太郎、そして小渕恵三は吉田の系譜を継ぐ「保守本流」を自認したが、小渕の急逝や「加藤の乱」（加藤紘一元自民党幹事長による森喜朗政権倒閣の試みと挫折）でその流れは途絶え、「自民党をぶっ壊す」と呼号した小泉純一郎の登場となる。

小泉後には民主党の台頭によって参議院で与党の自公が過半数を割る「ねじれ」国会となったことから、安倍（第一次）、福田康夫、麻生太郎と短命の政権がつづく。その中で浮上した自民と民主の「大連立構想」が、「テロとの戦い」をめぐる対米協力と消費税引き上げをミッションとする構想だったことは、安全保障面での役割拡大（どこに向けてどこまで日本の役割を拡大するか）と消費税をめぐる政治決断が平成日本政治を左右する二大課題であったことを示唆している。

『戦後日本の宰相たち』との対比で平成以降の首相たちを考えるとき、いつも思い出されるのが東アジア研究の第一人者であったエズラ・ヴォーゲル教授である。ハーバード大学教授のヴォーゲル氏は高度成長期の日本を称賛した『ジャパン・アズ・ナンバーワン』（一九七九年刊行）で知られるが（著者の意図は日本礼賛ではなく、アメリカ向けに教訓を示すことだった）、二〇一〇年代には鄧小平の伝記を刊行して（『現代中国の父　鄧小平』）中国、台湾などで大ベストセラーとなった。

今から一〇年ほど前、来日したヴォーゲル教授を囲む会があり、私も末席に連なる機会を得た。『鄧小平』を刊行した後、中国の友人たちから胡耀邦について書いて欲しいと盛んに言われるという。開明的な政治姿勢で知られた胡耀邦だが、その失脚と急逝は一九八九年の天安門事件にもつながった。その胡耀邦をどのように中国現代史に位置付ければよいのか、国の歩みと前途を思う中国知識人の煩悶が感じられるようにも思った。「ヴォーゲル先生、伝記を書きたいと思う日本の首相はいますか」。不躾ながら尋ねてみると、「そうですね……中曾根でしょうか」とつぶやいた後、しばらくして「大平正芳ですね」と明快に言い切った口調がとても印象的であった。

なぜ大平なのか、話の流れが変わり、その場で聞く機会を逸したが、親交のあったジャーナリストによれば、ヴォーゲル教授の関心は大平と成田知巳《ともみ》との対比にあったという。成田は一九六〇年代から七〇年代にかけて社会党委員長をつとめた同党の指導者である。二人は同世代で同じ香川県の出身だが、貧しい農家出身の大平は苦学しつつ官僚から自民党、そして首相の座に就いた。他方で恵まれた境遇で育った成田は社会主義に惹かれ、社会党の指導者となる。二人の軌跡は階級社会ではない戦後日本の柔軟さのあらわれで、日本の強さの秘密である。しかし、まもなく日本にも階級社会が訪れ、没落の道をたどるだろう。それが一九八〇年代における同教授の見立てだったという（田中良紹「『ジャパン・アズ・ナンバー・ワン』の著者が予言していた日本の没落」）。

明治維新は若い下層武士のエネルギーが大胆な改革の成就をもたらし、敗戦を経た戦後初期には「明治人の数少なくなった生き残り的存在」と評された吉田茂をはじめ、七十代の高齢者（特に当時でいえば）が指導的な役割を果たした。

それに対して平成以降の首相たちはどうだろうか。やはり目につくのは世襲の多さだろう。たまたま同じ字の姓を持つ菅直人と菅義偉の両首相が、ともに自らは世襲ではないことを売り文句にしたのは象徴的である。少子高齢化が急速に進む一方で、親の階層で子供の将来が決まる「親ガチャ」が流行語となる世相だが、政界の有力層はその極致といっては言い過ぎだろうか。

世襲化が進み、政権交代をもたらすようなエネルギーも希薄な政界に、沈滞気味の日本の現状を打破するだけの活力を果たして見出しうるのか。とはいえ、そのような尺度だけで日本政治や社会の潜在力を推し量るのも早計だろう。四〇年前のヴォーゲル教授の予言は的外れだったと言いきることができるような近未来を切り開いていくことにこそ、同教授の警句の意義がある。

岸田文雄首相の後継を選ぶ自民党総裁選挙のニュースを聞きながら

二〇二四年九月

（みやぎ・たいぞう　中央大学法学部教授・上智大学名誉教授）

『戦後日本の宰相たち』
単行本　一九九五年十月　中央公論社
中公文庫　二〇〇一年五月
写真提供・読売新聞社（9、19、33、71、107、129、207、
249、285、311、355、377、405、449ページ）
中央公論新社（85、143、175ページ）

中公文庫

戦後《せんご》日本《にほん》の宰相《さいしょう》たち

2001年5月25日　初版発行
2024年11月25日　改版発行

編　者　渡邉《わたなべ》昭夫《あきお》

発行者　安部順一

発行所　中央公論新社
〒100-8152　東京都千代田区大手町1-7-1
電話　販売 03-5299-1730　編集 03-5299-1890
URL https://www.chuko.co.jp/

DTP　嵐下英治
印　刷　三晃印刷
製　本　小泉製本

Published by CHUOKORON-SHINSHA, INC.
Printed in Japan　ISBN978-4-12-207587-0 C1131

各書目の下段の数字はISBNコードです。978－4－12が省略してあります。

中公文庫既刊より

S-24-1
日本の近代1 開国・維新 1853～1871　松本健一
太平の眠りから目覚めさせられた日本は否応なしに開国、そして近代国家への道を踏み出していく。黒船来航に始まる十五年の動乱、勇気と英知の物語。
205661-9

S-24-2
日本の近代2 明治国家の建設 1871～1890　坂本多加雄
近代化に踏み出した明治政府を待ち受けていたのは、一揆、士族反乱、そして自由民権運動といった試練であった。廃藩置県から憲法制定までを描く。
205702-9

S-24-3
日本の近代3 明治国家の完成 1890～1905　御厨貴
明治憲法制定・帝国議会開設と近代国家へのスタートを切った日本は、内に議会と藩閥の抗争、外には日清・日露の両戦争と、多くの試練にさらされる。
205740-1

S-24-4
日本の近代4 「国際化」の中の帝国日本 1905～1924　有馬学
「日露戦後」の時代。偉大な明治が去り、関東大震災がおき、帝国日本は模索しながらどこへむかおうとしたのか。大正デモクラシーの出発点をさぐる。
205776-0

S-24-5
日本の近代5 政党から軍部へ 1924～1941　北岡伸一
政治の腐敗、軍部の擡頭。時代は非常時から戦時へと移っていく。しかし、社会が育んだ自由な精神文化は戦後復興の礎となった。昭和戦前史の決定版。
205807-1

S-24-6
日本の近代6 戦争・占領・講和 1941～1955　五百旗頭真
日本はなぜ対米戦争に踏み切り、敗戦をどう受け入れたのか。国内政治の弱さを内包したまま戦後再生し、冷戦下で経済大国となった日本の政治の有様は。
205844-6

S-24-7
日本の近代7 経済成長の果実 1955～1972　猪木武徳
一九五五年、日本は「経済大国」への軌道を走り出す。日本人は何を得、何を失ったのか。高度経済成長期を現在の視点から遠近感をつけて立体的に再構成する。
205886-6

S-24-8
日本の近代8 大国日本の揺らぎ 1972～
渡邉昭夫
沖縄の本土復帰で「戦後」を終わらせた日本だが、石油危機、狂乱物価、日米貿易摩擦など、内外の試練をうけ続ける。経済大国の地位を築いた日本の行方。
205915-3

S-22-29
世界の歴史29 冷戦と経済繁栄
猪木武徳
高橋進
二十世紀後半、経済的繁栄の一方、資本主義と共産主義の対立、人口増加や環境破壊など、かつてない問題が生まれていた。冷戦の始まりからドイツ統一まで。
205324-3

S-22-30
世界の歴史30 新世紀の世界と日本
下斗米伸夫
北岡伸一
グローバリズムの潮流と紛争の続く地域問題の間で、新世紀はどこへ向かうのか？ 核削減や軍縮・環境問題・情報化などの課題も踏まえ、現代の新たな指標を探る。
205334-2

き-34-1
自民党 政権党の38年
北岡伸一
鳩山内閣から宮沢内閣まで、三八年にわたって政権を独占した政党の軌跡を、権力基盤としての派閥構造の変遷を軸に辿る。吉野作造賞受賞。〈解説〉飯尾潤
205036-5

こ-64-1
平和と危機の構造
高坂正堯
複雑で混沌化する国際情勢をどう捉えいかに対処していくべきか、歴史的視野から考察する。国際政治学の泰斗が最晩年に著した平和への指針。〈解説〉中西寛
207568-9

わ-21-1
渡邉恒雄回顧録
御厨貴 監修
伊藤隆
飯尾潤 聞き手
生い立ち、従軍、共産党東大細胞時代の回想にはじまり、政治記者として居合わせた権力闘争の修羅場、社内抗争、為政者たちの素顔などを赤裸々に語る。
204800-3

し-5-2
外交五十年
幣原喜重郎
戦前、「幣原外交」とよばれる国際協調政策を推進した外交官であり、戦後、新憲法に軍備放棄を盛り込むことを進言した総理が綴る外交秘史。〈解説〉筒井清忠
206109-5

よ-24-7
日本を決定した百年 附・思出す侭
吉田茂
偉大なるわがままと楽天性に満ちた元首相の個性が描き出した近代史。世界各国に反響をまき起した名篇が文庫にて甦る。単行本初収録の回想記を付す。
203554-6

各書目の下段の数字はISBNコードです。978－4－12が省略してあります。

よ-24-8
回想十年（上）　吉田　茂
政界を引退してまもなく池田勇人や佐藤栄作らを相手に語った回想。戦後政治の内幕を述べつつ日本が進むべき「保守本流」を訴える。〈解説〉井上寿一
206046-3

よ-24-9
回想十年（中）　吉田　茂
吉田茂が語った「戦後日本の形成」。中巻では、自衛隊創立、農地改革、食糧事情そしてサンフランシスコ講和条約締結の顛末等を振り返る。〈解説〉井上寿一
206057-9

よ-24-10
回想十年（下）　吉田　茂
戦後日本はどのように復興していったのか。下巻では、ドッジライン、朝鮮戦争特需、三度の行政整理など、主に内政面から振り返る。〈解説〉井上寿一
206070-8

よ-24-11
大磯随想・世界と日本　吉田　茂
政界を引退したワンマン宰相が、日本政治の「貧困」を憂いつつ未来への希望をこめ、その政治思想を余すことなく語りつくしたエッセイ。〈解説〉井上寿一
206119-4

タ-5-3
吉田茂とその時代（上）　ジョン・ダワー　大窪愿《げん》二《じ》訳
戦後日本の政治・経済・外交すべての基本路線を確立した吉田茂——その生涯に亘る思想と政治活動を日米関係研究に専念する著者が国際的な視野で分析する。
206021-0

タ-5-4
吉田茂とその時代（下）　ジョン・ダワー　大窪愿二訳
長期政権の過程を解明。諸改革に見る帝国日本と新生日本の連続性、講和・再軍備を巡る日米の攻防、内部抗争で政権から追われるまで。〈解説〉袖井林二郎
206022-7

は-69-1
岸信介証言録　原　彬久編
戦後日本最大の政治ドラマ、安保改定。岸首相は何を考え、どう決断したのか。改定準備から内閣退陣に至る政治過程を岸の肉声で濃密に再現した第一級の文献。
206041-8

お-66-1
自民党幹事長室の30年　奥島　貞雄
自民党幹事長室に三十余年。直に見聞した、田中角栄から加藤紘一まで歴代二十二人の幹事長の素顔。資料を駆使し政治の現場を忠実に再現。政治家を検証する。
204593-4

お-96-1
大野伴睦回想録
大野　伴睦

官僚出身エリート政治家と対決、保守合同や日韓国交正常化に尽力した破天荒な政治家（衆議院議長・自民党副総裁）の抱腹絶倒の一代記。〈解説〉御厨　貴

207042-4

し-45-1
外交回想録
重光　葵

駐ソ・駐英大使等として第二次大戦への日本参戦を阻止するべく心血を注ぐが果たせず。日米開戦直前まで約三十年の貴重な日本外交の記録。〈解説〉筒井清忠

205515-5

し-45-2
昭和の動乱（上）
重光　葵

重光葵元外相が巣鴨獄中で書いた、貴重な昭和の外交記録である。上巻は満州事変から宇垣内閣が流産するまでの経緯を世界的視野に立って描く。

203918-6

し-45-3
昭和の動乱（下）
重光　葵

重光葵元外相は巣鴨に於いて新たに取材をし、この記録を書いた。下巻は終戦工作からポツダム宣言受諾、降伏文書調印に至るまでを描く。〈解説〉牛村　圭

203919-3

と-2-2
時代の一面　東郷茂徳 大戦外交の手記
東郷　茂徳

開戦・終戦時に外務大臣を二度務め、開戦阻止や戦争終結に尽力。両大戦にわたり直接見聞、関与した事件・諸問題等について克明に綴る第一級の外交記録。〈解説〉東郷茂彦

207090-5

き-13-2
秘録　東京裁判
清瀬　一郎

弁護団の中心人物であった著者が、文明の名のもとに行われた戦争裁判の実態を活写する迫真のドキュメント。ポツダム宣言と玉音放送の全文を収録。

204062-5

た-74-2
革新幻想の戦後史（上）
竹内　洋

戦後社会を席捲した「左派にあらざればインテリにあらず」という空気を、膨大な文献と聞き取り調査から描き出す。読売・吉野作造賞受賞作を増補した決定版。

206172-9

た-74-3
革新幻想の戦後史（下）
竹内　洋

〈革新幻想〉は何をもたらし、その結果どんなねじれが生じたのか。左派と保守の二項対立では要約できない「あの時代の空気」を様々な切り口から掬い上げる。

206173-6

各書目の下段の数字はISBNコードです。978－4－12が省略してあります。

た-74-4
清水幾太郎の覇権と忘却 メディアと知識人
竹内　洋
戦後、圧倒的な支持を受け、大きな影響力を持った思想家・清水幾太郎。彼の「戦略」を詳細に読み解き、現在にも通じるメディア知識人の姿を明らかにする。
206545-1

な-68-1
新編 現代と戦略
永井陽之助
戦後日本の経済重視・軽武装路線を「吉田ドクトリン」と定義づけた国家戦略論の名著。岡崎久彦との対論を併録。文藝春秋読者賞受賞。〈解説〉中本義彦
206337-2

み-57-1
侍従長回顧録
三谷　隆信
昭和23年から40年まで戦後17年間にわたって侍従長を務めた著者が、外交官時代、昭和天皇の地方巡幸、皇太子（現上皇）訪英を回想。〈解説〉古川隆久
207500-9

あ-72-1
流転の王妃の昭和史
愛《あい》新《しん》覚《かく》羅《ら》浩《ひろ》
満洲帝国皇帝弟に嫁ぐも、終戦後は夫と離れ次女を連れて大陸を流浪、帰国後の苦しい生活と長女の死……激動の人生を綴る自伝的昭和史。〈解説〉梯久美子
205659-6

ウ-9-1
政治の本質
マックス・ヴェーバー
カール・シュミット
清水幾太郎訳
ヴェーバー「職業としての政治」とシュミット「政治的なるものの概念」。この二十世紀政治学の正典を合わせた歴史的な訳書。巻末に清水の関連論考を付す。
206470-6

え-3-3
石原慎太郎・大江健三郎
江藤　淳
盟友・石原慎太郎と好敵手・大江健三郎をめぐる全評論とエッセイを一冊にした文庫オリジナル論集。稀代の批評家による戦後作家論の白眉。〈解説〉平山周吉
207063-9

み-9-13
戦後日記
三島由紀夫
「小説家の休暇」「裸体と衣裳」ほか、昭和二十三年から四十二年の間日記形式で発表されたエッセイを年代順に収録。三島による戦後史のドキュメント。
206726-4

お-2-20
成城だよりⅢ
大岡　昇平
とにかくひどい戦後四十年目だった――。防衛費一％枠撤廃、靖国参拝……戦後派作家の憤慨。一九八五年一月から十二月まで。全巻完結。〈解説〉金井美恵子
206788-2